Ein Geschenk für reife Seelen

ZANKO

Wie lange schläfst du noch...?

Buch 1

frei gesprochene Texte

EDITION ZANKO

EDITION ZANKO
Band 1
Erste Auflage
Februar 2004

Deutsche Lizenzausgabe 2004
Gesamtredaktion: Zanko
Deutsche Bearbeitung: Elke Hanke, Hinrich Oelke
Redaktion der Originalausgabe: Valentina Angelova

Umschlaggestaltung: Universum Art BG
Übersetzung: Elke Hanke, Aisedora Stojcev
Verlag: EDITION ZANKO Verlag KG, Berlin
www.edition-zanko.de
Satz und Layout: Hinrich Oelke
Druck: Gerstenberg Druck, Hildesheim

ISBN 3-9809279-0-3

Der Mensch ist Gott in Entwicklung,

ein Hauch der Ewigkeit,

eine Möglichkeit,

ein Mysterium,

ein Phönix...

Vorwort der bulgarischen Ausgabe

Lieber Leser,
wahrscheinlich hast du in deinem Leben schon viele Bücher aufgeschlagen, viele Türen aufgetan – manche mit Leichtigkeit, manche schwer und wieder andere mit jemandes Hilfe.
An manchen Türen bist du vielleicht vorbeigelaufen, ohne einzutreten, durch andere bist du zurückgekehrt… Letztlich gab es auch solche, die für dich verschlossen blieben. Hier stehst du nun, an der Schwelle jener Tür, die immer offen ist.
Wagst du den Schritt, wirst du sehen, dass die Tür und auch die Schwelle nur existieren, damit du sie erkennen kannst, um eintreten zu können – falls du möchtest. Hier gibt es keine Bedingungen und Regeln, die du einhalten müsstest, oder gar Verbote, die es zu beachten gälte.
Wenn du einzutreten beschließt, werden dich deine innere Stimme und die Fähigkeit, hineinhören zu können, führen. Wenn du hineinhörst, wirst du verstehen, dass du nicht allein bist.
Dieses Buch ist eine Einladung, loszugehen – dich für die unbegrenzte Welt deines SEINS zu öffnen und darin einzutauchen – die Ganzheit der Existenz fühlen zu können und dir deiner Einheit mit dem Leben bewusst zu werden.
Sie ist wie ein Hauch, wie ein Vogel im Flug, dem man nicht immer leicht folgen kann, der aber, wenn du dich ihm anvertraust, dich auf seinen Flügeln so weit tragen wird, wie du selbst gerne möchtest.

Valentina Angelova – Herausgeberin

Vorwort zur deutschen Ausgabe

Manchmal sind es gerade die kleinen, eher unscheinbaren Begegnungen, die dem Leben eine neue Richtung geben können. Vor sieben Jahren lernte ich scheinbar zufällig einen Menschen kennen, der bald mein gesamtes Leben verändern sollte. Weder hatte ich zuvor das Wort „spiritueller Meister" gehört, noch war mir überhaupt bewusst, dass es zu dem Leben, wie ich es bisher kannte, eine echte Alternative gab. Wohl hatte ich aus Unzufriedenheit danach gesucht, doch war immer gescheitert.

Ich hatte versucht, meinem Leben einen Inhalt, einen Sinn zu geben, herauszufinden, warum ich auf dieser Welt war. Doch niemand konnte mir Antworten auf diese Fragen geben. So begann ich, mich immer mehr zurückzuziehen. Kontakte brachen ab und mein Leben wurde von Tag zu Tag leerer und blasser. Nur ein Schritt trennte mich damals von meinem physischen und psychischen Grab.

Genau in dieser Zeit lernte ich Zanko kennen – eine von diesen zufälligen, fast alltäglichen Begegnungen. Mir war absolut nicht bewusst, wer dieser Mensch war, doch er erschien mir als jemand, dem man vertrauen konnte. Erst sehr viel später stellte sich heraus, dass ER die Person war, nach der ich mein Leben lang unbewusst gesucht hatte – mein Meister.

Langsam, sehr langsam begann sich mein Dasein wieder mit LEBEN zu füllen. Doch war dieser Prozess manchmal wie die Hölle auf Erden. Ich musste durch das Feuer meiner selbst gehen, in dem alles verbrannte, was nicht zu mir gehörte.

Auch wenn es zeitweise sehr schwer war, so hätte ich doch um keinen Preis der Welt auch nur einen Schritt zurückgehen wollen. Ich ging im wahrsten Sinne des Wortes durch mich selbst hindurch, um wieder bei mir ankommen zu können. Vieles musste ich mir bewusst machen, erkennen und bearbeiten. Mein alter Staub wurde einem tiefen Reinigungsprozess unterzogen – ohne Zwang, einzig aus dem Willen und der Erkenntnis, „Aufblühen" zu wollen. Mein innerer Durst nach der Quelle des Lebens trieb mich voran und dieses Verlangen war stärker als alle Hindernisse auf dem Weg.

Erst nach langer Zeit erkannte ich dann, dass diese Hindernisse nur das Produkt meiner eigenen Vorstellungen, Muster und inneren Schablonen waren. Ich war schon immer frei, nur konnte ich das nicht sehen. Genau dies zu erkennen, hat mich sehr viel Mut und Standhaftigkeit gekostet, doch es hat sich gelohnt auf dem Weg in die Freiheit. Blicke ich heute auf diese Zeit zurück, so erscheint sie mir wie mein eigener Geburtsprozess – langsam und schwer, doch danach sind alle Mühen vergessen.

Insofern stellt dieses Buch eine Herausforderung für jeden Menschen dar, der sich dieselben Fragen stellt und auf der inneren Suche ist. Hinter den manchmal harten Worten blitzen die Klarheit und Brillanz eines reifen Geistes und das Herz eines erleuchteten Wesens, das in Worten auszudrücken versucht, wofür es keine Sprache gibt. Auch Liebe kann wehtun, die Wahrheit schmerzt manchmal unglaublich – besonders, wenn sie vermag, offene Wunden zu reißen. Doch konnten Pflaster jemals Heilung bewirken?

Dieses Buch ist klar und gnadenlos ehrlich, eine Ehrlichkeit, nach der unser inneres Wesen schreit. Nur Erkenntnis und Bewusstheit lassen einen unverfälschten Blick auf die Realität zu und ermöglichen Heilung. Nur aus dem Innersten heraus kann diese Heilung geschehen – doch wie oft läuft der Mensch gerade daran vorbei! Unendlich dankbar bin ich für den Prozess meiner Selbsterkennung, der mir viele weitere Irrwege im Leben erspart hat. Dieses Buch kann ein Wecker sein für jeden, der dazu „bereit" ist. Genau dort, wo

wir Abwehr verspüren, liegt ein Schlüssel bereit, eine neue Tür im Leben öffnen zu können. Wie viele Deckmäntel haben wir schon benutzt, nur um Verantwortung und Schuld bei anderen suchen zu können? Doch in Wirklichkeit liegen unser Leben und unser Tun nur in unserer eigenen Hand. Niemand anderes trägt dafür Verantwortung. Jetzt und hier, in diesem Augenblick hat jeder die Wahl, ob er „weiterschlafen" möchte, oder ob er bereit ist, sein Leben bewusst selbst in die Hände zu nehmen.
Zankos Worte zeugen von Weisheit und Mitgefühl. Es bedarf nur ein wenig Mutes, Ehrlichkeit und eines couragierten Herzens, um über diese Zeilen wieder Anschluss an die Quelle des Lebens zu finden. Oft ist es nur ein kleiner Schritt, denn jeder Satz kann hierbei zu einer Offenbarung – einer Einweihung – werden.
Vieles, was hier geschrieben ist, habe ich selbst an mir erkannt. Deshalb ist mein einziges Bekenntnis zu diesem Buch, mich in Demut und Liebe vor der Existenz zu verbeugen sowie vor meinem Meister Zanko, der mir half, diese überhaupt erst erkennen zu können.

Hinrich Günter Oelke
Januar 2004

Anmerkungen des Verlages

Dieses Werk ist genauso wenig ein Buch im klassischen Sinne, wie Zanko sich als Schriftsteller versteht.

Vielmehr handelt es sich hierbei um eine Zusammenstellung von Ausschnitten aus frei gesprochenen Vorträgen, die er 1998 auf öffentlichen Veranstaltungen gehalten hat.

Von Zuhörern mitgeschrieben oder auf Tonband aufgezeichnet sind diese Texte entstanden und im Jahre 2002 erstmals unter dem Titel „Wie lange schläfst du noch, Buddha?" als erster Band einer fünfteiligen Edition in Bulgarien veröffentlicht worden.

Für die deutsche Ausgabe, die ebenfalls auf insgesamt fünf Bände angelegt ist, sind Zankos Originaltexte von ihm selbst und Elke Hanke noch einmal komplett überarbeitet worden.

Wie bei allen Übersetzungen ging dabei jedoch ein Teil der ursprünglichen Kraft und Musik des gesprochenen Wortes verloren. In diesem Sinne sollte der Leser weniger auf sprachliche Formulierungen achten. Der Wert dieses Buches liegt in der Erkenntnis durch das Lesen selbst.

Erst ein innerer Resonanzboden und die individuelle Sensibilität für die tiefere Bedeutung des Wortes und deren Essenz zwischen den Zeilen komplettieren dieses Werk. Hierbei handelt sich nicht um ein Lehrbuch oder um Unterhaltungslektüre, sondern um ein tiefes Bekenntnis eines erleuchteten Menschen, der sich an unser inneres Wesen richtet, unsere Seelen, die auf ihre Entdeckung warten.

Die Wahrheit ist ein Kind der Stille. Sie liegt jenseits aller Worte – zwischen den Zeilen.

Berlin, im Februar 2004

Morgendlich leicht...

Zanko: Guten Morgen. Habt ihr gut geschlafen?

Antwort: Erstaunlich gut und sehr erholsam.

Zanko: Wisst ihr aber auch warum? ... Ich werde etwas nachhelfen: Ihr habt euren Oberpolizisten daheim gelassen. Es ist der Verstand mit seiner eisernen Faust, der zu Hause geblieben ist. Sein Griff hat sich ein wenig gelockert. Er ist streng und logisch, möchte seinen Inhalt gut geordnet wissen. Alles soll schön klar sein, denn er muss beherrschen und kontrollieren können.
Freude ist ihm fremd, Spontaneität schätzt er nicht – was bleibt? Nur die endlose Last seiner Langeweile mit sich selbst. Womit sollte er je zufrieden sein? Ihr seht, es ist ihm nicht gegeben. Der Verstand verhält sich ähnlich unserem Hotelmanager hier. Dieser fragt nach eurer Schuhgröße... nicht, dass er Interesse an euch hätte – im Gegenteil, zuweilen seid ihr ihm sogar lästig – sondern, weil er meint, seine Aufgabe bestünde darin, zu wissen, welche Schuhgröße ein jeder trägt.
Welches sind die tiefsten innerlichen Erfahrungen in unserem Leben? Es sind jene, welche weder erklärt, noch ausgesprochen werden können. Sie können nur erfahren werden. Oder könnte jemand von euch Worte finden für seine Freude, seine Freiheit, seine Liebe, die er fühlt? Für all dieses reichen Worte nicht aus – es gibt sie einfach nicht. Die schönsten Augenblicke berühren nicht unseren Verstand – nicht den Hotelmanager...
So lasst uns unseren Tag mit Erleben beginnen – mit unserer Freude am neuen Tag, mit unserer Freude an diesem Tag. Dies kann jedoch

nur in den kleinen Lücken geschehen, die der Verstand uns überlässt. In jenen kleinen Nischen, in die wir schlüpfen, um die Einheit mit der Existenz fühlen zu können.
Lasst uns kindlich-unernst sein, lasst uns frei fühlen und glücklich sein. Irgendwann habt ihr diese Ungezwungenheit und Natürlichkeit alle besessen, später dann leider verlernt...
Permanent beschneidet der Verstand unsere kindliche Freiheit und presst den Menschen in Rahmen, Dogmen, Vorstellungen und Tabus. Derweil schrumpft die Seele immer weiter, wie ein Stück Stoff, welches fortwährend beschnitten wird – bis es am Ende auf die Größe einer Haselnuss geschrumpft ist.
Ich wünsche mir, ein jeder möge in diesen Tagen, die wir hier zusammen sein dürfen, die Herausforderung annehmen und sich gestatten, so unernst wie möglich zu sein. Und noch eines wünsche ich euch: „Möge euer Lächeln kein Ende finden."
Also lasst uns mit einer leichten morgendlichen Meditation beginnen, welche die innere Freude in uns aktiviert und aufsteigen lässt...

Das Mysterium des Lebens

Einer Tradition folgend, versucht ein jeder von uns, am Ende des Jahres ein Resümee zu ziehen. Das Resultat wird entsprechend des Spektrums der Bilanz ausfallen. So kann es sich oberflächlich oder tiefgründig gestalten.

Ein Ergebnis ist immer nur so erfolgversprechend wie der Versuchsaufbau des zu untersuchenden Spektrums. Hat das Versuchsfeld enge Grenzen, wird auch die Aussagekraft des Resultats einem engen Rahmen unterworfen sein.

Die meisten von uns ziehen zwar gelegentlich ausschnittweise eine kleine Bilanz, doch kaum einer versucht während seines Lebens ein Resümee des Ganzen. Viele laufen aus Angst sogar davon, bevor sie überhaupt einen Rückblick gewagt haben.

Eine wahrhafte Bilanz ist nur dann zu erwarten, wenn die Person am Boden ihrer Seele angekommen ist. Nur sehr wenige haben den Mut, diesen Weg zu gehen. Eine Offenbarung mit und durch sich selbst ist jedoch ein Erlebnis, an dem kaum ein anderes zu messen wäre. Es ist ein Schlüssel zu dir selbst. Du brauchst niemanden dafür. Diese Bilanz machst du allein mit dir.

Im kritischen Herantreten an seine Bilanz wird mit Sicherheit auch eine gewissenhafte Erkenntnis resultieren. Eine vorherige Abwehr- oder Erwartungshaltung wird ebenfalls, entsprechend der Einstellung, ein Ergebnis liefern. Jedes Resultat ist entsprechend seiner Versuchsanordnung vorprogrammiert. Der Wert dieses Ergebnisses aber somit auch.

Jeder macht seinem Bedarf entsprechend seine eigene Bilanz. Auf der Suche nach Applaus wird Selbstbestätigung das Resultat sein, auf der Suche nach Bewusstheit wird über Einsehen und Erkenntnis eine andere Bilanz zum Ausdruck gebracht. Sehr viel Freude macht mir die Beobachtung, dass ihr den richtigen Weg eingeschlagen habt. Die meisten von euch sind es wirklich leid, so weiterleben zu wollen, wie bisher. Ja, viele versuchen, vielleicht das erste Mal im Leben mit sich selbst ehrlich zu sein.

Einige Berge und Täler habt ihr in eurem Leben schon gesehen. Jeder einzelne Schritt, ob gut oder schlecht, hatte seine Berechtigung und letztlich seid ihr hier angekommen. Alles war in Ordnung und ist gut, so wie es ist.

Ihr seid auf dem Weg, Vertrauen in die Existenz zu gewinnen – darüber freue ich mich sehr. In Freude und Dankbarkeit habt ihr mich angenommen und in Freude und Dankbarkeit habe ich euch lehren dürfen, wenn auch weit abseits jeglichen Lehrerseins. Hiermit bedanke ich mich für euer Vertrauen.

Tiefe Freude und Dankbarkeit sind nicht käuflich. Sie geschehen einfach in dir und durch dich selbst wie ein Feuer in deiner Seele, deinem Herzen. Beide Phänomene sind ein großes Geschenk. Die Gegenseitigkeit erhöht den Wert und die Qualität des Erlebens. Es ist ähnlich dem Teilen der Freude eines Kindes beim Anblick eines Schmetterlings. Diese Freude hat Flügel und fließt durch dich hindurch. Das innere Feuer wurde einfach entfacht.

Niemand von uns weiß, wer das Feuer des Lebens entzündet hat und niemand könnte ein Datum festhalten. Dieses Feuer ist eines der Mysterien des Lebens. Es immerzu anwesend und wartet nur auf einen Funken.

Eines der ältesten Wissen über die Entstehungsgeschichte unseres Planeten besteht in der Kenntnis über Implosion und Explosion. Der Kern unseres Planeten selbst besteht aus Magma. Ohne dieses innere Feuer wäre kein Leben auf diesem Planeten möglich. Die Sonne steht auch auf einer Magmastufe – einer etwas höheren. Das Zentrum unserer Galaxis ebenfalls – wiederum auf einer höheren. Im so genannten schwarzen Loch löst sich alles auf, um wiedergeboren zu werden. Wir selbst sind ein Spiegelbild des Kosmos. Dieser Prozess lebt in jedem von uns. Wir müssen unser eigenes Magma entdecken, bevor die Erde erlischt und zu Asche erkaltet. Das innere Feuer in uns sollten wir entdecken, erkennen und entfachen.

Diese Entdeckung und Erkenntnis werden eine neue Dimension für den Menschen eröffnen. Hierin liegt ein Schlüssel für das Tor zur Ewigkeit. Solange diese Tür noch nicht geöffnet ist, lebt der Mensch jedoch wie verloren auf diesem Planeten. Er kommt aus dem Nirgendwo, lebt irgendwie und wird wieder ins Nirgendwo eingehen. Ohne Erkenntnis kann er niemals Kompetenz für das Hier und Jetzt gewinnen und sucht deshalb nach Strohhalmen, an denen er sich festklammern kann. Aus diesem Grund sind die Denkprozesse des Menschen auch nur eingleisig.

Doch wie könnte das Mysterium des Lebens eingleisig aufgenommen werden? Dies käme dem Versuch gleich, den Verkehr des gesamten Planeten auf einem Bahngleis abwickeln zu wollen. Auf diese Weise kann die Vielfalt des Lebens nicht erfasst und ermessen werden. Der Großteil der Menschheit ist leider auf der Stufe des „sehenden Verstandes" stehen geblieben. Die Ursache liegt in dessen Unbewusstheit. In der Bibel steht geschrieben: Zuerst war der Logos – das Wort. Doch hier ist vom Wort GOTTES die Rede! Damit ist ein „sprechender Verstand" gemeint – kein plappernder.

Wenige nur schaffen es, die Stufe des sprechenden Verstandes zu erreichen. Dieser Transformationsprozess bezieht sich darauf, den Geschehnissen einen rechten Ausdruck verleihen zu können. Alle Menschen sprechen, doch was sagen sie aus? Was drückt die Menschheit durch das Wort aus? Es kommen doch meistens nur leere Worte ohne wesentliche Information heraus. Die Dichte des Inhaltes hat keine

Essenz. Nur einzelne Menschen haben diesen Transformationsprozess meistern können. Das Wort selbst besitzt bei ihnen Ausdrucksstärke, Inhalt, Gehalt und Essenz zugleich. Nur auf dieser Stufe beinhaltet das Wort selbst Schönheit – hat den Hauch des Logos, ist nicht länger aus dem Garn der Plapperei gewebt.

Über dieses Niveau erhebt sich der so genannte „sinnliche Verstand". Die Kommunikationsform auf diesem Level erlaubt wesentlich mehr Tiefe und Breite, sie geht weit über die Grenzen des gewöhnlichen Verstandes hinaus. Sehr selten sind Menschen hier angekommen. Hinter dieser Stufe liegt die Eingangstür zu Gott. Diese Entwicklungsstufen sind jedoch nur auf den Verstand bezogen. Auch dieser kann sich entwickeln.

Die Schritte verdeutlichen die Möglichkeiten der Entwicklung, sie stellen keine Bedingung für die Erleuchtung dar. Es ist lediglich eine Brücke, über den Transformationsprozess des Verstandes zu Gott zu gelangen, indem letztendlich auch dieser selbst seine Grenzen überspringen muss. Dieser Weg ist sehr hart und unglaublich schwer – nur für die wenigsten von uns geeignet.

Viel einfacher ist es, das eigene Feingefühl in sich selbst zu entdecken. Seine Sinne zu schärfen, seine Energien zu fühlen, das innere Feuer aufzuspüren und das Licht in sich zu suchen. Das innere Licht ist sichtbar und spürbar. Dabei meine ich selbstverständlich nicht das Sonnenlicht – ich spreche vom Licht in dir selbst.

Die höchste Stufe, die ein Mensch erreichen kann, besteht im Zusammenfließen mit dem göttlichen Licht. In dem Moment hält auch der Verstand inne und bleibt stiller Beobachter. Der Mensch erkennt nun selbst, dass er Gott in Entwicklung ist. Dies war er schon immer, doch die Erkenntnis, die Bewusstheit und die Erfahrung dessen haben ihm bislang gefehlt. Im Zusammenfließen mit dem Ganzen ist der Gipfel auf diesem Planeten erreicht. Mehr gibt es für den

Menschen hier nicht zu „erledigen". Die Lebensform Mensch hat dann ihre Aufgabe erfüllt. Unter anderen Bedingungen, als andere Lebensform, gibt es weitere Prozesse. Sie sind unendlich und sollten uns zunächst nicht weiter verwirren. Wichtig ist für uns, erst einmal hier die Krone zu erreichen.

Unser größtes Geschenk besteht in der Tatsache, dass wir in jedem Augenblick unserer Lebensspanne die Chance haben, ERWACHEN zu können. Diese Möglichkeit ist uns viel näher als alles andere, denn sie steht uns ununterbrochen zur Seite.

Ihr selbst seid dem Göttlichen näher als euer Verständnis über diese Tatsache. Erwachen ist nicht schwer, ihr müsst nur aufhören, euch ständig selbst vom Göttlichen zu entfernen. Gebt dem Göttlichen in euch doch endlich eine Chance! Öffnet eure Türen und das Göttliche wird in Erscheinung treten.

Der einzig mögliche Berührungspunkt mit der Ewigkeit liegt im Hier und Jetzt. Weder in der Vergangenheit noch in der Zukunft. Nur in diesem Augenblick liegt die Chance, das SEIN erfahren zu können. Lebt deshalb nicht ständig in der Vergangenheit oder für die Zukunft. Lebt im Hier und Jetzt.

Ein Leben jenseits des Augenblicks entfernt uns von diesem einen Schritt zu DEM, was ist. Das Leben war nie und wird nie sein. Es geschieht immer im Jetzt.

Die einzige Möglichkeit für die Verschmelzung mit der Existenz besteht im Augenblick. Alle alten Kulturen und spirituellen Technologien waren darin bestrebt, Möglichkeiten des Zusammenfließens mit dem Ganzen im Jetzt zu erarbeiten. Diese Wege stehen uns heute offen. Jahrtausende wurde daran gearbeitet. Wir haben heute wirklich eine große Chance.

In der ganzen menschlichen Geschichte ist ein roter Faden zu erkennen. Über den Intellekt hat sich der Mensch mehr und mehr vom

Göttlichen entfernt, denn der Verstand kann nie im Jetzt leben. So mussten immer neue Wege und Schlupflöcher gefunden werden, um unseren eigenen „inneren Herrscher" zu bändigen, ihn zum Stillstand zu bringen.
Nur in den Lücken des Verstandes lebt der Mensch im Augenblick. Diese Schlupflöcher müssen erkannt und genutzt werden. Der Mensch kann nicht über den Verstand mit dem SEIN eins werden. Er muss sich seines übrigen Potenzials bewusst werden.
Dieses kann er jedoch nur entdecken, wenn er aufhört, sich von seinem Verstand beherrschen zu lassen, beziehungsweise seinen Verstand ständig dafür einsetzt, über andere Menschen herrschen zu wollen. Die Energiereserven, die den Menschen auf diese Weise zufließen, erschöpfen sich im Nu. Diese Batterie muss ständig aufgeladen werden.
Der Mensch sollte Anschluss finden an seine eigene Kraftquelle. Diese hat ein unerschöpfliches Potenzial. Nur durch diese und über diese ist ein Verschmelzungsprozess möglich. Ein stückchenweises Verschmelzen ist keine Verschmelzung.
In jedem Verschmelzungsprozess potenzieren sich die Energien. Diese Prozesse unterliegen dem Yin-Yang-Prinzip, nicht dem Beherrscherprinzip. Geben und Nehmen werden Eins. So, wie die Erde nicht den Himmel beherrscht und der Himmel nicht die Erde. Sie ergänzen sich und durch diese Harmonie potenzieren sich ihre Kräfte. Himmel und Erde stehen sich nicht im Weg, sie öffnen sich gegenseitig die Türen.
Das größte Mysterium des Lebens besteht in diesem Urprinzip der Eröffnung. Alles Leben geschieht in diesem Eröffnungsprinzip und wird daraus geboren. Allen Lebensformen liegt dieses Urgesetz zugrunde. Durch diesen Prozess ist alles miteinander verwoben. Die Ewigkeit selbst ist so aufgebaut und verewigt sich nach diesem Prinzip der Dynamik. Wir selbst sind ein Teil dieses Prozesses und

können ewig darin eingehen. Durch diese Erkenntnis können wir das Potenzial unserer Intelligenz entdecken. Durch Bewusstheit, auch ein Prozess der menschlichen Eröffnung, werden uns die unsichtbaren Stufen des Schöpfungsprozesses offenbart. Bewusstheit bahnt den Weg zur Ewigkeit.

Bewusstwerdung ist ein Transformationsprozess über den Körper hinaus, während der Verstand an den Körper gebunden ist und mit ihm sterben wird. Wir selbst können uns die Tore zur Ewigkeit öffnen. Dazu bedarf es jedoch einer Öffnung von unserer Seite. Die Tür unseres Verstandes ist viel zu eng für Gott.

Entdecke dein eigenes Potenzial, beginne dich zu öffnen – mache dich weit. Über deinen Intellekt kannst du dich beobachten und erkennen, über deine natürliche Intelligenz kannst du dich eröffnen, erweitern und verschmelzen.

Die Menschheit hat ihre Energie jedoch bislang meistens in die Eröffnung und Erweiterung ihres Verstandes investiert. Insofern hat der Mensch sich künstlich beschnitten und begrenzt. Er hat sich von Gott entfernt. Ja, er weiß gar nicht mehr, dass er ein Teil Gottes ist, weil sein Ego ihm Getrenntheit vorspielt. Der Verstand kann nur halbherzig glauben – das Erfahren von Ganzheit und Einheit mit der Existenz liegt jenseits seiner Grenzen.

Nur in ganz seltenen Augenblicken hat der Mensch noch das Gefühl, EINS mit dem Ganzen zu sein. Dies sind genau die Augenblicke, in denen der Verstand stillsteht und das Ego verschwindet.

Die Freude durch den Verstand bleibt auf das Ego begrenzt. Die Freude im Verschmelzungsprozess mit der Existenz ist jedoch grenzenlos. Diese Glückseligkeit könnte ein jeder von uns erfahren, so würde auch die Angst vor dem Verlust der Individualität verschwinden. Versucht, eure Grenzen zu öffnen. Dort, wo Grenzen bestehen, gibt es auch immer ein Ende. Nur in Verschmelzungsprozessen währt das Leben ewig. Verstand und Ego werden sterben, warum sollten wir das Leben nicht nutzen, um eine Eintrittskarte ins Himmelreich zu erhalten? Der Schlüssel liegt im Eröffnungsprozess eines jeden selbst. Wer Gott erfahren möchte, muss ihm nur die Tür öffnen – er steht bereits dort und wartet auf uns.

In unserer Selbstbegrenzung können wir die Grenzenlosigkeit des Lebens weder erfahren noch erkennen. Entdeckt eure Möglichkeiten und eröffnet eure Potenziale jenseits des Verstandes. Jeder Verschmelzungsprozess wird eine Wohltat für euch sein, jede Begrenzung dagegen ist wie ein kleiner Tod. Eröffnet euch für das Leben, der Tod hat nur eine Chance durch unsere Begrenztheit. Durch euren Eröffnungsprozess verschmelzt ihr mit dem ewigen Leben und entreißt dem Tod seine Eintrittskarte. Das müsst ihr bewusst erfahren, meine Worte helfen euch da auch nicht mehr. Sie können euch nur zum Glauben bewegen, doch der Glaube ist schwach angesichts der Erkenntnis. Mein Wunsch besteht nicht darin, euch zum Glauben zu verleiten. Ihr sollt die Wahrheit und das ewige Leben erfahren. Mir liegt nichts daran, Märchen zu erzählen. Ich wünsche mir für euch das Paradies auf Erden und versuche euch nur einige Schlüssel dafür in die Hand zu geben.

Das Tor zur Ewigkeit ist für jeden von euch zu öffnen. Im Eröffnungsprozess selbst liegt der Schlüssel und letztlich werdet ihr erkennen, dass es weder ein Tor noch einen Schlüssel gab – ihr wart niemals getrennt von Gott – wir sind ALLE EINS.

So viel Gepäck!

Jetzt sind wir schon den dritten Tag hier – woher seid ihr vor drei Tagen gekommen? Ihr kamt aus einer Gemeinschaft. Was brachtet ihr mit? Alle eure Vorstellungen und Gewohnheiten! Drei Tage ließ ich euch Zeit, dieses bewusst zu erkennen und nun frage ich euch: Worin liegt der Unterschied zwischen hier und dort?
Alle Gewohnheiten sind hier, denn ihr brachtet sie mit. Nicht eine einzige habt ihr ausgelassen. Jeder reiste mit seinem Koffer an, manche sogar mit zweien – und alle waren voll gestopft bis oben hin! Nun seid ihr hier und erwartet, es möge noch etwas hineinpassen. Was aber könnte noch Platz darin finden? Ein paar Strümpfe mehr, vielleicht noch ein Hemd?
Alles, worunter eure Seele leidet, kommt doch von dort, woher auch ihr gekommen seid. So schließt sich ein perfekter Teufelskreis, in dem ihr endlos eure Runden dreht. Man tritt euch auf die Zehen, das Geschrei ist riesengroß – doch am nächsten Tag geht es von vorne los! Ab und zu mögt ihr rebellieren, doch wie lange und wozu? Ihr findet euch ab oder ihr gewöhnt euch mit der Zeit daran. Welch netter Sturm im Wasserglas!
Und sonst...? Sonst schwenkt ihr stolz Fahnen, umarmt fragwürdige Ideen, blast euch auf... Doch den eigenen Koffer, randvoll mit dreckiger Wäsche, den haltet ihr hübsch verschlossen. Dort auch nur hineinzusehen, fehlt euch jeglicher Mut!
Fast immer folgt ihr vorgefertigten Maßstäben der Gesellschaft. Zunächst könnt ihr nicht anders, danach denkt ihr nicht weiter – schließlich verwandelt ihr sie in etwas Eigenes – übernehmt diese Spielregeln als eigene Gewohnheiten. So gewöhnt ihr euch allmählich an die Laster der Umgebung. Müsst ihr diese jedoch auch zu

eurem eigenen Credo machen? Als wäre es nicht schon genug, unbewusst in diesem ganzen Verfall zu leben! Auf diese Art und Weise versucht ihr auch noch, gute Taten zu vollbringen! In welcher Bewusstheit soll denn das geschehen? Nach welchem Modell? Sehr häufig drückt ihr euren Unmut aus – über wen denn eigentlich – und worüber? Hmm...?
Nur allzu schnell seid ihr bereit, Schuld zu verteilen, doch seid ihr es nicht selbst gewesen, die dieses Spiel annahmen? Noch schneller wart ihr unzufrieden, denn ihr fingt an zu spüren, dass die Schlinge sich langsam zusammengezogen hat.
Dies war eine kleine einleitende Standpauke meinerseits, denn ganz leicht verliert sich der Mensch in Nichtigkeiten. Ihm ist gar nicht mehr bewusst, wozu er eigentlich gekommen ist. So schnell geht das mit dem Vergessen – auch in unseren Kreisen!
Wir alle hier halten uns für einigermaßen bewusst und intelligent. Wäre es da nicht gut, sich ein wenig umzuschauen, mehr hinzusehen? Wir könnten jederzeit damit beginnen. Leider fängt der Mensch aber erst an, wenn er in die ungemütliche Lage des Opfers gekommen ist. Doch hat er sich da bereits die Dinge schon so gut zurechtgedreht und gebogen, dass er nicht mehr erkennen kann, wer sich eigentlich diesen schlechten Scherz spielt. Wer rührt denn so heftig in der Suppe unseres Lebens?
Es ist eine Frage persönlicher Moral – sich dieser Herausforderung zu stellen und selbst nach der Antwort zu suchen. Mir ist bewusst, häufig Tatsachen anzusprechen, die ihr nicht gern hören wollt. Dies gestatte ich mir einzig, euch helfen zu können – damit ihr in der Lage seid, euch selbst aus eurem Sumpf herauszuziehen – daran geht kein Weg vorbei. Ihr wisst, wie sehr ich Herausforderungen und Provokationen schätze und tatsächlich bereite ich einige von ihnen sorgfältig von langer Hand vor.

Wie ich sehe, haben sich manche von euch hübsch darauf eingerichtet, hier eine schöne Zeit zu verbringen! Aber Hand aufs Herz, wir sind hier doch nicht im Ferienlager!
Wisst ihr, was Bulldozer sind? Sie vermögen die größten Stümpfe zu roden. Könnt ihr erahnen, wie viel Wurzelwerk bei jedem Einzelnen zu roden ist? Habt ihr eine Vorstellung, wie unendlich lang der Weg vom Roden bis zur Holzschnitzerei ist?
Was die Sitzordnung im Saal betrifft, haben wir bereits einen Konsens erreicht. Jeder sitzt bei jedem Treffen auf einem anderen Platz. Jetzt aber schlage ich euch für euer „Hübsch-Eingerichtet-Sein" etwas wirklich Nettes vor: Ein jeder von euch schläft in jeder Nacht woanders! Danach sollt ihr mir sagen, welches nun „euer" Bett ist! Was für eine wundervolle Provokation für das erbärmliche Besitzgefühl des Menschen!
Könnt ihr jetzt ermessen, wie tief die Gewohnheiten in uns hineingekrochen sind und wie wir sie ganz selbstverständlich überall mit hinschleifen? Der Verstand ist unglaublich konservativ und fühlt sich nur allzu wohl, wenn er beginnt, etwas zu „kennen", wenn er eine relative Sicherheit erreicht hat. Was für eine Farce! – Diese sollte ein Kriterium sein? – Ein Kriterium für einen „ausgewogenen" Verstand? Es ist das Kriterium eines schlafenden Verstandes!
Es gibt Menschen, die in einem Haus geboren werden, darin leben, darin sterben. Sie haben Angst, auch nur die kleinste Veränderung zu vollziehen, fürchten, das Alte zu verlassen und besitzen keinen Mut, etwas Neues anzunehmen. Dieses Verhalten führt zu Eingefahrenheit, Verhärtung und Stillstand jeglicher Entwicklung.
In meinen vierundvierzig Jahren habe ich in sehr vielen Häusern gelebt und sicherlich werde ich in noch einmal so vielen leben. Natürlich will ich euch nicht ermuntern, jetzt eure Häuser zu verlassen. Nur hättet ihr hier die beste Möglichkeit, wenigstens einmal so zu

tun, als ob, um diese Herausforderung annehmen zu können. Auf der einen Seite beteuert ihr immer wieder, wie „toll" es sei, mit anderen zusammen zu sein, doch auf der anderen zieht ihr die Gesellschaft einiger bestimmter Personen vor.
Durch ständiges Wählen und Auswählen bringen wir unsere ganz persönlichen Vorlieben in der Gemeinschaft zum Ausdruck. Durch diese Selektion werden subtile wechselseitige Beziehungen erschaffen, dadurch wird unsere jetzige Gemeinschaft derjenigen gleichgemacht, aus der wir gekommen sind.
Warum müssen wir überhaupt auf Unterschiede beharren, die „Vorlieben" erst ausmachen? Ich denke, ihr wolltet Veränderung, oder wart ihr so sehr mit dem bisherigen zufrieden? Bitte sehr, ihr habt jetzt die wunderbare Möglichkeit, es anders zu versuchen!
Allein heute haben mich Dutzende von euch gefragt, ob sie in die Stadt zum Einkaufen fahren könnten. Ihr sucht Sicherheit durch das Bestreben, genügend Vorräte anzuhäufen. Viele von euch haben es nicht geschafft, der eigenen Versuchung zu widerstehen. Sogar das Verlangen nach gemeinsamem Erleben war nicht stark genug, eure kulinarischen Gelüste zu überwinden.
Nicht, dass ich euch verurteilen möchte, ich zitiere lediglich offenkundige Fakten. Ihr könnt ruhig Entschuldigungen zu eurer Verteidigung vorbringen, ich bin bereit, sie anzunehmen, denn wie gesagt, ich verurteile euch nicht. Ich weise euch lediglich auf eure selbst gewählten Prioritäten hin. Könnt ihr sie erkennen?
Der Mensch lebt sein Leben in ständiger Erwartungshaltung. Fortwährend erwartet er, es möge etwas passieren. Genau diese Lebenseinstellung aber ist es, die unseren Blick verschleiert, denn alles hat bereits stattgefunden, nur haben die meisten es wieder verpasst. Seht ihr, wie unsagbar viel es zu erkennen gibt – in jedem Augenblick?
Nicht umsonst bat ich M., sich hier an meine Seite zu setzen. In sei-

ner Person seht ihr ein nachahmungswürdiges Beispiel, denn er ist buchstäblich ohne irgendetwas gekommen. Ohne Sicherheiten, ohne Nahrung, ohne Geld, ohne unnütze Kleinigkeiten.
Natürlich wisst ihr nicht, wie weit ihr in der spirituellen Entwicklung vorangekommen seid, dafür gibt es keine festen Kriterien für euch, wie sonst üblich. Doch versucht euch wenigstens von dem, was euch einengt, zu lösen.
Von euren Vorstellungen, Ängsten und Skrupeln könnt ihr euch distanzieren. Versucht es jetzt und hier in dieser Woche. Wenn ihr es schon in den restlichen einundfünfzig Wochen nicht schaffen könnt, so versucht es wenigstens auf diesem Ashram. Wenn ihr nicht wisst wie, so schaut euch M. gut an. Warum, meint ihr, ist er mit leeren Koffern angereist – er hat doch alles verloren? Ja, eben darum!
Und ihr? Ihr haltet euch krampfhaft an dem Wenigen fest, was ihr zu besitzen glaubt. Es sind die kleinen Dinge, an die sich der Mensch für gewöhnlich klammert. Diese hindern ihn, die großen erfahren zu können. Jeder kann hier oder da einmal hängen bleiben, das Wesentliche aber ist, dort nicht zu versteinern und nicht mit den Äußerlichkeiten zu verwachsen. Wenn dies geschieht, gibt es so gut wie kein Zurück. Das Leben rinnt in diesem Spiel aus blinder Trägheit, billigem Ersatz und Suche nach Sicherheit dahin.
Natürlich kann niemand leugnen, dass die Welt auch materiell ist. Dennoch – versucht, euch nicht zu binden – sie ist vergänglich. Lasst sie einen Teil eures Hintergrundes sein, aber steigt nicht mit eurer Seele ein.
Genau dies ist eine der schwächsten Seiten des Menschen: Sein Leben in das Errichten von Monumenten zu investieren, seinen Gelüsten nach Absicherung hinterherzurennen. Krampfhaft versucht er durchzuhalten, um seinen Nachkommen eine Zukunft zu sichern. Wenn diese aber erwachsen sind, sieht die Zukunft schon ganz

anders aus! Um wessen Zukunft handelt es sich eigentlich? Um unsere, die wir uns aus einer fehlenden Gegenwart heraus versuchen zu errichten oder um die unserer Kinder, welche wir schon jetzt um ihre Gegenwart betrügen?

Eine Zukunft ohne Gegenwart bleibt leer – lediglich eine fade Illusion, eine Investition in schillernde Chimären. Darf man denn wirklich so billig sein Leben verwirken?

Tausende von Menschen sind zu mir gekommen und jeder kam mit seiner gescheiterten Chimäre! Alle kamen als Opfer dieser Illusion, deformiert bis zur Unkenntlichkeit, verzweifelt und verloren. Was sollte ich da noch sagen?

Egal was ihr bisher erlebt habt, an welcher Stelle dieses Lebens ihr auch immer euch befinden mögt, ob euch zwei Stunden, Jahre oder Jahrzehnte noch verbleiben – versucht, den Rest eures Lebens so zu gestalten, dass ihr es nicht bedauern müsst, gelebt zu haben. Seid ehrlich mit euch selbst! Erkennt eure voll gepackten Koffer!

Frage: Nach deinen Worten fällt es mir wirklich schwer, noch etwas zu sagen. Warum komme ich mir so dumm vor?

Zanko: Dann schweige doch einfach.

Frage: Auch wenn es jetzt dumm wäre, noch eine Frage zu stellen – ich hätte da noch eine. Warum gibt es nur so wenige Menschen, die diese Zusammenhänge so deutlich erkennen können wie du? Warum kommen wir uns nicht selbst auf die Schliche? Warum können wir unsere vollen Koffer nicht selbst erkennen?

Zanko: Weil ihr mit ihnen verhaftet seid. Ihr könnt die Dinge nicht „von oben" betrachten. Versucht man euch dann die Koffer zu neh-

men, haltet ihr aus Angst daran fest. Ihr wisst nichts anderes zu tun, weil ihr das Wesentliche in euch selbst noch nicht finden konntet. Je näher ihr eurem eigenen Kern kommt, desto bewusster wird euch die Unwichtigkeit eurer Koffer!
Die Wege zur Bewusstheit sind manchmal sehr eng. Doch es gibt Menschen, die es geschafft haben, dort hindurch zu kommen. Also ist es auch für jeden von euch möglich.
Die Spuren der Erkenntnis solcher Menschen, die durchs Nadelöhr gegangen sind, sind deutlich sichtbar für euch. Wenn ihr sie fühlen könnt, werft einfach eure Koffer weg und entscheidet euch für das Wichtige – für DAS, was IST.

Frage: Wenn ich anfange, so zu denken wie du, leuchtet mir einiges ein. Es ist wie ein richtiger „Blitz", der mich durchzuckt. Wie kann ich weiter dauerhaft so tief denken?

Zanko: Ich verlange nicht, dass du denkst wie ich, denn ich selbst „denke" herzlich wenig. Du sollst erkennen – das ist etwas komplett anderes. Über das Erkennen kannst du dann auch deinen Denkprozess wahrnehmen und genau DAS ist wichtig für dich! Was kümmern dich meine Gedanken?

Wozu alles?

Zanko: Heute gebe ich das Wort zuerst an euch. Gibt es Fragen?

Frage: Warum muss ich mich erkennen, wozu brauche ich das?

Zanko: Du bist Leben. In dir sprudelt das Leben. Das Leben wurde dir geschenkt, um dies erkennen zu können. Die Fähigkeit zu diesem Erkenntnisprozess ist das Einzige, was den Menschen von anderen Lebensformen hier auf der Erde unterscheidet.

Tiere und Pflanzen besitzen ein kollektives Bewusstsein. Einzig dem Menschen ist ein eigenes Bewusstsein gegeben, das Leben erkennen zu können. Ein Baum ist hier, um „da" zu sein. Ein individueller Erkenntnisprozess ist nicht möglich. Doch du bist hier, um dich durch dein Bewusstsein selbst erkennen zu können. Alle anderen Lebensformen sind nur einem Anpassungsprozess unterzogen, während der Mensch einen Entwicklungsprozess durchlaufen kann.

Im Menschen existieren zwei Systeme. Hierbei handelt es sich um einen inneren und einen äußeren Kreislauf. Der innere besteht aus sieben großen Energiezentren, die wiederum mit allen bekannten Organstrukturen verbunden sind.

Dieses geheimnisvolle, komplizierte innere System mit tausenden von Energiebahnen und Milliarden organisierter Materieteilchen unterliegt einem sehr komplizierten Aktivierungs- und Integrationsmechanismus, einer übergeordneten Steuerungsebene. Dieser große oder äußerliche Kreislauf besteht ebenfalls aus sieben Zonen, sieben äußerlichen Sphären. Zuerst muss der Mensch das innere System erkennen, beziehungsweise Kontakt zu ihm aufnehmen. Durch Bewusstheit wird dieser aktiviert. Indem der Mensch seinen Weg

bewusst sucht, wird der Aktivierungsprozess von allein in Gang gesetzt. Solange der kleine Kreis nicht geschlossen wurde, kann er nicht in den großen springen.
Wisst ihr, warum der innere Kreis notwendig ist? Hier kann der Mensch sein Wesen spüren – er kann es dort erkennen. Erst nach dieser Erkenntnis kann er die feinstofflichen Körper des Menschen durchwandern, die mit dem Kosmos kommunizieren. Auf diesem Weg kann er sich mit allen Lebensformen und allen Lebewesen verbinden. So kann sich für jeden von uns der Himmel öffnen. Auf diese Weise wirst du EINS mit ALLEM. Der Himmel ist immer „greifbar" nahe und gleichzeitig unendlich.
Es geht immer weiter. Dort gibt es viele Stufen, ähnlich wie auf einer Leiter. Doch darüber möchte ich an dieser Stelle nicht weiter sprechen. Nur eines will ich euch verraten: Jesus lebt im „Siebten Himmel". Dort gibt es kein Ende. Entweder du bist „unter" dem Himmel oder „im" Himmel. Es gibt kurze und es gibt lange Wege in den Himmel. In jedem Augenblick hast du die Wahl, auf welchem Weg du gehen möchtest.
Für den kurzen Weg gibt es nur eine einzige Bedingung: „Mach dich frei und komm in dein Zuhause." Es ist dir bereits alles gegeben. Auf dem langen Weg hast du eine unendlich breite Auswahl – auf dem kurzen nur eine Bedingung.

Frage: Kann der Mensch das alles in einem Leben erreichen?

Zanko: Er kann es auch in der Hälfte, oder in noch weniger Zeit erreichen! Eine Garantie jedoch kann niemand geben. Auf deinem Weg solltest du nicht handeln! Du bekommst von der Existenz immer genau das, was im Moment notwendig ist.

Frage: Woran kann ich erkennen, wie weit ich auf diesem Weg schon gegangen bin?

Zanko: Diese Frage ist wieder ein Zeugnis menschlichen Handels. Du würdest gern wissen, wie weit es noch bis zum „Finale" – zum „Finish" ist. Es wäre besser, du würdest den Abstand zur Startlinie messen!
Hier fällt mir eine sehr schöne alte tibetische Technik ein, die wir jetzt einmal ausprobieren wollen. Euer Leben ist wie ein Fluss. Von der Quelle zieht es einen jeden bis zur Mündung ins Meer. Deine Kompetenz bezieht sich jedoch nur auf den bereits zurückgelegten Weg, von der Quelle bis zu deinem jetzigen Standpunkt. Niemals weißt du, wo und wann die Mündung vor dir steht.
Wir werden jetzt versuchen, zurück zum Ursprung der Quelle zu gehen. Wie ein Ruderer sich den Weg durch das Wasser bahnt, geradeaus, doch zurück nach hinten. Der Schlüssel der folgenden Meditation liegt in der Bewegung des Körpers nach hinten. So wirst du zurückgeführt in der Zeit. Doch bleibt nirgends auf der Strecke stehen, fahrt durch bis zum Schluss. Versucht, wie ein Beobachter vom Ufer aus, dem Fluss zu folgen – ohne Engagement, ohne Emotionen. Beim Einatmen bewegt euren Körper mit geöffneten Augen nach vorn, beim Ausatmen geht mit geschlossenen Augen zurück. So werdet ihr in eure Vergangenheit geführt. Diese Methode führt euch auf den Weg zur Selbsterkenntnis. Ganz sicher seid ihr nicht geboren, um dumm zu sterben, oder?!

Ein Weisheitsrezept

Auf diesem Planeten kann der Mensch täglich viele Erfahrungen sammeln. Eine gute Möglichkeit dieses Jahrhunderts dafür besteht in der Mobilität des Menschen. Ferne Orte sind in kürzester Zeit erreichbar. Auch wenn man dort nur ein paar Wochen im Jahr verweilen kann, entspricht die dort gesammelte Erfahrung fast einem ganzen Leben im Vergleich zu früheren Zeiten.

Viele verschiedene Orte können so zum privaten Erfahrungsschatz beitragen. Reisen ist sehr schön, doch jeder Frosch sollte ab und zu wieder in seinen Tümpel zurückkehren. Auch ich bin schon viel herumgekommen und jetzt bin ich wieder hier.

Da wir schon vom Tümpel sprechen, schließen sich zwei grundlegende Fragen an: Wer befindet sich wo? Wie tief ist er gesunken? Auf diese Fragen muss jeder selbst eine Antwort finden, indem er versucht, den Film seines Lebens neutral als dritte Person zu betrachten. So werdet ihr weise.

Jeder von euch – jeder von uns – hat Fehler gemacht. Es ist nicht schlimm, einen Fehler zu begehen, doch es wäre fatal, ihn zu ignorieren. Im ständigen Rechtfertigen unserer Fehler schließen wir die Möglichkeit aus, uns ihrer bewusst zu werden.

Versucht euch zu distanzieren und neutral zu bleiben – auch wenn es anfangs schwer fallen sollte. Der Prozess dauert lange und gelingt nicht von heute auf morgen, doch in dieser Rückschau werdet ihr viele Details wahrnehmen, die euch entgangen sind, solange die Handlung noch andauerte.

Während ihr in einem Prozess vertieft seid, könnt ihr nur die Hälfte sehen. Die andere Hälfte werdet ihr erkennen, wenn ihr heraustreten könnt, um von außen zu betrachten. Mit der Zeit kann man darin

Routine entwickeln. Was für ein einfaches Weisheitsrezept! Euer Lebensfilm liegt in euren Händen – dieser kann ein sehr wertvoller Lehrer sein.
Euch wird alles auf dem Tablett serviert, einschließlich des Erlebens selbst. Ihr müsst nur auf den Lehrer in eurem Inneren achten. Für gewöhnlich hört ihr ihn nicht. Ihr folgt dem Sog eures Verstandes, noch weit mehr dem eurer Leidenschaften. Es ist fast so, als würdet ihr nur im ersten und zweiten Gang Auto fahren. So wirst du kaum eine große Strecke zurücklegen können – zumal sich auch der Motor zu schnell abnutzt.
Wir sind taub für die Philosophie des Lebens. Das Leben lehrt uns ständig. Es flüstert permanent, sagt uns vor, erinnert uns und versetzt uns Schläge – doch der Mensch folgt der Trägheit des Egos.
Aus eigener Erfahrung kann ich euch versichern, dass Ego mit viel Schmerz bezahlt werden muss. Leid kennt viele Gesichter, ebenso wie auch das Ego viele Gesichter trägt. Das schrecklichste Gesicht des Egos ist jenes, welches sich direkt hinter uns versteckt, welches sich in unseren Schatten verwandelt hat. Kann jemand seinem Schatten entfliehen? Nein.
Der Mensch kann nur sehr schwer dem Schatten seines Egos entkommen – warum auch vor ihm fliehen. Man muss sich nur selbst unter die Lampe stellen – und er verschwindet. Das ist der einzige Ort, an dem ihr euch in Licht für euch selbst verwandeln könnt, an dem ihr keinen Schatten werft.
Wisst ihr, wie viele Schatten auf eurer Seele liegen? Nein, das könnt ihr nicht wissen. Umso besser ist es, dass ihr euch endlich aufgemacht habt, das Licht zu suchen. Der Weg zum Licht ist steil, beschwerlich und führt durch viele Prüfungen.
Ich freue mich, dass ihr hier seid. Dieser Durst ist eine Chance, eine Möglichkeit – doch keine Garantie! Ich kann niemandem etwas

garantieren, nicht einmal mir selbst. Vergesst nicht, der Film eures Lebens liegt in euren Händen. Die Vergangenheit ist niemals wirklich vergangen. Heute ist jeder von euch das, was er auf Grund seiner Vergangenheit geworden ist.
Schaut euch deshalb diesen Film sehr kritisch an, ihr werdet viele wertvolle Episoden in ihm finden. Vergangene Fragmente, die auch heute noch für euch bestimmt sind. Was meine ich damit? Die Bedeutung schreitet in Richtung BEWUSST WERDEN. Der Mensch sollte in der Lage sein, Verantwortung für sein Leben zu übernehmen. Er kann es bewusst erkennen, führen und lenken. – Jetzt!
Sicher wird es euch nicht im ersten Versuch gelingen – menschliche Erkenntnis ist begrenzt. Das Wichtige ist, vorwärts zu schreiten. Aber nicht mit einem Gefühl des Bedauerns oder Selbstmitleids, sondern in Weisheit, zumindest als Mensch mit dem Wunsch, weiser werden zu wollen.

Frage: Also, ständig verstrickt ihr Erleuchteten euch in Widersprüche. Einerseits behauptet ihr, wir sollten weder in der Vergangenheit noch in der Zukunft leben, sondern nur im HIER und JETZT. Andererseits sagst du, unser Lebensfilm sei der beste Lehrer. Ja, was denn nun? Wo soll ich denn überhaupt noch leben?

Zanko: Du sollst aus deiner Vergangenheit lernen, nicht in ihr leben! Der Verstand ist ein guter Vernebler der Vergangenheit. Erkenne das und arbeite deine Vergangenheit so auf, dass du frei bist von ihr. So kannst du wunderbar im HIER und JETZT sein. Das eine schließt das andere nicht aus.

Genug ist genug!

Während seines Lebens häuft der Mensch, parallel hierzu, ein Quantum an Vergangenheit an. Könnte er diese Vergangenheit offen und ehrlich vor sich selbst auf eine Waage legen, zur einen Seite seine positiven Erlebnisse und Emotionen, zur anderen die negativen, so bin ich sicher, dass die negative Seite bei weitem überwiegen würde. Ich denke, alle – ohne Ausnahme – werden dem zustimmen. Oder nicht? Regt sich bei euch Widerstand? Macht euch nichts vor! Immer sind es negative Erfahrungen, die in bestimmtem Maße überwiegen. Nicht größer an Menge und Zahl, sondern qualitativ stärker als unsere Kraft, sie überwinden zu können. Dies ist keineswegs verwunderlich, stellen sie uns doch in direkte Konfrontation – in direkten Widerspruch zu uns selbst.
Wärt ihr vollkommen zufrieden mit euch und dem Leben schlechthin, wäre ja niemand von euch hier, oder? Es fehlt euch ETWAS. Ihr wisst zwar noch nicht genau was, doch irgendwie könnt ihr es durch mich fühlen. Dazu ein kleines Beispiel: Sicherlich kann jeder von euch schwimmen. Auch wenn dies nicht der Fall sein sollte, so würde es doch jeder schaffen, einen kleinen See, notfalls auch mit Hilfe eines Schwimmreifens, zu durchqueren. Jetzt rechne sich doch jeder einmal aus, wie weit er in einem Sumpf vorankäme. Wie weit würde er kommen? Genauso weit, wie die Kraft seines Anlaufs ihn trüge! Da Sümpfe jedoch für gewöhnlich größer und tiefer sind als alle unsere Anläufe zusammen, beginnen wir langsam, aber stetig und unaufhaltsam in ihnen zu versinken. Habe ich mich verständlich genug ausgedrückt? Hmm...?
Unbewusst fühlt ihr den Sumpf, in dem ihr lebt. Ihr wollt dort heraus und das ist gut so. Diese Erkenntnis ist eure Chance im Leben!

Vielerorts werden bereits Sumpfgebiete trockengelegt. Gerade aus ihnen entwickeln sich oftmals die fruchtbarsten Böden. Solange wir jedoch immer und immer wieder Schlamm nachfüllen, können sie niemals trocknen. Meere trocknen aus, Flüsse trocknen aus – doch Sümpfe brauchen dafür ewig.
Kennt ihr das spezifische Gewicht der Moorsubstanz? Ein Vielfaches mehr als das des Wassers! Dies ist auch der Grund, weshalb wir, unsere Sümpfe ständig durchwandernd, für gewöhnlich keinen Boden unter den Füßen bekommen. Wir ertrinken in den Sümpfen unserer Vergangenheit, die wir uns selbst erschaffen. Jeder in seinem eigenen. Dieser erschafft den idealen Nährboden für die Verwirklichung des ureigenen Karmas.
Nur ein verschwindend geringer Prozentsatz an Menschen kommt mit einem schweren Karma per Geburt auf diese Welt – aber Millionen von Menschen leben mit einem durch sie selbst verursachten Karma hier! Durch Erkenntnis lässt sich diese Kette aufbrechen. Das Beispiel des Sumpfes habe ich ganz und gar nicht zufällig gewählt. Vor vielen Jahren wäre ich beinahe selbst darin ertrunken, denn ich wollte dort jemandem zu Hilfe eilen, der sich in Not befand.
Wie tief ich eigentlich gesunken war, bemerkte ich erst, als es mir selbst an den Kragen ging. Deutlich spürte ich den Sog, aus dem es kaum Entrinnen gab. Es war eine verschwindend geringe Chance. Ich fühlte mich dermaßen bleiern und schwer, dass mir jede Bewegung unmöglich erschien.
Wie durch ein Wunder bin ich noch am Leben. Ein noch größeres Wunder lag in der Tatsache, dass wir es beide schafften. Sehr viel später wurde mir durch eben jenes Erlebnis bewusst, auf welche Art und Weise wir wieder und wieder im Sumpf unserer eigenen Vergangenheit ertrinken. Du spürst ganz deutlich: Jetzt ist es vorbei – eine Minute höchstens oder noch zwei... es ist vorbei! Genau in die-

sem Augenblick beginnst du, alles wiederzuentdecken, was du bisher versäumtest – nicht irgendwelche Details, nein – du wirst das Muster deiner selbst durchschauen können.
Sich der wirklich wahrhaftigen Dinge im Leben bewusst zu werden bedeutet, sich von ihnen berühren zu lassen. Bewusstwerdung kann weder durch Nachdenken, noch durch große Reden oder Analysen erfolgen. Einzig das eigene Erleben lässt dich ihrer teilhaftig werden. Alles, was ich hier mit euch zu teilen versuche, ist durch eigenes Erleben zur Offenbarung geworden und wird dadurch in mir lebendig bleiben; es lebt durch das Erleben selbst.
Jeder von uns hat schon kritische Momente erfahren, wer hätte dies nicht. Diese sind nur allzu menschlich und uns als Chance gegeben, als Wink mit dem Zaunpfahl, endlich anzufangen, an unserer Bewusstwerdung zu arbeiten. Jedes Mal, wenn wir diese Möglichkeit versäumen, erschaffen wir neuen Schlamm für unsere Sümpfe. Jede versäumte Chance – ein Eimer mehr.
So weit ihr es auch hinausschieben mögt, irgendwann wird der Moment kommen, an dem ihr den langen Weg durch euren Sumpf antreten müsst, während immer weiter neue Eimerladungen hineingekippt werden.
Meine Ausführungen sind keine Drohung mit dem Jüngsten Gericht, sie verdeutlichen lediglich ein Prinzip in unserem Leben. So geschieht es einfach – total unbewusst. Die Vergangenheit wiegt schwer – zu schwer... derweil der Mensch diesem Gewicht durch alle möglichen und unmöglichen, sinnigen und unsinnigen Beschäftigungen zu entfliehen versucht; oder je nachdem, vage Pläne für die Zukunft schmiedet. Unendlich groß und tief ist seine Trickkiste. Wie lange, meint ihr, wird sie noch funktionieren? Irgendwann wirst du deine „Verdrängungsspielchen" durchschauen. Dies ist der schwerste Augenblick: Der lange Weg durch deinen Sumpf beginnt – fang des-

halb jetzt gleich an. Je früher, desto besser. Mein Rat ist einfach: Erschafft keine Sümpfe im Leben. Begreift, dass ihr eines Tages durch diese hindurch müsst. Je mehr ihr trockenlegt, desto größer wird eure Chance, nicht zu versinken. Verwandelt den Sumpf in fruchtbaren Boden. Befreit euch vom bittersüßen Geschmack eurer Vergangenheit und legt diesen Morast trocken.

Du kannst deine Vergangenheit nutzen – weise zu werden oder dumm zu bleiben, freudvoll zu leben oder dein eigenes Leid zu mehren. Jeder kann wählen, jeder muss wählen. Viele versuchen eine zweifelhafte Kombination aus beidem, doch seid gewiss: Die gute Errungenschaft geht in die Ewigkeit ein – die schlechte wird ein sehr persönlicher Besitz bleiben. Je mehr ihr euch vom Negativismus eurer Vergangenheit befreit, desto leichter wird es euch jetzt oder später – irgendwann, viel, viel später...

Alles Komplizierte, Umständliche und Weitschweifige besitzt ein hohes Potenzial an Verwirrungskraft. Deshalb werdet schlicht mit euch selbst, lebt in innerer Einfachheit! Seid unmittelbar und authentisch, vereinfacht eure Art zu leben.

Die größten Erkenntnisse kommen und kamen von jeher ausschließlich unter vereinfachten Bedingungen. Dies wird euch die Tür zu eigener Erkenntnis öffnen – mehr braucht es nicht. Schlicht zu leben bedeutet intensivere Süße am Leben, mehr Emphasis, ein tieferes Verstehen... Sollte euer Leben bisher kompliziert, verflochten und schwer gewesen sein, so gestaltet es nun einfach, schlicht und klar. Befreit euch von allem, was unnötig darin ist. Das genügt!

Frage: Eine einfache und schlichte Lebensweise setzt viel Zeit frei – was sollen wir damit anfangen?

Zanko: Zeit kann höchstes ungenutzt bleiben, jedoch nie im Überfluss vorhanden sein. Man kann sie nicht besitzen oder „haben" – sie ist keine Existente. Diese Erkenntnis bedeutet totale Bewusstheit in jedem Augenblick – absolute Wachheit des Bewusstseins.

Frage: Wie sollen wir denn dann leben?

Zanko: Für gewöhnlich begreift man erst am Ende seines Lebens, wie man es hätte besser nicht machen sollen. Die Weisen leben einfach und sagen: „Es reicht." Das Leben verlässt sie nicht. Sie verlassen das Leben – das körperliche.

Frage: Was bedeutet es, zu erkennen?

Zanko: Beweis- und Bestätigungsversuche verlaufen nach außen, Erkenntnis jedoch bedeutet einen Tauchgang nach innen – eine Auseinandersetzung mit dir selbst. Dafür gibt es keine Definitionen. Hast du selbst etwas erkannt, weißt du dies einfach. Wusstest du nicht im Voraus schon die Antwort?

Sieh dem Tod ins Gesicht!

Heute möchte ich mit euch über etwas sprechen, das so alt ist wie die Menschheit selbst. Es ist jedem von uns bestens bekannt. Zeitlebens wurden wir dadurch geleitet, nur leider auf dem falschen Weg. Dieses ETWAS heißt ANGST. Gibt es jemanden, der sie nicht kennt? Allzu oft sprechen wir über erdachte Sachen, imaginäre Dinge und Hirngespinste. Doch gibt es etwas Eingebildeteres und zugleich Realeres als die Angst? Es scheint, als ob alles andere dagegen nur ein zeitweiliges Phänomen in unserem Leben darstellt. Gebt ihr mir da Recht? Ist es nicht so?

Wir alle kennen das Gefühl der Faszination, von Freude, Glück oder Trauer, doch ganz gleich, welche Richtung wir einschlagen, immer existiert ein sicheres Etwas, zu dem der Mensch stets zurückkehrt. Ich spreche von der Konstante der Angst. Dabei meine ich nicht die offensichtliche Angst, der jeder, wenn möglich, sehr geschickt auszuweichen versucht. So gehen wir nachts nicht in den Wald und am Abend laufen wir nicht durch unbeleuchtete Straßen...

Mir geht es hier vielmehr um die unbewusste Angst, die uns zu Duckmäusern macht, zu Lügen zwingt, uns den klaren Blick verzerrt und uns nötigt, uns in unseren Möglichkeiten zu begrenzen. Bedenkt doch nur einmal, wie viele Seiltänze ihr macht, um dieser Angst zu entkommen und genau dabei dient ihr jener umso mehr. Es ist sehr traurig, dass viele sich zu Dienern der Angst entwickelt haben, anstatt Gott zu dienen. Langsam aber sicher haben wir uns zu Sklaven der Angst verwandelt.

Welches Gefühl kennt ihr besser als das der Angst? Das Leben scheint zu kurz, um diese Tatsache begreifen zu können, obwohl wir Blutsteuer zahlen müssen und noch schlimmer – wir zahlen mit der

Versklavung unserer Seelen! Doch das ist nur die Spitze des Eisberges. Der weitaus größte Teil befindet sich unter Wasser. Dort liegen die versteckten Ängste, die wir uns nicht erlauben anzuschauen und bewusst zu erkennen. Das ist wirklich unverzeihlich.

Unsere Art von Unbewusstheit bestimmt die Art, in der wir leben, unsere Verhaltensweisen, unsere Vorurteile und Skrupel. Der Prozess läuft schon von Kindesbeinen an. Diese Sklavenmentalität reichen wir als genetisches Erbe weiter. Auch wenn es grausam klingt, doch in Wirklichkeit sind wir alle Kinder von Sklaven... und unsere Kinder... wessen Kinder sind sie? Wiederum von Sklaven? Alle diese Kinkerlitzchen und Extras, die wir ihnen anbieten – brauchen sie diese wirklich? Oder wird hier nur Sklavenego poliert?

Angst zu haben ist sehr menschlich – auch Jesus zweifelte für einen Augenblick. Doch es ist unmenschlich, in ständiger Angst zu leben. Das Zulassen der Angst als Motor der Lebensgestaltung ist menschenunwürdig. Auf diese Weise legen wir uns selbst grausame Ketten an! Viele Menschen konnte ich beobachten, die sogar Angst vor sich selbst hatten. Sie haben sich selbst verdammt!

Sicherlich, es gibt Plätze auf dieser Welt – Orte, an denen das Leben leichter fließt, wo das Dasein weniger kontrastreich verläuft, gefüllt mit mehr Nuancen, mehr Raum... die Sinuskurve des Lebens fließt dort weicher. Hierzulande ist der Kontrast scharf. Doch das ist gut so, weil für diejenigen, die den Mut aufbringen, hinzuschauen, das Bild klarer werden kann.

Besonders bedauernswert ist, dass die Angst schon als Norm – als Kategorie für das Leben herangezogen wird. Die Fangarme dieses Kraken sind tief – zu tief vorgedrungen. Sie halten bereits fast alle Sphären des Bewusstseins in ihrem Griff.

Der Verstand ist nicht nur eine Fragemaschine, sondern auch eine perfekte Angstfabrik. Wie auf einem Fließband werden Fragen,

Ängste, Vorurteile und Vorstellungen produziert, die uns in Rahmen pressen, angesichts der Art unseres Verhaltens, Denkens, Fühlens... unserer Lebensart schlechthin.

Der eigentliche Lebensfunke im Inneren des Menschen ist Ausdruck von Gottes Liebe zu uns. Gott ist Liebe. Angst und Liebe passen jedoch nicht zusammen, sie schließen einander aus. Genau hier liegt die Freiheit, wählen zu können. Eine hauchdünne Trennlinie. Du machst einen Schritt und stehst im Dunkeln.

Angst hat viele Gesichter, aber nur einen Ursprung, ähnlich den Gesichtern der Menschen aus einer Familie. In der Natur nimmt die Angst einen anderen Stellenwert ein. Jedes Tier hat Angst, weil es einer anderen Art in der Nahrungskette dient. Hier kommt der Selbsterhaltungstrieb zum Ausdruck – eine instinktive Angst. Doch der Mensch hat keine anderen Feinde außer sich selbst. Woher stammt also diese Angst? Könnt ihr euch die Frage selbst beantworten? Könnt ihr das Prinzip durchschauen?

Die Wurzel all eurer Ängste liegt in der Angst vor dem Tod. Dieses Wissen nährt auch sämtliche Aberglauben. Doch nicht nur diese, ganz unbewusst liegt hier die Ursache für unser Absicherungsbedürfnis und unsere Zweifel.

Auf diesem Boden wachsen alle menschlichen Machenschaften – es wird immer ein paar schlaue „Wohltäter" der Menschheit geben, die diese Tatsachen geschickt auszunutzen verstehen. Wer sich jedoch vor dem Tod fürchtet, ist bereits auf dem Weg zu ihm. Vor etwas Angst zu haben, treibt den Menschen unweigerlich genau dorthin.

An jeder Eingangstür eines Friedhofs steht ENDSTATION. Ja, es ist eine Endstation, doch nur für die guten Vorsätze. Der Mensch geht weiter. Er trägt seine Ängste ins Jenseits, kommt mit ihnen zurück und fügt hier wieder neue hinzu. Genauso wird Karma aufgebaut. Mir ist bewusst, dass ich viel Schmerz erzeuge. Fast jeder hat hier

oder dort eine offene Wunde, nicht nur in Bezug auf sich selbst, sondern auch auf alle, die ihm nahe stehen. Sich aber um sie zu ängstigen, ist weit mehr als Verrat an ihnen – dies ist Verdammnis.
Versucht einmal nur für heute aufzuzählen, wie oft ihr im Laufe dieses einen Tages Angst hattet. Dies wäre dann allerdings nur der bewusste Teil... Um wie viel größer ist erst der unbewusste! Nun erkennt selbst die Tiefe eures Gottvertrauens!
Ich wage nicht, darüber zu spekulieren, ob man euch verurteilen wird, wenn ihr eines Tages vor dem Jüngsten Gericht steht, eines ist jedoch gewiss – ihr werdet es mit Sicherheit selbst tun!
Mit dieser Aussage will ich nicht eure Ängste schüren, sondern euch vielmehr dazu auffordern, diese zu durchschauen. Zuerst die sichtbaren und dann die unsichtbaren. Ihr steht sowohl vor Gott als auch vor eurer Angst – entscheidet euch. Die Angst ist das verdorbenste Produkt unseres freien Willens! Dies betrifft ebenso die Zweifel – denn Zweifel sind auch Ängste – einige der tiefsten sogar.
Heutzutage ist es chic, Problemlösungen intellektuell anzugehen. Das Ergebnis – am Ende findet jede unvernünftige Handlung eine „vernünftige" Erklärung!
Urvertrauen stellt eine direkte Verbindung zu Gott dar. Nicht Handel, Aberglaube und Fanatismus sind hier gemeint. Tiefer Glaube ist wie ein sehr sanfter Hauch, ein zartes Erleben, welches jeder irgendwann einmal erfahren kann.
Alles, was über die drei Dimensionen des Raumes hinausgeht, sprengt die Grenzen unseres Verstandes. Gott aber erfahren wir in der vierten Dimension. Nur der unbefangene Flug unserer Seele vermag uns, dorthin zu tragen. Ein einziger Schritt nur trennt euch von der vierten Dimension, diesen aber müsst ihr in vollkommener Bewusstheit tun. Für diesen einen Schritt ist euch ein ganzes Leben gegeben... Abertausende von Chancen! Wie unfair euch selbst gegen-

über, nicht eine einzige zu ergreifen. Ein Schritt nur, ein EINZIGER, und ES geschieht!
Spürt ihr nicht die Last, die jeder mit sich trägt? Ob bewusst oder unbewusst, sie zieht auch andere mit ins Leid. DAS ist Sünde. Dabei wollte jeder von uns doch so gerecht sein...
Seit hunderten von Jahren wurden Traditionen eingehalten, Rituale strikt befolgt, geleitet von Skrupel, Unwissenheit und Angst. Wer hat uns denn verdammt? War es nicht der bunte Vogel namens Verstand, den wir uns selbst unter den Hut gesetzt haben? Wie unsagbar traurig! Welch klägliches Missverständnis!... Sich selbst so abgrundtief zu missachten.
Die Begegnung mit der vierten Dimension – das ist wahrhaftige Auferstehung. Was im Schlamm versunken, ersteht von neuem – alles Leben, die Emanation Gottes in jedem von uns.
Gott liebt uns auch mit Ängsten. Wir selbst jedoch hindern seine Liebe daran, tiefer in uns eindringen zu können, da der Mensch eine Abschirmung aus Angst gespannt hat. Mit oder ohne Schirm – die Sonne scheint. Sie interessiert sich nicht für unsere Schirme. Sie scheint einfach.

Frage: Selbsterhaltungstrieb und Angstgefühl – ist das ein und dasselbe?

Zanko: Es gibt sowohl Ähnlichkeiten als auch Unterschiede. Der Blickwinkel ist entscheidend. Für gewöhnlich seht ihr die Ähnlichkeiten. Es fällt euch leichter, das eine dem anderen gleichzumachen. Wir können alles auf den Selbsterhaltungstrieb abschieben, doch ist es nicht an der Zeit, uns dieses Instinktes bewusst zu werden?
Der Selbsterhaltungstrieb ist im Tierreich sehr ausgeprägt. Dort wirkt er als Erstsignalsystem. Neben diesem besitzen wir jedoch

noch ein zweites, basierend auf der Fähigkeit, Empfindungen, Emotionen und Gefühle wahrnehmen zu können und auszudrücken. Die meisten unserer Ängste beziehen sich auf das zweite. Erst die Erkenntnis über diese offensichtliche Herausforderung erlaubt uns, unterscheiden zu können. Das Wesentliche ist, unsere Einstellung zu dieser Herausforderung zu prüfen und uns dieser erst einmal bewusst zu werden.

Frage: Wenn man versucht, seine Ängste total zu überwinden, läuft man dann nicht Gefahr, seinen Selbsterhaltungstrieb zu verlieren?

Zanko: Das ist lediglich Ausdruck der Angst, seine Ängste zu verlieren. Die Ängste sind schon so tief verwurzelt, dass man sogar Angst bekommt, seinen Selbsterhaltungstrieb zu verlieren.

Antwort: Die Angst hat tatsächlich viele Gesichter und verschiedene Menschen erzeugen unterschiedliche Ängste in mir. Sogar jetzt, da wir über Ängste sprechen, bin ich in heller Panik vor Angst.

Zanko: Unterschiedliche Situationen und Menschen lösen mannigfaltige Ängste aus, die jedoch größtenteils unbewusst bleiben. Die meisten gehören zum unteren Teil des Eisberges. Richtet eure Aufmerksamkeit nicht auf die Folgen, sucht die Ursachen. Wenn ihr mit der Suche beginnt, werdet ihr finden. Wer suchet, der findet. Die Angst ist die größte Imagination.

Frage: Haben Sie noch Ängste?

Zanko: Auch ich hatte Ängste, doch ich habe hart an ihnen gearbeitet. Das Ergebnis tut hier nichts zur Sache – ob sichtbar oder nicht – es ist da. Genauso wie ich essen und atmen muss, so bin ich gezwungen, die unterschiedlichsten Herausforderungen zu überwinden. Sie regnen nur so auf mich herab. Still beobachte ich, was von außen kommt und was sich innen ereignet.

Frage: Wie können wir unsere Ängste überwinden?

Zanko: Ängste sind unerkannte innere Konflikte. Geht bewusst auf sie zu.

Frage: Aber warum haben wir die Liebe mit der Angst eingetauscht?

Zanko: Woher soll ich denn das wissen? Ich wundere mich ja selbst über euch. Für jede unvernünftige Handlung gibt es eine „vernünftige" Erklärung...

Im Schatten von Sockeln

Heute möchte ich mit euch über etwas sprechen, das den Menschen auf Schritt und Tritt, wie ein Schatten, begleitet. Ich spreche vom Schatten des Beharrungsvermögens, vom Schatten der Trägheit des Menschen. Er ist immer anwesend, doch schwer zu erkennen. Dieser Schatten ist ein Projektionsfeld der menschlichen Begrenztheit und Unwissenheit.

Im Streben nach Wissen wird Unsicherheit offenkundig. Diese Haltlosigkeit projiziert wiederum Ängste, Vorurteile, Vorstellungen und Erwartungen. Ständig bewegt sich der Mensch zwischen Gegenpolen. Schwankend zwischen Sicherheit und Unsicherheit, zwischen Wissen und Unwissenheit. Weder an dem einen noch an dem anderen Pol findet er Ausgleich, Entspannung und Ruhe.

Ein Leben ohne Boden unter den Füßen ist Antrieb für die Suche nach äußeren Schienen, auf denen man sich scheinbar sicher fortbewegen kann. Doch so steht der Mensch immer nur mit einem Fuß im Leben und mit dem anderen schon im Sarg.

Fest im Leben verankert zu sein, mit beiden Füßen verwurzelt auf festem Boden zu stehen, bedarf Mut und Bewusstheit. Werden die Ursachen der Schwankungen und Haltlosigkeit nicht erkannt, bleibt ein jeder ein Schiffbrüchiger auf hoher See.

Ein Leben in Ängsten und Vorstellungen wird den Schatten des inneren Stillstehens weiter verdunkeln. Beharrlichkeit und Trägheit finden Nahrung auf schwankendem Boden, umgeben von Dunkelheit. Stillstehen und Beharren auf ein und demselben sind Folgeerscheinungen dieser Unbewusstheit.

Zwischen Leben und Tod liegt nur ein einziger Schritt. Unabhängig von den individuellen Äußerlichkeiten lebt der Mensch jedoch weit-

gehend in Richtung Tod. Erst die bewusste Befreiung aus den Fesseln der Schatten kann den Schritt in Richtung Leben verlagern. Im Verharren und Nachgeben von Ängsten und Vorurteilen, die einzig dem Verstand entspringen, werden Schatten erzeugt. Diese sind eine bewusste Absage vom Leben, vom Licht sowie von Gott.
Stellt euch bitte jetzt eine Frage: Mit wem oder was lebt ihr näher? Mit euren Vorstellungen oder mit Gott? Klebt bitte nicht am Wort „Gott" fest. Ihr könntet ebenso ewiges Leben, Liebe oder SEIN sagen. Das Wort spielt, wie fast immer, nicht die wesentliche Rolle. Der eigene Verrat an der Existenz des SEINS ist schmerzlich. Diese Erkenntnis tut weh, doch ein Leben, welches aus Unkenntnis resultiert, ist tausendmal schmerzhafter als die Bewusstheit darüber. Das wage ich aus eigener Erfahrung mit Bestimmtheit und uneingeschränkter Sicherheit zu behaupten.
Diese Phänomene sind menschlich und ich möchte hier keine Schuldfrage stellen. Alles ist eine Frage der Erkenntnis, weit abseits jeder Verurteilung. Doch genau hier trifft der Mensch die Entscheidung zwischen Leben und Tod. Jeder findet unter unendlich vielen Möglichkeiten sicher einen Weg, sich lebendig zu begraben. Ganz selten nur findet ein Einzelner hier und da den Weg ins ewige Leben – in DAS, was IST und immer SEIN wird.
Auf jedem Grabstein können wir zwei Daten lesen: Das Geburtsdatum und den Sterbetag. Doch das wichtigste Datum fehlt – der Tag, an dem der Mensch sich lebendig begraben hat. Zwischen den zwei Daten steht die so genannte Lebensspanne. Hier stellt sich die Frage, ob der Mensch überhaupt je gelebt hat. An den meisten ist das Leben einfach vorbeigezogen. Ihre Lebensspanne bestand lediglich aus dem Schritt in Richtung Tod.
Dies sind harte Worte, dessen bin ich mir bewusst. Doch ihr müsst aufwachen – erkennen. Mir bleibt keine andere Wahl! Ein Meister

versucht, aus vielen Richtungen zu euch zu kommen, doch irgendwann muss es einfach „Klick” bei euch machen. Nur die bewusste Erkenntnis vermag die Richtung dieses Schrittes zu verändern, ansonsten besteht das Leben lediglich im Begraben seiner selbst. Eingemauert von Schatten läuft der Mensch unmerklich einzig dem Tod in die Hände. Nur im Sprengen der eigenen Grenzen öffnen sich die Arme der Ewigkeit.

Jede Erkenntnis ist ein Lichtblitz in der Dunkelheit dieser Schatten. Totale Bewusstheit löst diese im Licht der direkten Erkenntnis auf. Erkenntnis ist somit der erste Schritt zu Bewusstheit. Tiefe Erkenntnis führt zur direkten Bewusstheit. Das menschliche Bewusstsein taucht jedoch nicht gern in die Tiefe. Es plätschert lieber an der Oberfläche in der Nähe von Bojen, um sich festhalten zu können. Dies ist einfacher, doch nur scheinbar schmerzloser. Ihr kennt die andere Seite eben nicht! Daher könnt ihr meine Sprache oft nicht verstehen. Die Worte sind die gleichen, doch die Bedeutung und Erkenntnis entstammen der Tiefe des Ozeans.

Ihr seid beharrlich im Bestreben, mir sagen zu wollen, die Ziegelsteine des Daches hätten Defekte, doch ich versuche, euch zu erklären, dass das Fundament eures Hauses keinen Boden besitzt. Auf schwankendem Boden erzittern die Steine und zerbröckeln. Wir selbst leben auf einem ständigen Erdbeben.

Alles, was wir erschaffen, ist zum Untergang verurteilt. Wir versuchen nur, einen ruhigen Hafen zu finden, um uns die Apokalypse, festgeklammert an den Bojen unseres Verstandes, anzuschauen. Anstatt in die Tiefe des Ozeans zu springen, verankern wir immer mehr Bojen – aus Angst vor dem Ozean selbst. Doch Leben geschieht nur da und kann auch nur dort erfahren werden.

Wenn wir Glück haben, können wir in unserer Lebensspanne die eine oder andere Welle erhaschen – doch so werden wir nie am Wellen-

spiel des Lebens teilnehmen können. Aus seiner eigenen Unsicherheit heraus versucht der Mensch deshalb, andere immer überzeugen zu wollen – von sich selbst und von seinen Vorstellungen. Doch was kann er ihnen anbieten und wovon vermag er zu überzeugen? Woher seine Kompetenz? Die eigene Boje verspricht nicht genügend Halt im Ozean, so versucht er über das Eifern nach Bestätigungen den Boden einer untergehenden Boje zu festigen.
Im Schatten seiner Trägheit sucht der Mensch nach Bestätigungen seiner eigenen Vorstellungen, Konzepte und Standpunkte. Doch eine Boje besitzt keinen Boden. Ob ein Einzelner daran klebt oder tausende. Der Boden liegt in der Tiefe des Ozeans. Je mehr sich an die Boje klammern, desto schneller wird sie untergehen. Dies erkennt die Menschheit manchmal, doch dann wechselt sie einfach wieder nur die Boje. Von außen etwas aufpoliert – den Anschein von Sicherheit erweckend – doch letztlich zum Untergang verurteilt. Der Boden wird nicht gefunden.
So treibt die Menschheit Bojen suchend auf der Oberfläche des Ozeans, ohne zu erkennen, dass der Boden direkt unter ihr liegt – in der Tiefe des Lebens, in der Tiefe eines jeden selbst. Wann wird die Menschheit das endlich erkennen? Wann die Reife entwickeln, überhaupt erkennen zu wollen – bewusst!?
Solange der Mensch auf dem Sockel seiner eigenen Meinung festklebt, kommt er nicht über diesen hinaus. Dabei ist es egal, ob ein Einzelner, eine ganze Kultur oder gar Gesellschaft auf diesem Sockel verankert ist.
Jeder Sockel bedeutet einen Schritt in den Tod. Doch niemand ist so frei, von seinem Sockel zu steigen. Diese Schatten der Beharrlichkeit werden zu einer Mauer – der Tod kommt immer näher – immer schneller. Die Menschheit hat ein wahres Meisterwerk geschaffen im Errichten von Sockeln, doch diese Sockel sind nur das Fundament

ihrer eigenen Grabstätte. Jeder Friedhof ist ein Zeugnis unserer Sockel. Der Mensch hat jedoch auch hier die Wahl: Er kann bewusst vom Sockel heruntersteigen oder er wird von diesem Sockel fallen! Fragt unsere Seelen auf den Friedhöfen, ob sie noch auf ihren Sockeln stehen, die sie sich in ihrer Lebensspanne errichtet haben, zwischen den zwei Daten auf ihren Grabsteinen. Aus der Erkenntnis ihrer Erfahrung heraus würden sie uns einen gut gemeinten Rat geben: „Steigt jetzt bewusst von euren Sockeln!"

Darin liegt die tiefere Bedeutung eines jeden Grabsteins. Genau diese Botschaft kann jeder bewusste Sucher zwischen den zwei eingravierten Daten lesen! Jeder Grabstein ist ein Aufruf, von unseren Sockeln zu steigen. Solange wir auf Sockeln stehen, bleiben wir Sklaven im Errichten unserer eigenen Grabsteine.

Es erfordert Mut, hinzusehen, doch Wegschauen ändert nichts an den Tatsachen. Hier zeigt sich unsere „Vogel-Strauß-Politik". Alle Sockel sind nur virtuell. Sie existieren ausschließlich in unseren Köpfen. Nur bewusste Erkenntnis dieser Imagination des Lebens lässt uns über die Grabsteine springen. Jeder Sockel entfernt uns vom Boden. Wir entwurzeln uns somit selbst. Da der Verstand selbst keine Wurzeln besitzt, errichtet er Sockel, auf denen er stehen und bestehen kann. Unsere eigenen Wurzeln jedoch werden in den Tiefen des Raumes Halt finden, nicht auf den Sockeln unseres Verstandes, im Schatten unserer eigenen Denk- und Grabmäler.

Die Größe des Sockels gibt Aufschluss über die Größe des Menschen. Es ergibt sich ein reziprokes Verhältnis. Je größer der Sockel, desto kleiner der Mensch. Die größten Menschen sind frei von Sockeln. Sie leben ohne Schatten – in Freiheit. Die Menschheit muss endlich erkennen, dass jeder Sockel ein Teil des Grabsteins ist. Solange sie das nicht erkennt, werden die Friedhöfe größer als die Lebensräume sein. Ganze Städte sind bereits gestorben. Nur noch weni-

ge Plätze gibt es, wo Leben geschieht. Lasst uns von unseren Sockeln steigen – so lässt sich Muttererde spüren. In Dankbarkeit werden wir knien und sie in Demut küssen, weil wir nach Hause gekommen sind. Zeigt Ehrfurcht vor dem Leben, nicht Respekt vor euren Sockeln. Sie sind schon gestorben, bevor wir sie errichtet haben.
Es geht jedoch noch weiter. Die Menschheit ist bereits auf dem besten Wege, sich mit ihren Sockeln zu identifizieren! Seht ihr die Gefahr? Du schwankst zwischen dir selbst und deinem Sockel. Ständig zwischen Leben und Tod. Für wen wirst du dich entscheiden? Wirst du vom Sockel springen oder ins Grab?
Auf Sockeln sind wir lebendig begraben. Die Richtung unseres Schrittes ist vorprogrammiert. Die Menschheit läuft ihrer Selbstzerstörung auf stolzen Sockeln entgegen.
Auf einem Sockel thronend oder an einer Boje klebend kann man die innere Freiheit jedoch niemals finden. Jeder Sockel wirft Schatten der Trägheit und jede Boje Schatten der Angst, doch beide sind der Schatten unserer eigenen Grabsteine. Die Welt entwickelt sich zu einem Massengrab. Befreit euch aus den Schatten – Stein für Stein – Sockel um Sockel.

Frage: Wie kann ich vom Sockel springen, wenn sich um mich herum ein sehr viel größerer Sockel befindet?

Zanko: Leider gibt es nur kleine Spielräume. Als Teilnehmer in einer Gesellschaft unterliegst du ihren Erwartungshaltungen. Du erfüllst eine Funktion, die von dir erwartet wird. Im ersten Augenblick mag es so aussehen, als hättest du keine Chance, auszusteigen, aus dem Level, in dem gespielt wird. Doch das wiederum heißt nur, du selbst bist noch gebunden an Erwartungen – noch nicht frei. Dieser Fakt ist Ausdruck deines momentanen Bedarfs. Doch du solltest immer auch bereit sein, den Preis dafür zu zahlen. Wer sucht, der wird finden. Entscheide selbst, wie viel dir dein Leben wert ist. Ein Grabstein oder die Freiheit.

Frage: Worin liegen die Alternativen?

Zanko: Die musst du selbst entdecken. Über die Meditation kannst du gut von deinen Sockeln springen. Es gibt immer Alternativen zum Grabstein für dich. Der erste Schritt in Richtung Leben heißt Erkenntnis. Deine innere Stille wird dich befreien von der Notwendigkeit, äußerlich kompensieren zu müssen. Spring in die Tiefen des Ozeans – sie sind in dir!

Demut erwächst in Stille

Heute Morgen möchte ich euch zwei Fragen stellen:

„Wohin gehen wir?"
„Wo werden wir ankommen?"

Der Mensch ist auf die Welt gekommen und lebt auf diesem Planeten, weil es für ihn und seine Umwelt erforderlich ist, hier anwesend zu sein. Egal, wo sich der Mensch befindet, er steht immer in einem Umkreis, der ihm hilft, sich selbst erkennen zu können.
Das Umfeld ist eine Spiegelebene, welche uns das ganze Leben begleitet. Wir müssen nur hineinsehen. Aus diesem Grund wurde der Mensch genau in dieses Umfeld hineingeboren, welches für ihn zum Wachstum notwendig ist. Einem jeden das Seine. Es ist so einfach, du musst nur hinschauen und erkennen. Dies wäre das Beste, was du für dich selbst tun könntest.
Das bewusste Sehen kann manchmal sehr schmerzhaft sein. Wir alle werden eines Tages jedoch erkennen müssen, dass wir nur hier sind, um erkennen zu können.
Wenn du es schaffst, dich distanziert zu beobachten, wirst du frei sein und aus der Opferrolle herausspringen können. Solange du selbst im Geschehen verankert bleibst, dich mit deinen Handlungen und Gedanken identifizierst, kannst du dem Teufelskreis von Opfer, Leid und Aggression nicht entspringen. So bist du verhaftet, verklebt mit den Prozessen, die du genau deshalb nicht durchschauen kannst. Wir müssen einen anderen Blickwinkel erhalten, um dieses Spiel zu erkennen und uns daraus befreien zu können. Ein anderer Fokus umfasst andere Inhalte und neue Erkenntnisse. Nur das ERFAHREN

der Erkenntnis macht dich wirklich frei. Zu viel Energie investiert der Mensch in diesen Teufelskreis, anstatt seine Energie dafür zu benutzen, diesen durchschauen zu wollen! Ein Schild um den Hals mit folgender Aufschrift: „Ich habe mir alles selbst zuzuschreiben!", könnte uns täglich daran erinnern, hinter die Fassade zu blicken.

Im Zuge der Selbsterkenntnis wird sich dein komplettes Weltbild ändern. Deine Einstellungen und Vorstellungenen sowie Auseinandersetzungen mit dem Leben werden sich fortan nicht mehr mit leeren Inhalten, sondern mit gelebten Erfahrungen füllen. Der Schwerpunkt wird vom Inhalt auf den Gehalt verschoben.

Die Opferrolle zu verlassen, bedeutet, seine inneren Wunden selbst heilen zu können. Dies geschieht von allein. Gib dem Leben die Erlaubnis für deine Heilung. Durch Selbsterkenntnis heilt dich das Leben von selbst.

Jeder von euch hat sicherlich schon eine Naturkatastrophe beobachten können, zumindest ein Gewitter. Nach einem solchen Vorgang verharrt die Natur in Stille. Eine Phase der Regeneration beginnt – alle Verwüstungen heilen von allein. Könnt ihr nun verstehen, wenn ich sage: „Bleibt still!?" In dieser Ruhephase liegt der Schlüssel verborgen. Könnt ihr das erkennen?

Bleibt jetzt bitte einen Moment still. Ich verlange keine direkte Antwort. Die Antwort aus eurem Inneren – die Resonanz aus eurer Tiefe ist mir hierbei wichtig. Versucht, tief in euch zu gehen – dort werdet ihr alle Antworten finden. Sie liegen in euch selbst verborgen, jenseits aller Worte. In eurer Stille werdet ihr die Antwort, den Schlüssel und die Heilung finden. Hier kann Regeneration stattfinden. In ihr ruht euer Wesen, eure Natur – die euch von selbst heilen wird.

Im Moment der Stille wird neues Leben geboren. Das alte ist vergangen – es ist keine Träne mehr wert. Die Natur beklagt sich nicht über Vergangenes. Ohne Stille und Regeneration entwickelt sich aus je-

dem kleinen Gewitter ein Sturm – bis hin zum Orkan. Ohne Kontrolle erhöhen sich das Ausmaß und die Anzahl der Unwetter.
Bleibt in jedem kleinen Gewitter bewusst, haltet inne, kehrt ein in eure Stille, so könnt ihr erkennen, dass jedes Unwetter ein Reinigungsprozess und ein Erkennungsprozess sein kann, dem eine gründliche Regeneration folgt. Hierin liegt die Chance eines Neubeginns. Die Luft wird frischer und klarer.
Besonders im Schmerz sollten wir keine Gewitter provozieren – daraus erwachsen nur Orkane mit unabsehbaren Folgen. Gönnt euch in Phasen von Verletzungen deshalb viel Stille, sonst werden die Wunden zahlreicher und tiefer.
Regenerationsphasen sind Zustände, in denen die Natur, wie auch der Mensch, Anschluss an die Quelle der Schöpfung finden können. Doch die Menschheit springt von Gewitter zu Gewitter und beklagt sich über die Eskalation der Verwüstung. Die Gesellschaft ist nur ein Spiegelbild unserer selbst.
Könnt ihr mir folgen? Ist es nicht so? Und warum? Hmm...? Weil wir den Schlüssel zur DEMUT nicht finden können! Im Sturm ist dieser nicht zu finden. Er liegt verborgen im Inneren unserer Stille. Meine Urgroßmutter sagte des Öfteren: „Sei demütig, Kind – sei demütig!" Damals konnte ich das nicht verstehen. Viel später gelangte ich allein zu dieser Erkenntnis. Ohne Demut vermag der Mensch nicht weit voranzukommen.Er wird sich immer nur im Kreis drehen und genau an die Stelle zurückkehren müssen, an der er versäumt hat, demütig zu werden.
In Demut eröffnest du deine innere Tür nach innen. Diese Eröffnung ermöglicht den Zugang zu Weichheit und Sanftmut. Jeder von uns sollte die Richtung und den Grad seiner Demut selbst erkennen und dann den Punkt, der für ihn entscheidend ist für seinen „Sprung" in die Demut. Hiermit ermuntere ich euch, das unschuldige Wesen in

euch zu entdecken, so könntet ihr euch viele „leere Runden" ersparen. Jede verpasste Chance ist wie eine Strafrunde.
Ein Leben ohne Demut entwickelt sich entweder zu einen Basar oder einen Schlachthof. Diesen Verlauf zeigt die menschliche Geschichte nur allzu deutlich. Ist das nicht traurig? So weit sind wir gekommen. Ohne Demut kann es weder Entspannung noch wahres Vertrauen geben. Die Spannungen eskalieren täglich – jeder fühlt sich als Opfer. Die Stressfaktoren steigen unaufhörlich – der Mensch greift zu künstlichen Beruhigungsmitteln.
Aus diesem Grund stellte ich eingangs die Frage: „Wo werden wir landen?" Jeder bestimmt seinen Lebensweg selbst. So oder so, er liegt in euren Händen. Doch lasst uns erkennen, wie unbewusst wir mit diesem Geschenk umgehen – wie wir es vergeuden – Tag für Tag, Jahr für Jahr – bis...
Die Verantwortlichkeit eines jeden ist eine Frage von Bewusstheit. Ohne Demut kann niemand Verantwortlichkeit übernehmen, da Bewusstheit nicht entdeckt und entfaltet werden kann.
Demut ist unerlässlich auf dem Weg der Entdeckung deines wahren Selbst, deines Wesens. Ohne Demut kann der Mensch keine Freiheit erlangen. Niemals wird er sich befreien können von seinen eigenen Dornen. Es wird Zeit für die Menschheit, diese Strukturen zu durchschauen und bewusst erkennen zu wollen.
Ich weiß, dass ich euch herausfordere. Doch an dieser Stelle gibt es keine Kompromisse – da kenne ich kein „Pardon". Ich muss meine Finger auf eure offenen Wunden legen, damit der Eiter abfließen kann. Nur so habt ihr eine Chance, die Krankheit zu erkennen und sie zu heilen. Erst danach könnt ihr euch selbst die Dornen ausreißen, die euch immer wieder neue Wunden zufügen. Nur durch Erkenntnis könnt ihr diesem Teufelskreis und dem Rad des Samsara – dem Kreislauf von Tod und Wiedergeburt, entfliehen. Wie sehr es

auch schmerzen mag, Entwicklung ist nicht anders möglich. Dieses Risiko muss ich in Kauf nehmen. Es wäre sinnlos und unfair, euch Honig um den Bart zu schmieren. Nur verblendete Bienen folgen dem scheinbar süßen Honig...
Auf der einen Seite ist zwar alles „gut", so wie es ist. Doch das Gute daran liegt nur in der Tatsache, daraus lernen zu können, denn auf der anderen Seite könnte so manches besser sein – in Bewusstheit! Nur in und durch Bewusstheit kann sich der Status quo in Richtung wirklichen Fortschrittes verändern – Fortschritt nicht horizontal, sondern vertikal – in Richtung Wachstum.
Ihr wisst, mir macht es keine Freude, euch verletzen zu müssen. Doch nur über den Schmerz könnt ihr die Freude, die ich mit euch teilen möchte, erfahren. Nehmt diese Chance an.

Frage: Wo liegt die Barriere in uns, echte Demut ERFAHREN zu können?

Zanko: Alles, außer der eigenen Demut, stört diesen Prozess. Wenn du Durst verspürst, wirst du dich auf den Weg machen, eine Quelle zu suchen. Es gibt keinen Ersatz für eine Quelle, um an frisches Wasser zu gelangen.

Frage: Wie kann ich zwischen Demut und Versöhnung unterscheiden? Gibt es ein Kriterium?

Zanko: Demut bedeutet Stärke, Versöhnung ist Ausdruck von Schwäche. Überlege jetzt bitte selbst, was sich HINTER meiner Antwort verbirgt. Lasst euch nicht immer alles vorkauen.

Frage: Warum äußern wir uns so leicht und so schnell nach außen? Warum ist es so schwer, nach innen zu schauen – uns selbst zu durchschauen?

Zanko: Ja, der Mensch spielt eben sehr gern Tourist. Er schaut auf den Basar, nimmt, was er bekommen kann, entledigt sich dann seines Mülls und hinterher sagt er: „Ciao – Auf Wiedersehen!"
Solange der Mensch lediglich nach außen lebt, wird auch seine Erkenntnis nur oberflächlich bleiben, doch so kann er sich am besten vor sich selbst verstecken. Der Weg nach außen stellt eine Flucht dar. Jeder flüchtet ständig, indem er vor sich selbst davonläuft. Doch wie lange kann er dieses sinnlose Spiel durchhalten? Im Alter wird der Körper schwächer, die Beine werden langsamer. Dem Tod ist noch niemand davongelaufen – doch fast alle laufen vor dem ewigen Leben davon. Ist das nicht absolut paradox?

Akkorde der Freude

Seid ihr euch eigentlich bewusst, wie viel euch bewusst ist? Nein? Nun, dann seid ihr euch hoffentlich bewusst, wie viel euch nicht bewusst ist, denn das ist bei weitem ein Vielfaches mehr! Warum ist die Bewusstwerdung ein so langer und schwieriger Prozess? Lasst uns ein wenig nachdenken...

Bewusst werden heißt, sich von innen und von außen anzuschauen, für gewöhnlich ein paralleler Prozess. Von außen bedeutet im äußeren Raum, unserem Umfeld, unserem Leben. Von innen zu betrachten meint, in sich zu entdecken, zu erleben und sich seiner selbst im Erleben bewusst zu werden.

Mit dem Erleben beschäftigt, gleichsam im Erleben identifiziert, kann man sich des SEINS jedoch nicht bewusst werden. Sicher, man nimmt sich „bewusst" wahr, dies bedeutet jedoch noch lange nicht, sich seiner selbst BEWUSST ZU SEIN.

Das menschliche Bewusstsein auf der jetzigen Stufe ist leider so konstruiert, ohne Hut auf dem Kopf sich selbst nicht erkennen zu können, benutzt es doch fortwährend diesen Hut als Bezugspunkt. Der Verstand seinerseits ist ein altbewährtes Schema, zu dem wir oft Zuflucht suchen. Viel öfter aber entblößt er sich als kräftige Kopfnuss. Das ist auch gut so, denn anderenfalls würde das Bewusstsein seinen Dornröschenschlaf, gefangen in den eigenen Schemata und Modellen, weiterschlafen.

Stellt euch nur vor – so viele Kopfnüsse, bis wir das erkennen können, was wir erkannt haben! Solange es einen Kopf gibt, bekommt er auch Kopfnüsse – leider! Mindestens eine für jede einzelne Situation, für jede einzelne Sachlage die passende. Ein schwerer und schmerzhafter Prozess!

Immer wieder wird der Teufel selbst an den Haaren herbeigezogen und später wird dann über das böse Missgeschick gejammert. Wir sollten einen Sticker tragen, auf dem geschrieben stünde: „Das habe ich mir selbst ausgesucht, alles habe ich mir selbst zuzuschreiben." Jeder bestimmt das nötige Ausmaß von Leid und Missgeschick in seinem Leben selbst; sobald er dies erkannt hat, hat es am Ende seinen guten Zweck erfüllt. Leid entsteht aus Mangel und erzeugt neue Defizite. Seht genau hin!

Lasst das Leben ungedeckelt zu euch vordringen, denn auf jeden Deckel folgt eine Kopfnuss, die euch wiederum Leid zufügen wird. Durch euren Schmerz aber wird das Leid in dieser Welt vermehrt. Anstatt Freude zu mehren, vermehren wir Leid!

Letztendlich kann man nur das teilen, was man selbst hat! Auf bestimmte Art und Weise verrät euer Leid den ganz persönlichen Mangel, verrät die Dinge, derer ihr bedürft. Schaut hin, versucht euch ihrer bewusst zu werden, versucht, euren Schmerz in Freude zu verwandeln und diese miteinander zu teilen, nicht umgekehrt.

Ausgesprochen schmal schlängeln sich die Pfade des Lebens, die auf konstruktive Wege zu führen vermögen. Zu destruktiven Abgründen verlaufen die Wege breit und komfortabel wie Autobahnen, es gibt wohl kaum jemanden, der nicht schon auf ihnen gerast wäre. Nur einige wenige schaffen es, die engen Pfade zu entdecken und auf ihrem schmalen Grat zu wandeln. „Wer suchet, der findet..."

Es wird nur dann wahrhaftig gesucht, wenn der Mensch diesen Pfad als Bedarf aus tiefster Seele erkennt und benötigt – nicht erklärtermaßen, nicht beschwörend, sondern mit seinem ausnahmslosen Engagement zum Leben. Wahrhaftig und authentisch aus voller Seele zu leben erscheint schwer, denn die meisten Menschen leben nur halbherzig und plakativ. Sie überschütten sich gegenseitig mit Erklärungen, anstatt das Leben zu erforschen und mit Neugier entdecken

zu wollen. Nur so kann jedoch ein schöpferischer Prozess im Leben geboren werden. Jeder von euch ist ein Schöpfer. Jeder Schaffende benötigt Talent, Material und am Anfang ein wenig Hilfe. In erster Linie muss natürlich ein überaus starkes Verlangen danach vorhanden sein. Nun, ich glaube, ihr habt alles, was ihr benötigt und solltet euch nicht durch misslungene Versuche entmutigen lassen. Jedoch solltet ihr keine großen Erwartungen hegen, am besten gar keine. Irgendwann kann bei jedem Menschen ein intensiver schöpferischer Prozess beginnen. Entwickelt ein wenig mehr Toleranz, sowohl zu euch selbst als auch zu anderen.
Auf alles, was in euch geschieht, habt ihr ein Anrecht, denn es seid nicht ihr, die es vollbringt – es GESCHIEHT durch euch! Auf diese Weise erschafft ihr euch allmählich eine innere geistige und intellektuelle Kultur. Kulturelle Traditionen wachsen nur langsam und mühsam, deshalb erscheinen euch neue, ungewohnte Aspekte manchmal seltsam oder sogar inakzeptabel. Doch alles, was die Qualität unserer inneren Gesinnung reifen lässt, ist unendlich wertvoll. Voraussetzung ist echte Annahme.
Wahre Lebensart lässt sich nicht oktroyieren, sie keimt nur auf fruchtbaren Böden, fast unmerklich – man gibt sie weiter von Hand zu Hand und von Herz zu Herz.
Im Menschen existieren die Gegenpole der Kultur und der Diktatur. Kultur vermag nur dann erschaffen zu werden, wenn die Diktatur überwunden ist – sowohl die innere als auch die äußere.
Das Heranreifen einer wertvollen Kultur stellt einen gründlichen Prozess dar, der tiefes Erkennen erfordert. Ihre höchste Reife ist Toleranz – ein recht seltenes Ereignis in der menschlichen Geschichte. Lasst uns deshalb den schmalen Pfad der Entfaltung beschreiten und stets sehr bewusst Toleranz in allen ihren Erscheinungsformen pflegen. Diese Einsicht wird euch einen neuen Horizont eröffnen, erfüllt

mit grenzenloser Freude – eine unerschöpfliche, sprudelnde Glückseligkeit tief aus eurem SEIN.
Freude sollte unsere Lebensart sein. Jeder neue Horizont eröffnet weitere, jeder weitere Horizont führt euch tiefer in euren Kern, bis sich das Fenster zur Ewigkeit öffnet. Bleibt in eurer Freude!

Frage: Unser Deckel auf dem Kopf scheint nicht nur ziemlich festzusitzen, er ist bereits fest geklebt – mit uns verwachsen! Wie kann man ihn wieder lockern?

Zanko: Manchmal hilft ein „Hammer" von außen, doch der Bedarf von innen heraus muss vorhanden sein. Der Verstand ist scheinbar in sich geschlossen, doch auch er hat Lücken. Finde sie, dann wirst du Zutritt in den Raum dahinter bekommen – ins SEIN. Soweit ich das sehe, möchtest du lieber noch an deinem Deckel festhalten, oder?

Ins Absurdum geführt

Zanko: Könnt ihr mir eine Frage beantworten? Wie heißt das größte Absurdum auf dieser Welt?

Antwort: Für den Menschen ist alles absurd, wofür er keine Erklärung finden kann.

Antwort: Der Mensch selbst ist das größte Absurdum beziehungsweise seine Existenz.

Antwort: Es ist uns alles gegeben und trotzdem sind wir nicht glücklich. Das ist absurd.

Antwort: Die zwischenmenschlichen Beziehungen.

Zanko: Die Antworten sind alle mehr oder weniger richtig, doch die Ursache, der Kern der Absurditäten wurde noch nicht erwähnt. Eure Feststellungen haben alle einen gemeinsamen Hintergrund. Sie sind Folgeerscheinungen der größten Absurdität an sich. Diese ist euch näher als ihr euch selbst seid. Sie ist euch so nahe, dass ihr euch nicht mehr von ihr unterscheiden könnt – sie hat euch fast aufgefressen – ihr habt euch mit ihr identifiziert.
Die größte Absurdität befindet sich in unseren Köpfen. Alle Vorstellungen und Deutungen sind absolut absurd. Unser Aufnahme- und Verarbeitungsprozess von Informationen ist absurd, ebenso die Produkte und Prinzipien sowie der Stellenwert dieser zugrunde liegenden Verarbeitungsmaschine. Als Krönung dieses Schöpfungsprozesses sind die eigenen Vorstellungen besonders hervorzuheben.

Sie nehmen in der Reihenfolge der Absurditäten den ersten Platz ein. Der Mensch schwimmt pausenlos in seinem kleinen See von Vorstellungen hin und her. Im Bestreben, einen festen Halt finden zu wollen, lagert er Stützpunkte von außen in seine Vorstellungen ein, verarbeitet diese zu angeblichen Wissen und speichert diesen Brei, vermischt mit eigenen Erfahrungen dann ab.

Aus dieser Mixtur von eigenen schwankenden Vorstellungen und den ebenso haltlosen Projektionen der anderen wird demnach ein Gerüst, passend für den eigenen Rahmen, angefertigt. Diese Soße stellt dann das so genannte Wissen dar und bildet die Basis der Kompetenz eines jeden Einzelnen von uns.

Dieses Verarbeitungsprinzip verdeutlicht, wie jedermann selbst die Basis seiner Kompetenz erschafft. Doch wie viel Aussagekraft und Stabilität kann diese Basis, aufgebaut aus schwankenden Hirngespinsten haben?

Seid ehrlich – wie viel Kompetenz besitzt ein jeder von uns? Die Basis einer so gewonnenen Kompetenz ist immer ein untergehendes Schiff, egal wie viele Leute dieselbe Meinung vertreten. Sie sitzen alle im selben Boot, auch wenn nach außen scheinbar mehrere sichtbar sind. Die Grundlage einer solchen Kompetenz hat den selben haltlosen Ursprung und deshalb ist kein Boot stabiler als das andere. Im schwankenden Boot sucht der Mensch einen Hafen für Bestätigung. Auf dieser Suche benötigt er daher einen bestimmten Rahmen und ein Ziel. Ohne Rahmenbedingungen und feste Strukturen findet er keinen Ankerplatz.

Über die Vergewisserung der Selbstbestätigung versucht der Mensch sich selbst seine Existenz zu rechtfertigen. Ein wirklich armseliges Zuhause eines schwankenden Matrosen – von einem Hafen zum anderen auf der Suche nach Gleichgesinnten. Dieses Verhalten wäre wirklich lustig, wenn nicht zugleich auch sehr traurig. Im Vergleichen

seiner eigenen krummen Vorstellungen mit denen der anderen versucht man, seine Daseinsberechtigung und sein Dasein schlechthin begründen zu wollen. Es ist traurig, weil dies viel zu wenig ist und außerdem nicht der Wahrheit entspricht – dem SEIN. Dreh- und Angelpunkt seiner Existenz bleibt dabei immer nur der kleine See im eigenen Kopf. Dieser scheint der Mittelpunkt der Welt für jedes einzelne Individuum zu sein.
Jeder spielt die Hauptrolle in seinem Theaterstück, doch das eigenes Drama ist kaum jemandem bewusst, obwohl versucht wird, viele Komödien und Affären in dieses Theaterstück einzubauen. Die ganze Suche nach Bestätigung ist nur eine Ablenkung von seiner eigenen Tragödie. Ich spreche von Tragödie, weil die Bewusstheit darüber während der Lebensspanne nicht besteht. Erst angesichts des Todes leuchten kleine Lichtblitze auf. Dabei weiß doch jeder schon zu Lebzeiten, dass er gar nichts mitnehmen kann von dem, wonach er in seinem Leben gestrebt hat. Warum strebt der Mensch dann immerzu nach Ansehen, Ruhm, Macht und Geld? Nicht einmal sein Körper gehört ihm! Gar nichts wird er mitnehmen können. Warum läuft der Mensch an dieser Erkenntnis sein ganzes Leben vorbei? Warum?
Sicher, es ist nicht schlecht, ein angenehmes Leben führen zu wollen, doch das eine schließt das andere nicht aus. Die Rangfolge der Prioritäten ist entscheidend. Warum arbeitet der Mensch nicht für das, was er mitnehmen kann? Dies wäre wirklich ein wahrer Besitz. Kein Haus hat je den Himmel gesehen. Jeder Mercedes wäre zu groß für die Eingangspforte ins Himmelreich. Selbst ein Geldschein wird zu schwer sein, genauso wie dein Körper selbst.
Warum läuft der Mensch ein ganzes Leben lang vor dieser Erkenntnis des Todes davon? Je mehr ein Mensch angehäuft hat, je „reicher" er im Sinne der Gesellschaft ist, desto mehr läuft er Gefahr, sich im Versteckspiel hinter seinem Besitz verlieren zu können. Je mehr

Macht, Geld und Ansehen er besitzt, desto weniger wird er mich verstehen können – umso heftiger meine Worte zurückweisen. Je stärker an dieser Stelle der Widerstand, desto eingeschränkter der Blickwinkel und umso vergifteter ist bereits die Basis der Kompetenz.
Wahrer Reichtum besteht aus dem, was der Mensch nach seinem Tod mitnehmen kann. Ob arm oder reich, jeder muss einmal sterben. Wäre es nicht sinnvoll, an seiner Unsterblichkeit zu arbeiten? Dabei muss niemand auf seine Annehmlichkeiten verzichten, doch jeder sollte sich fragen, inwieweit Äußerlichkeiten sein Leben beeinflussen sollten und welchen Preis er bereit wäre zu zahlen, wenn allein diese den einzigen Sinn seines Lebens darstellten.
Im Streben nach Äußerlichkeiten hat noch niemand die Wahrheit gefunden. Jeder muss sich im Leben bewusst vor diese Entscheidung stellen. Was ist dir wertvoller? Dein Geld oder das Leben nach dem Tod? Dein Dasein hätte keinen Sinn, wenn es nur im Streben nach Anerkennung und Äußerlichkeiten bestünde. Du solltest während deines Lebens deine Unsterblichkeit entdecken. Das ist der Sinn hier auf Erden. Genau deshalb wirst du auch immer wiedergeboren, bis du dies erkannt hast! Diese Erkenntnis sollte dein Dreh- und Angelpunkt im Leben sein – nicht deine Vorstellungen.
Unsere Heiligen, jeder Prophet und alle Erwachten sind Zeugnis des ewigen Lebens. Macht euch zum Ziel, diese Erkenntnis und Bewusstheit selbst erfahren zu wollen! Auf diesem Weg spielt es keine Rolle, ob du im Auto fährst oder zu Fuß gehen musst. Dein Maßstab muss deine Bewusstheit sein, nicht deine Geldbörse.
Jede Religion verehrt ihre Propheten. Doch keine hat sie je verstanden. Ein jeder legt nach dem Kirchgang eine Münze in den Spendenbeutel und spielt zu Hause das gleiche alte Spiel weiter. Keiner unserer Heiligen hat jedoch dieses Geld nötig. Wir können damit ausschließlich unser Ego besänftigen und es vorübergehend befriedigen.

Unsere Propheten haben das ewige Leben bereits erfahren und versuchten, euch den Weg zu zeigen. Warum nur folgt ihr euren Weisen nicht? Ihr verehrt sie, doch ihr habt sie nicht angenommen, nicht verstanden. Einen Augenblick sagt ihr „Ja" und betet ein paar belanglose Zeilen daher und im anderen Augenblick verliert ihr euch wieder im See eurer Vorstellungen und Äußerlichkeiten.
Kein Erwachter hat jemals eure Gebete gebraucht. Sie sind lediglich notwendig, euch selbst erkennen zu können. Wann wird der Mensch endlich begreifen, dass er ein ganzes Leben nur vor sich selbst davonrennt – dem Tod direkt in die Arme?!
Warum, meint ihr, sind Buddha oder Jesus die Äußerlichkeiten des Lebens relativ egal gewesen? Habt ihr euch jemals diese Frage bewusst gestellt? Meint ihr, sie wollten absichtlich verhungern oder sterben? Wollten sie uns vielleicht zeigen, dass sie ohne Geld und Brot besser lebten?
Nein, alle unsere Vorstellungen sind Hirngespinste. Sie hatten etwas in sich gefunden, das unsagbar viel größer war als alles zuvor Bekannte. Nichts auf dieser Welt wäre vergleichbar mit dem Schatz gewesen, den sie in sich entdeckt hatten. Dafür waren sie bereit, ihr Leben zu geben. Sie haben ihr Leben gegeben für die Unsterblichkeit. Sie konnten nicht mehr sterben.
Wofür seid ihr bereit, euer Leben zu geben? Seid ihr nun in der Lage, die Basis der Kompetenz vergleichen zu können? Ständig geben wir ein Leben nach dem anderen für unseren kleinen See im Kopf – für Geld, Macht und Ruhm. Ihr könntet viel mehr erreichen! Genau dies versuchten uns alle Propheten immer zu sagen. Doch die Menschheit verliert sich fortwährend in banalen Äußerlichkeiten. Erst die Erkenntnis wird uns helfen, unsere Prioritäten zu ändern. Dabei müsste niemand verhungern oder leiden. Solange die Menschheit die Bedingungen für Erkenntnis und Erwachen jedoch erschwert, wird

sie selbst sterben – sinnlos am ewigen Leben vorbei! Jeder Erwachte kann die Sinnlosigkeit eures Lebens erkennen und möchte euch helfen, aus diesem Rad auszusteigen. Doch die Menschen rennen lieber davon und halten sich am NICHTS ihrer armseligen Habseligkeiten fest – an etwas, das sowieso keinen Bestand für die Ewigkeit hat. Versucht, selbst ein Teil der Ewigkeit zu werden, dann kommt ihr in den Genuss des ewigen Lebens und dieser ist köstlicher als alles, was ihr euch vorstellen könnt. Dieser Geschmack sprengt die Grenzen des Verstandes.

Wer von euch würde ans Kreuz gehen für seinen Besitz? Niemand? Gut... Wofür sonst wäre der Mensch bereit, sein Leben zu geben? Habt ihr euch diese Frage jemals bewusst gestellt? Wie lautet eure Antwort? Wofür würdest du augenblicklich dein Leben geben? Es gibt nur zwei Antworten: Für die Liebe und das ewige Leben. Dies ist auch genau das, was ihr mitnehmen könnt ins nächste Leben. Für keine Äußerlichkeit dieser Welt wärt ihr bereit zu sterben, denn keine könntet ihr ewig behalten. Das wissen alle Menschen, doch nur wenige handeln danach.

Laotse hat einmal gesagt: "Dass das Schwache das Starke besiegt, das Harte dem Weichen unterliegt – jeder weiß es, doch keiner handelt danach." Lieber lauft ihr vor mir und meinen Worten davon, oder? Es ist viel leichter – aber dumm! Leider kommt der Mensch meistens nur über Schmerz und Leid zu Erkenntnis. Reichtum und Wohlstand versperren häufig die Sicht. Das Wesentliche wird einfach nicht erkannt.

Für die meisten ist der äußerliche Wohlstand zum Hauptkriterium geworden. Innerer Wohlstand scheint vollkommen unbekannt – doch sie wissen nicht, was ihnen dabei entgeht. Der Preis für diese Unkenntnis ist der unbewusste Tod! Der Schlüssel zum Tor des ewigen Lebens wurde nicht gefunden. Eine erneute unbewusste Geburt steht bevor – das Rad des Samsara dreht sich weiter. Wer an dieser Erkenntnis vorbeileben will, aus was für Gründen auch immer, hat sein eigenes Todesurteil über sich gefällt! Das muss an dieser Stelle klar gesagt werden. Entschuldigungen gibt es überall zu finden. Annehmlichkeiten der Ablenkung von dieser Einsicht bestimmen unser Leben.

So sitze ich vor euch aus Mitgefühl, nicht aus eigenem Profit. Ich möchte euch die Augen öffnen, euch auf den Weg in die Freiheit verhelfen. Je größer eure Abwehr, desto mehr scheint ihr zufrieden mit eurem Leben und dem, was ihr noch zu erwarten habt. Der Falle des Todes ist jedoch noch niemand auf diese Weise entkommen. Das geht nur durch ERWACHEN.

Je früher dies zu eurer eigenen Erkenntnis wird, desto besser für euch. Jedes Ablenkungsmanöver ist ein Schritt in Richtung Tod. Dieser kann jeden Augenblick zuschnappen – niemand weiß genau, wann er an deine Haustür klopft. Hast du jedoch zuvor deine Unsterblichkeit erkannt, kann er niemals mehr an deine Tür klopfen. Es wird niemand mehr da sein, der ihm aufmachen könnte! In dieser Erfahrung liegt der Sinn deines Lebens. Darum sitze ich hier vor euch. ERKENNT und ENTSCHEIDET. Erkennt eure eigene Tragödie und die Hauptrolle, die jeder Einzelne darin spielt. Es geht um dein Leben – nichts Geringeres als dieses! – Wie viel ist es dir wert? Hmm...?

Alle Vorstellungen über uns selbst und unsere Umwelt haben keinen Bestand. Sie sind absurd, unhaltbar und ohne Wert, weil die Basis der Kompetenz auf dem Boden der eigenen Unwissenheit und Unbewusstheit erbaut wurde. Unsere Vorstellungen über uns selbst entsprechen nicht unserem Wesen. Wir identifizieren uns mit der Vorstellung über uns, haben das Wesen in uns jedoch noch nicht erkannt. Über unsere Vorstellungen kann es jedoch auch niemals erkannt werden, denn es liegt jenseits all dieser.

Unser Wesen ist nicht im Verstand geboren. Deshalb können wir es auch nicht über das Denken erkennen. Sämtliche Mysterien des Lebens entspringen außerhalb des Verstandes, deshalb bleibt der Verstand immer in Unkenntnis über das Leben selbst. Er kann Äußerlichkeiten analysieren, doch das Leben besteht nicht nur aus Zellteilungen. Andere Dimensionen stehen dahinter.

Der Mensch macht sich über alles Vorstellungen und drückt diese nach außen aus. Eine Bestätigung seiner Erwartungshaltung veranlasst ihn wiederum, sich weiter Vorstellungen zu machen. Dabei entfernt sich der Mensch immer weiter von seinem Wesen. Zwischen den vielen Schichten von Vorstellungen verliert er sich. Er kann nicht in sich selbst gehen – verliert Tiefgang und treibt hilflos wie ein aufgeblasener Schwimmreifen an der Oberfläche seines eigenen Sees. Jede Vorstellung ist eine Maske. Auf den ersten Blick vielleicht recht gut aussehend, doch zerbröckelt sie schnell, wenn sich jemand erlaubt, daran zu kratzen. Gewöhnlich hört der Mensch dann auf, an der Maske zu kratzen, damit sie weiterhin gut aussehen solle oder er versucht, eine neue Maske zu finden mit dem Vorwand, diese gefalle ihm besser.

Könnt ihr erkennen, wie perfekt der Mensch seine Ablenkungsmanöver beherrscht? Er ist ein wirkliches Genie in diesem absurden Theaterstück. Dieses Spiel scheint zur eigentlichen Daseinsberechtigung geworden zu sein. Es ist zum Sinn, Zweck und Ziel des Lebens erklärt worden. Ohne zu wissen, was LEBEN eigentlich ist, haben wir diesem einen Stempel aufgedrückt – den Stempel unseres eigenen Kopfes! Jeder von uns sollte sich eine Matrize seines Gesichtes auf einen Stempel ziehen und damit seine Stirn bedrucken. Seht ihr, wie lächerlich wir uns verhalten? Ein solcher Stempel wäre sehr sinnvoll, denn der Mensch glaubt nur das, was er auch wirklich sehen kann. So könnte er die Dummheit jeden Tag ansehen und vielleicht

über diesen Ausdruck leichter Erkenntnis gewinnen, denn der eigene Verstand arbeitet gegen Erkenntnis. Alles, was ihm keine Bestätigung verleiht, wird gnadenlos rausgeworfen.
Ihr solltet dem Verstand nicht böse sein. Er kann nicht gegen seine eigene Struktur vorgehen. Dies ist sein Modell, sein Funktionsmechanismus. Er selbst ist nicht in der Lage, seine Schiene verlassen zu können. Doch wir selbst können herausspringen. Zunächst einmal sollten wir etwas Neues annehmen, dann neutral beobachten, ohne Wertung. Tun wir das lange genug, so wird jeder selbst zu der Erkenntnis gelangen, dass der Verstand sich immer nur im Kreis dreht. Jeder wird selbst die Funktionsmechanismen des Verstandes entdecken und somit auch seine Grenzen.
Immer wieder bitte ich euch, genau an diesem Punkt nicht abzulehnen, sondern anzunehmen und zu akzeptieren. Im Annehmen liegt der Schlüssel zum Erfahren. Erst jenseits des Verstandes wird Leben zu Leben erweckt. Versucht es! Fangt an, einen inneren Dialog zwischen dem Absurden und dem Wesentlichen zu führen. Der Verstand wird zunächst lauter sprechen als euer Wesen. Das ist aus guter alter Gewohnheit nur allzu menschlich. Doch bald werdet ihr eure flüsternde Stimme im Inneren hören können. Sie ist da, das kann ich euch versprechen.
Im Absurdum wird nur Karma erzeugt. Der Preis ist eine oberflächliche Freude an Äußerlichkeiten ohne innerliche Befriedigung. Durch mannigfaltige Konsummöglichkeiten versuchen wir, mehr Freude zu erleben, doch wahre Tiefe wird nie erreicht. Täglich sucht der Mensch nach neuen kleinen Annehmlichkeiten, weil er die größte Freude noch nicht gefunden hat. Er kennt sie nicht! Der Weg der kleinen Freuden ist jedoch eine Sackgasse. Nehmt die kleinen Freuden ruhig mit, wenn sie euch begegnen, doch verliert die größte nicht aus den Augen! Die größte Freude wartet still in eurem Inneren. Sie wartet

seit vielen Leben geduldig auf ihre Entdeckung. Der Mensch jedoch schwimmt ständig im See seiner Vorstellungen, anstatt in die Tiefen des Ozeans einzutauchen.
Die Werte des Absurden sind genauso nichtig, wie unsere Hirngespinste an sich. Das Spiegelbild unserer Vorstellungen ist sichtbar als äußere Welt. An jeder Ecke können wir die Absurdität unseres Daseins erblicken, doch wir sehen nicht hin – flüchten lieber in die nächste Sinnlosigkeit. Niemand jedoch kann euch aus der Absurdität eures Lebens befreien, außer ihr selbst. Auch ein Meister kann nichts für euch tun, wenn ihr nicht selbst bereit seid, dieses Paradoxon erkennen zu wollen.
Aus dieser Erkenntnis erwächst euer Durst. Der Durst, eurem Leben einen wahren Sinn geben zu wollen. Der Durst nach Wahrheit und Weisheit. Der Durst nach dem ewigen Leben – dem SEIN.
Wo Durst fehlt, wird auch kein Wasser angenommen. Dessen bin ich mir wohl bewusst. Niemandem vermag ich helfen zu können, der zufrieden ist mit seinem Leben. Ein jeder hat seine Endstation – zumindest in diesem Leben. Ohne Erkenntnis, Einsicht und Durst hat diese Endstation auch immer nur einen Namen – FRIEDHOF.
Wer jedoch über den Friedhof springen will, muss bereit sein, sich selbst anzuschauen, der Sinnlosigkeit seines Lebens ins Gesicht zu sehen. Eine dicke Brieftasche sichert dir nur einen schönen Grabstein. Warst du dafür geboren? Reicht dir das als Fazit deines Lebens?
Dem Menschen ist unendlich viel Potenzial gegeben worden. Er nutzt jedoch nur ein paar Prozente seines Verstandes. Das größte Reservoir seines Potenzials liegt aber jenseits des Verstandes. Wenn ihr nun betrachtet, wie viel Zufriedenheit euch schon das Ausnutzen dieses kleinen Potenzials verschafft, könnt ihr euch vorstellen, um wie viel größer eure Freude wäre beim Ausschöpfen eines noch größeren Potenzials? Ihr könnt es nicht, das versichere ich euch! Ich

kann euch garantieren, dass alle, die mit ihrem Leben zufrieden scheinen, lediglich einen vertrockneten Krümel von der Torte des Lebens gekostet haben. Mit nichts auf der Welt könntet ihr den Geschmack des ewigen Lebens kaufen oder vergleichen.
Zum Glück ist Erleuchtung keine Frage des Geldbeutels. Sie ist eine Frage von Bewusstheit. Es gibt so viel unentdeckte Freude in euch, wenn ihr nur wüsstet...
Einmal nur von der Torte des Lebens gekostet und ihr werdet die Absurdität eures Lebens erkennen. Mit diesem Geschmack auf der Zunge würdet ihr die Sinnlosigkeit eures bisherigen Lebens erkennen können. Um in den Genuss des Nirvanas kommen zu können, müsst ihr erkennen und „springen". Genau das ist Erwachen. Der ganze wahre Reichtum und Wohlstand wartet auf dich. Warum speist du dich ständig mit den kleinen, vergänglichen irdischen Freuden ab, wenn du die Freuden des Himmelreiches erfahren könntest? Da jedoch Freude vom Verstand nicht erfahren werden kann, bietet er dir ständig Ersatz an. Diese Scheinfreuden werden immer oberflächlich und vergänglich sein.
Werdet bewusst! Wenn ihr erwacht seid, habt ihr in jedem Augenblick ALLES. Dieser Wohlstand kennt keine Grenzen und existiert über die eigentliche Lebensspanne hinaus. Dein Grabstein mag schon verwittert sein, dein innerer Reichtum jedoch niemals. Hört auf, euch Vorstellungen zu machen. Je weniger ihr erschafft, desto besser. Bitte befreit euch auch von den Vorstellungen über Erleuchtung. Ihr werdet euch nur wieder im Absurden verlieren. Arbeitet an eurer Erkenntnis, an eurer Bewusstheit. Der Verstand hat euch noch nie im Stich gelassen. Er arbeitet von allein – ob ihr wollt oder nicht – er fragt euch nicht einmal. Ihr müsst über ihn springen – ob so oder so – er wird euch verlassen. Nutzt eure Chance in diesem Leben!

Frage: Woran misst du das Absurdum?

Zanko: Erkenntnis heißt das Metermaß, oder hast du schon ein Absurdummeter gesehen?

Frage: Der Verstand produziert absurde Vorstellungen. Doch ist er gleichzeitig unser Vehikel, in dieser Welt zurechtzukommen. Wie sollte ich ohne ihn leben?

Zanko: Wenn du ein Fahrzeug benutzt, solltest du das Lenkrad übernehmen, sonst fährt es mit dir irgendwohin, nur nicht dorthin, wohin du wolltest. Jedes Fahrzeug ist nur ein Vermittler, eine Brücke zwischen zwei Polen.
Identifizierst du dich mit einem Auto, wenn du dieses benutzt? Denke immer daran: Jeder Vermittler ist nur fair zu sich selbst. Darum sei vorsichtig und versuche, bewusst zu bleiben.

Frage: Wie lange wird dieses Spiel der Absurditäten noch andauern? Wie kommen wir da heraus?

Zanko: Alles Menschliche ist vergänglich. Du kannst spielen, solange, bis du selbst aussteigst oder zum Aussteigen gezwungen wirst. Erkenntnis ist ein Sprung. Zwang führt zur Wiederholung. Jetzt werden wir zum Abschluss dem Absurdum eine Visite abstatten. Lasst uns meditieren – wie wäre es mit einer „Gibberish-Meditation”?

Die Krankheit der Gesellschaft

Heute Abend möchte ich mit euch über die Krankheit der Gesellschaft sprechen und darüber, bis zu welchem Grad sich jeder von uns infiziert hat. Es gibt Dutzende von Seuchen und es sind nicht sehr viele Beispiele nötig, um aufzuzeigen, wie extrem unsere Gesellschaft krankt. Jeder von uns wurde und wird täglich mit diesen Krankheiten konfrontiert. Die Gesellschaft spielt im Prinzip verrückt. Das sind harte Worte, jedoch sind alle Schurkereien, die uns je widerfuhren, Produkte des gesellschaftlichen Bewusstseins. Ob direkt oder indirekt, es gibt immer eine Schmiede für die Matrix und wie sie heißt, ist ohne Belang. Sehr häufig ist es sogar jemand, der uns nahe steht.

Allzu oft fühlen wir uns geneigt, unseren Nächsten Vorwürfe zu machen, doch ist jeder Stein, den sie auf uns werfen, ein Produkt einer erkrankten Gesellschaft. Mag das persönliche Bewusstsein in vielen Fällen auch niedrig sein, so befindet sich das kollektive Bewusstsein jedoch auf noch niedrigerem Niveau.

Lasst uns ein wenig in die Geschichte zurückgehen zu einem ihrer grellsten Beispiele. Von wem wurde Jesus verraten und bespuckt? Wer hat ihn mit Steinen beworfen? Wer hat sich von ihm abgewandt? – Seine Nächsten. „Und ihren Gott erkannten sie nicht und verwarfen ihn." Die gleiche Gesellschaft verübt seit zweitausend Jahren Gewalttätigkeit mit dem Kreuz in der Hand!

Nur dieses eine Beispiel reicht aus, es spricht Bände. Pausenlos gibt es Umwälzungen und Unbeständigkeit in der menschlichen Geschichte, so dass die Gesellschaft die Käuflichkeit in den gegenseitigen Beziehungen und den Merkantilismus sowie die Korruption in der Politik einer jeweiligen Epoche als Selbstverständlichkeit ange-

nommen hat. Es kommt noch schlimmer, auf die eine oder andere Weise nimmt sie sogar am erkauften Applaus über diese Verbrechen im Namen des Guten teil. Gut? – für wen?
In den letzten zweitausend Jahren erfand sie permanent bequeme Formen und Rechtfertigungen, ihre miesen Geschäfte weiterbetreiben zu können und das Dominieren der „Starken des Tages" in irgendeiner Form zu legitimieren und zu legalisieren. Derweil werden unentwegt Reden im Namen des Guten geschwungen. Gibt es jedoch so etwas wie „Im Namen von Etwas", ist es bereits faul. Millionen sind geopfert worden im Namen von Christus, im Namen von Hitler, im Namen von Stalin, im Namen des Kommunismus, im Namen der so genannten Demokratie...
Die Gesellschaft stinkt nach Leichengeruch und Verwesung! Wir reden über Demokratie und gleichzeitig gibt es Hungertote auf den Straßen, Kranke, die nicht einmal die elementarsten Bedingungen vorfinden. Die Leidtragenden sind meistens die unteren Etagen der Gesellschaft und immer wurden sehr bequeme Formen der Entschuldigung gefunden. Jede unvernünftige Handlung findet ihre vernünftige Erklärung und Rechtfertigung. In dieser Form ist Homo sapiens als wirkliche Gesellschaftsform verloren gegangen.
Jahrtausendelang immer neue und neue gesellschaftliche Formen – ob Sklavengesellschaft, Feudalismus, Kapitalismus, Kommunismus, Demokratie – jede dieser Strukturen erschuf neue Formen von Leid. Als Ausdruck gesellschaftlichen Bewusstseins führt jede einzelne unweigerlich zur Deformation der Persönlichkeit. Je aggressiver eine Gesellschaftsstruktur ist, desto mehr kranke Mitglieder beherbergt diese. Aggression als solche bedeutet schon Krankheit, doch als Kategorie oder als Lebensart institutionalisiert und legalisiert, egal ob bewusst oder unbewusst, verwandelt sie sich in einen inneren Genozid. Das kollektive Bewusstsein, in der Form wie es heute exis-

tiert, verurteilt die Menschheit zur Selbstvernichtung. Nur der einzelne Mensch könnte noch in der Lage sein, aus diesem Sumpf – dieser Falle – zu entkommen, falls er es schafft, innerlich distanziert und kühl zu bleiben.
Gelingt es euch, diesen Lebensbedingungen zum Trotz, in eurem Inneren die moralische Kraft aufzubringen, euch als Selbst erhalten zu wollen – innerlich bewusst und distanziert – wäre dieses Bestreben eine große Chance, euch nicht in einen Teil des Gesellschaftssumpfes zu verwandeln.
Allzu leicht neigt man dazu, sich lieber eine Spritze verpassen zu lassen, auf dass man immun gegen das Virus werde. Doch lasst euch nicht täuschen, das Virus ist noch immer da und wartet nur auf eine gute Gelegenheit, wieder ausbrechen zu können. Eine kleine Abwehrschwäche nur und es wird noch härter zuschlagen als zuvor. Deshalb achtet genau auf eure Impfungen!
Die Tatsache, dass ihr euch mit Esoterik beschäftigt, garantiert euch keinen Erfolg. Alle starken Führer und Diktatoren haben sich ebenso mit Esoterik beschäftigt, obwohl sie es offiziell verboten und die inoffizielle Hirnwäsche hat sich schnell in jedes Programm eingeschlichen. Okkultismus und Esoterik stellen ein sehr scharfes zweischneidiges Schwert dar – ein Feuer, mit dem der Mensch zuweilen gern spielt – doch leicht kann man sich verbrennen. Eure Fähigkeiten werden in jedem Fall wachsen, zugleich aber auch die Verantwortung, welche mit viel Bedacht wahrgenommen werden muss – ganz besonders in einer Gesellschaft mit unterentwickeltem niedrigen Niveau des Kollektivbewusstseins.
Je höher ein Mensch steigt, desto größer wird die Gefahr, fallen zu können – bleibt deshalb wachsam! Ganz leicht kannst du ausrutschen, besonders in einem verdichteten Milieu und in einer Zeit wie dieser, in der die Viren Tarnkappen tragen. Trotzdem, versucht euch

auch in den schwersten Momenten vom menschlichen Wahnsinn, der euch umgibt, zu distanzieren. Werdet niemals immun gegen die menschliche Dummheit und Unbewusstheit!
Selbst am Kreuz hat Jesus es innerlich geschafft, sich von der ihn umgebenden Blindheit und Unwissenheit, dem Wahnsinn und den Leidenschaften zu distanzieren. In vielerlei Hinsicht gab er uns ein würdiges Beispiel, vorausgesetzt, wir haben ein Herz, dies erkennen zu können. Die Augen sehen – das Herz erkennt!
In seiner individuellen Entwicklung durchlebt jeder Mensch Perioden von innerer und äußerer Verunsicherung sowie Zweifel – dies ist ein Teil des Weges. Versucht, nicht nur auf den intellektuellen Ebenen zu verharren, sondern springt in die Tiefen eurer Seele. Bleibt nicht in den Sphären eures intellektuellen Verstandes haften – wie Bojen auf dem Wasser treibend. Taucht eine Frage auf, dann sucht ihre Antwort sowohl auf intellektuellem Niveau, als auch tiefer in euch. Der Intellekt kann etwas sehr Wertvolles sein, ist aber bei weitem nicht alles. Es wird immer der Moment kommen, in dem ihr sowohl ihn als auch das Ego hinter euch lassen müsst – bis zu einem gewissen Punkt ist er nützlich, danach hindert er.
Der Intellekt und das Ego kommunizieren wunderbar miteinander. Sie bilden eine Symbiose. Benutzt sie, aber lasst nicht zu, dass sie euch benutzen. Der Intellekt hält euch in einem Zustand von ständiger Unzufriedenheit, ständig sucht er etwas – er findet nichts, sucht aber fortwährend. Der Mensch braucht Erkenntnis!
In der Natur können wir sehr viel Weisheit entdecken. Überhaupt können wir dort fast alles finden – sie spricht zu uns, sie lehrt uns. Kommt der Mensch mit ihr in Kontakt, wird seine Seele mit Glückseligkeit erfüllt. Diese Glückseligkeit vermag die Gesellschaft von ihrer Krankheit zu heilen. Seid bewusster, seid wacher – alles ist euch bereits gegeben, öffnet einfach nur Augen und Herz! Niemand

muss die Schafherde verlassen, um sie erkennen zu können, doch keiner von uns ist gezwungen, Schaf bleiben zu müssen, wenn er es nicht möchte. Bewusstsein heißt die Medizin gegen jede Krankheit.

Frage: Gibt es Stufen der Aufnahmefähigkeit des Menschen?

Zanko: Es ist schwer für den Menschen, etwas aufzunehmen, da sein ganzes Leben fast darin besteht, sich Steine auf den Weg zu legen. Echte Aufnahme und ehrliche Annahme bestehen in einer Verbeugung vor der Existenz. Alle anderen Stufen stellen eine Verbeugung vor der Nichtaufnahme dar.
Solange du nicht erwacht bist, kannst du nicht erkennen, „wie viel" du erleuchtet bist. Das geht nicht. Erst hinterher kannst du sehen, wie viel du nicht aufnehmen konntest. In jeder Sekunde kannst du eine neue Stufe erreichen. Wir selbst unterliegen einem fließenden Prozess in der Entwicklung des Verstandes, des Bewusstseins, der Sensibilität und auch der des Herzens. Da gibt es kein „sollte" oder „müsste" – keine vorgeschriebenen Bahnen. Es gibt Stufen nach vorne und auch zurück.
Gehe vorwärts – egal, auf welcher „Stufe" du stehst. Vielleicht sind es noch tausende, vielleicht nur noch eine zum SEIN! Wer weiß? Lass dich überraschen von der Existenz – geh einfach!

Frage: Du sagst, Seele und Geist suchen sich schon vor der Geburt die Körper ihrer Inkarnation aus. Dies ist uns natürlich noch nicht bewusst. Kannst du mir dann sagen, warum Jesus genau in der Zeit an dem Ort geboren wurde?

Zanko: Im Vergleich zu allen anderen Propheten hat sich Jesus den schwersten und quälendsten Weg ausgesucht. Um etwas deutlich zeigen zu können, bedarf es eines Kontrastes. Jesus hat sich so sehr über

die bestehende Masse emporgehoben, dass er besonders auffallen konnte – eine schillernde Figur auf grauem Hintergrund. Auf diese Weise hat er mit seiner leuchtenden Gestalt selbst eine Dramaturgie inszeniert, die ihresgleichen sucht.
Seiner Provokation war er sich von Anfang an bewusst. Nur als „Schwarzes Schaf" der Gesellschaft konnte er auf sich aufmerksam machen. Eine unscheinbare Masse bedarf vielen Lichtes, um sich als graue Masse erkennen zu können. Jesus wusste, welchen Weg er gehen musste – es war seine einzige Chance als Wegbereiter eines neuen menschlichen Bewusstseins. Er war stark genug, diesen Weg gehen zu können. Er starb für uns alle – diese Tiefe gibt es extrem selten. Jeder Prophet bildete auf seine Weise einen Kontrast zum bestehenden Umfeld und immer sollte auch jeder Heilige bereit sein, den Preis dafür zu zahlen – auch wenn es das eigene Leben ist.
Die meisten hohen Werte fordern auch einen hohen Preis. Buddha war vom König zum Bettler geworden. Jesus hat mit dem eigenen Leben bezahlt. Seine größte Heldentat bestand in der Konfrontation nur mit sich selbst, ohne Demonstration. Er ging seinen Weg von Anfang an allein, ohne jemals verstanden worden zu sein. Dies war ihm schon sehr früh total bewusst. Trotzdem ging er weiter, obwohl er sein Ende im Voraus kannte.
Nur ein kleiner Teil der Dramaturgie des Lebens Jesu Christi ist für die Menschheit sichtbar geworden, ein noch geringerer verstanden und nur ganz wenige vermochten zu erkennen. Noch weniger wissen über die Inszenierung auf höheren Ebenen, über die Geschichte der Menschheit hinaus, die Bedeutung Jesu Christi zu würdigen.
Das Leben ist vielschichtiger als wir annehmen – nur das hohe Bewusstsein hat durch Erkenntnis Zugang zu diesen Dimensionen. An dieser Stelle möchte ich euch eine Frage stellen: „Inwiefern ist der einzelne Mensch überhaupt bereit, etwas von sich zu geben? Ich

meine, mehr als nur ein paar Silbermünzen?" Für höhere Entwicklungsstufen sollte der Mensch bereit sein, auch etwas darüber hinaus zu bezahlen. Auf höheren Stufen ist kein Handel mehr erlaubt. Hier geht es um mehr als Prestige und Geld. Dies wäre wirklich zu primitiv. Nur ganz selten gab es Menschen in der Geschichte, die das Bewusstsein besaßen, erkennen zu können, zu welch hoher Stufe Jesus in weiteren Dimensionen des Himmelreiches emporgestiegen ist. Jeder Mensch muss sich selbst fragen, ob er ein Betender oder ein Geschäftsmann im Tempel des Lebens sein möchte.
Jesus hat sich diese Frage gestellt und sich entschieden. Er ist dem SEIN treu geblieben und auf seinem einzigartigen Weg gleich viele Schritte auf einmal gegangen, nicht horizontal, sondern vertikal – dem Licht entgegen!

Frage: Gibt es für diese Gesellschaft eine Chance und wenn ja, worin liegt sie?

Zanko: Dies ist eine sehr „frontale" Frage, die ich spontan mit „Ja" beantworten kann, doch die Chance steht analog zur Anzahl der ERWACHTEN in der Gesellschaft.
Die Welt, eingesperrt in viele Gesellschaftsformen mit festen Rahmenbedingungen kann es ohne Hilfe nicht schaffen. Wegbereiter stellen immer eine Gefahr dar, doch gleichzeitig auch eine Alternative. Sie mischen neues Blut in verkrustete Strukturen. Keine Gesellschaft kann jemals den Weg finden ohne jemanden, der ihn bereits gegangen ist – den Weg zum Licht Gottes.
Je höher die Anzahl erwachter Menschen, desto stärker können die Impulse zum Weckruf aus dem Tiefschlaf werden. Das heutige Hauptproblem liegt in der Überkonstruktion vorgefertigter Gedankengebäude. Ein Schlafender kann sich nur schwer selbst wecken,

zumal er den anderen Zustand nicht kennt. Viele Wecker klingeln lauter. Die Entscheidung liegt wieder in unseren Händen. Wir selbst fällen unser Urteil über Leben, Tod und Überleben. Jeder Einzelne kann ein Wegbereiter für ein neues menschliches Bewusstsein werden – ein Reformator.

Auf dass eure Flügel...

Heute möchte ich mit euch über zweierlei sprechen. Ersteres bezieht sich auf das, was jetzt im Augenblick mit uns geschieht, das Zweite auf jenes, welches uns bevorsteht.
Was tut der Mensch gewöhnlich hier auf dieser Erde? Ja, was macht er hier eigentlich? Wisst ihr es? Hmm...? Er verschwendet Energie, weil sein Leben aus einem Kampf besteht. Die größte Anteil unserer Energie wird für zwei banale Gewohnheiten vergeudet: Erstens im Kampf mit sich selbst und zweitens, in der kriegerischen Auseinandersetzung mit anderen.
Wie viel Energie kostet dieses Kämpfen? Es verbleiben nur so wenige Reserven! Hinzu kommen noch die Schwächen, mit denen der Mensch geboren wurde – was bleibt dann noch übrig? Im Endeffekt hat er nichts anderes als sich selbst verschwendet. So viel wird verschwendet, dass zum Schluss sogar das Wertvollste, was uns gegeben wurde, bitter wird – das Leben. Doch wie viele Menschen sind in der Lage, dies zu erkennen? ...
Ein wichtiges erkennbares Reifezeichen eines Menschen begründet sich aus der tiefen Zufriedenheit mit sich selbst. Dieses drückt den Wunsch und die Bereitschaft aus, allein mit sich selbst verbleiben zu können. Ich weiß, dies ist sehr schwer, besonders, wenn die Zeit noch nicht reif dafür ist. „Ich bin allein mit mir", bedeutet nicht, allein im Sinne von Isolation, sondern vielmehr die Fähigkeit, menschliche Unzulänglichkeiten allein überwunden zu haben. So kann ein schöpferischer Prozess im Inneren beginnen.
Geht der Mensch bewusst den ersten Schritt auf dem Weg seiner Selbstvervollkommnung, dreht er sein Lebensrad in Richtung Bewusstseinsentwicklung – ein sehr wichtiger Prozess!

Die Essenz der Inhalte unserer Gespräche, wird irgendwann später zu euch zurückkehren, um durch euer Wesen erfahren zu werden. Erst dann wird euch vieles bewusst werden, weil ihr wiedererkennen werdet. Momentan suchen die meisten nach Ablenkung, da sie nicht erkennen wollen!

Auf einem bestimmten Bewusstseinsniveau bleibt der Mensch in Wirklichkeit nie mehr allein, denn durch seine Erkenntnis hat er seinen Geist und sein Bewusstsein so weit emporgeschwungen, dass sich sein irdisch-menschliches Verhältnis zu den Dingen auflöst. Hat er es geschafft, sich mit der Aura der Erde zu verbinden, wird ihm Zutritt zu Akasha gewährt, dann ist kein Verstehen in unserem Sinne mehr notwendig.

Auf dieser Ebene wird direkte Erkenntnis erfahren. Wir haben nicht die Kraft, allein sein zu können, es ist uns nicht gegeben. Wir brauchen den kollektiven Geist, um unsere Seele für immer mehr andere Menschen öffnen zu können.

Die Menschheit wächst von Tag zu Tag, wir werden uns jedoch immer fremder. Diese Tatsache reflektiert auf den kollektiven Geist der ganzen Menschheit. Wie viele Menschen konntet ihr wirklich annehmen – wie viele nicht? Und wenn doch, warum wurden sie später dann wieder verstoßen?

Ich bin niemandes Richter, doch kann es keine Entwicklung geben, wenn wir einander nicht annehmen können. Damit meine ich nicht, es sei einfach, im Gegenteil, es ist schwer, seine eigenen Barrieren fallen zu lassen. Mir ist bewusst, dass die Welt sehr verworren geworden ist und, dass jeder seine Schäfchen ins Trockene bringen will.

Anzunehmen ist schwer, doch jeder sollte seine Seele öffnen und den Anfechtungen widerstehen. Noch schwerer ist es, die Welt so zu akzeptieren, wie sie ist – bunt und verzerrt. Versucht auch diesen Teil der Welt anzunehmen, den ihr schon hinter euch gelassen habt.

Annehmen heißt auf keinen Fall Wegschauen! Das Gegenteil ist der Fall. Erst durch Erkenntnis wird Respekt möglich. Das Thema des Annehmens ist sehr kompliziert und bedeutet nicht, jedermann Zutritt in seine Privatssphäre zu gewähren. Unsere Seelen sollten sich nähern. Heutzutage scheint es einfacher, jemanden in sein Bett zu lassen, als in seine Seele.
Wisst ihr, wie wenige ihr wahrhaft in eurer Seele aufgenommen habt? Annahme zu imitieren, beziehungsweise ein vorübergehendes Annehmen unter Bedingungen ist keine echte Annahme. Versucht tiefer einzudringen in das, was ich euch sage. Jeder wird früher oder später mit diesen Fragen konfrontiert werden – in dieser oder einer anderen Welt.
Unsere Handlungen, Gedanken, Gefühle und Beziehungen sowie auch jeder Prozess in Körper, Herz, Geist und Seele spiegeln sich in unserer Aura wider und kommunizieren mit der Aura der Erde sowie auf vielen anderen Ebenen. Je mehr ihr euch für das Leben öffnet, desto größer und heller wird eure Aura erstrahlen. Ein jeder von uns strahlt ununterbrochen Information über sich selbst aus. Diese Information ist stets präsent. Wir können uns nirgends verstecken. Für jeden von uns wäre es gut, Flügel zu besitzen. Nur unser Herz und unser Bewusstsein können uns diese Flügel verleihen. Auf dass eure Flügel so groß werden, dass ihr niemals mehr landen werdet...

Frage: Der Mensch trägt viele Barrieren und Widersprüche in sich. Wie kann er diese überwinden, um seinen „Empfang" zu verbreitern?

Zanko: Jede Abwehr ist Ausdruck von Kampf. Je mehr Widerstände, desto kleiner dein Empfangsspektrum. Immer, wenn der Mensch sich langweilt, beginnt er einen Krieg, damit er wieder et-

was zu tun bekommt, denn Widerstand erzeugt Spannung und Spannung bringt „Arbeit" mit sich.
Bevor der Mensch des Kämpfens müde wird, muss er zuvor genügend Schlachten geschlagen haben. Normalerweise endet ein Kampf erst dann, wenn Gewinner und Verlierer feststehen. Die Erkenntnis über die Sinnlosigkeit eines jeden Kampfes kommt erst ganz spät – meistens nie. Erst, wenn du des Kämpfens müde bist, wirst du verstehen, was ich meine. Du musst wirklich satt sein von diesem Spiel, sonst fehlt dir die Erkenntnis.
Ein Kampf ist immer Ausdruck einer Suche nach Egobestätigung. Solange du das nötig hast, wirst du nicht aufhören. Wenn dir das wichtig ist, wirst du weiterkämpfen. Insofern ist Kampf ein Mittel der Dummen. Sie haben nichts anderes gelernt, als in die Schlacht zu ziehen und Rechtfertigungen dafür zu suchen. Die Früchte der Dummen stehen jedoch auch auf diesem Niveau. Werde etwas wählerischer in Bezug auf die Mittel und die Ernte.

Frage: Ich mache immer wieder die Erfahrung, dass ich von meinen Nächsten nicht verstanden werde. Das tut sehr weh. Was kann ich tun, um aus diesem Leid herauszukommen?

Zanko: Es wird immer mehr Menschen geben, die dich nicht verstehen als solche, die zumindest versuchen, dich verstehen zu wollen. Manchmal gibt es niemanden auf dieser Welt, der dich verstehen kann. Dies sage ich dir aus eigener tiefer Erfahrung! Überspringe deinen Schmerz – jeder Schmerz entspringt dem Ego.
Die meisten sind sich übrigens nicht bewusst, was sie tun. Wenn du ehrlich mit dir bist, verstehst du wahrscheinlich auch viele Menschen nicht. Hast du meine Antwort verstanden, kannst du sie annehmen oder möchtest du nur selbst verstanden werden? Versuche es

über das Verständnis zu anderen. Verzeihe ihnen – so kannst du dich selbst besser verstehen und erkennen!
Durch Verständnis erwächst Verstehen. Öffne dich für Empfang, so werden auch die anderen ganz langsam dich empfangen.

Frage: Was bedeutet es, wenn man heute etwas annehmen kann und es morgen schon wieder anders aussieht?

Zanko: Alles Menschliche ist veränderlich und relativ. Nicht nur die Verhaltensweisen – auch dein Empfang! Solange der Mensch festen Boden auf einem schwankenden Boot sucht, wird dies auch so bleiben. Standhaftigkeit entspringt einzig aus der inneren Tiefe des SEINS. Alles, was wahren Wert besitzt und beständig bleiben wird, findet seine Quelle in diesem SEIN.

ALLES und NICHTS

Ich denke gerade an die Zeit meiner Kindheit zurück, als ich noch ein richtiger Rabauke war und allerhand Unfug anstellte. So erinnere ich mich noch ganz genau an den Tag, als ich zum ersten Mal die Schule schwänzte. Eigentlich hatte ich keinen Grund, entschloss mich aber dennoch, da meine Freunde mich aufforderten mitzumachen. Dabei stellte sich heraus, dass Schwänzen keine schlechte Idee war, umso mehr, da ich mich im Unterricht ziemlich oft langweilte. Die anderen drückten die Schulbank und mussten schuften, wir aber gingen ins Kino, zur Eisdiele an der Ecke und waren mit dem Leben recht zufrieden. Ich hatte einen tollen Zeitvertreib gefunden, den ich oft und ausgiebig wiederholte.

Doch, wie sagt man so schön, alles hat einmal ein Ende und auch seinen Preis. Die Lehrerin erwischte mich eines Tages und zog mich an den Ohren zurück ins Klassenzimmer. Da sie natürlich wusste, wie oft ich gefehlt und was ich versäumt hatte, fragte sie mich genau darüber aus. Sicherlich kann sich jeder das Ergebnis vorstellen. Zwar hatte ich diesen oder jenen Fünfer, doch war ich insgesamt ein recht guter Schüler.

Diese Fünf jedoch war etwas ganz Besonderes – darunter stand mit Rotstift geschrieben: „Mit den besten Empfehlungen!" Physik war eines meiner Lieblingsfächer und ich hatte Mühe, diese Note zu Hause erklären zu können, zumal nirgends etwas von irgendwelchen Fehlzeiten vermerkt war.

Als meine Eltern mich fragten, ob ich denn zur Schule ginge, antworte ich sehr überzeugt mit „Ja", verschwieg jedoch, dass ich das Schulgebäude zwar betrat, dem Unterricht jedoch fernblieb. Dieser Vorfall verschaffte mir, allerdings sehr viel später, meine erste große

Erkenntnis: Wir nehmen in der Schule des Lebens zwar irgendwie teil, versäumen jedoch den eigentlichen Unterricht.
Ich hatte das große Glück, die ersten acht Jahre meines Lebens mit meiner Urgroßmutter verbringen zu dürfen, die fast auf den Tag genau einhundert Jahre älter war als ich. Sie war die erste Weise, die mich lehrte. Hunderte von Menschen kamen, um ihren Rat und Segen zu erbitten. Sie redeten sie mit „Mutter" an. Sehr oft sagte sie mir etwas, was ich damals nicht verstehen konnte, jedoch niemals vergessen werde: „Ich habe nichts und möchte dir doch alles geben."
Irgendwie schaffte sie es, mir dieses „Alles", das sie angeblich nicht besaß, zu geben.
Dieses Gefühl war eines der größten Reichtümer, die sich jemals in mein Herz ergossen. Auf diese Weise bestimmte sie mir, wie die Fee in Dornröschen, dieses „Alles und Nichts" im Leben. Es wurde mir eine der tiefsten Offenbarungen von Hingabe zuteil. Anfangs spürte ich es eher, als dass ich verstand, denn es gibt sehr viele Formen des Gebens – sehr viele und sehr gegensätzliche.
Wir alle können VERgeben, ZUgeben, AUSgeben, ÜBERgeben...– HINgeben aber bedeutet etwas, das keine Sprache WIEDERgeben kann. Etwas, was nur wenige können und kaum jemand kennt. Dieses Phänomen ist intellektuell weder fassbar noch zu erkennen, man kann es lediglich erleben und weitergeben, nachdem man es empfangen hat. Die Hingabe ist ein Mysterium in sich und für sich. Sie ist ein großes Geschenk für alle, die es empfangen konnten.
Ihr alle wart einmal Kinder und wisst sicher noch, wie ihr – versunken im Spiel – die Welt um euch herum vergaßt; weder geschah dies mit Absicht, noch ohne. Kein Ziel stand dahinter, kein „Sinn", kein Bestreben – es geschah einfach. So sehr wart ihr im Spiel vertieft, dass ihr – ohne es zu merken – hingegeben wart. Nicht, dass ihr etwas besessen hättet, was ihr hättet geben können,nein, ihr habt ein-

fach ALLES und NICHTS – euch selbst – gegeben. Sehr viel später erkannte ich: Dies war eine der großen, bedeutsamen Pforten, die ein Mensch in seiner Entwicklung durchschreiten muss, denn sie führt dich direkt zu DIR, zu deinem Selbst – zu dem was du bist. Dort ist die Reinheit, das Kind, dein innerstes unberührtes Wesen – die Knospe deiner Seelenblume.
Den Eltern unter euch möchte ich von Herzen raten: Wenn ihr bemerkt, dass eure Kinder dem Spiel ganz hingegeben sind, gebt ihnen noch ein wenig Zeit – lasst sie Versunkenheit und Selbstvergessenheit erreichen. Eilt nicht, sie in Rahmen eurer oder anderer Erwartungen pressen zu wollen. Bürdet ihnen nicht unbewusst Konventionen und Vorstellungen auf. Lasst sie tiefer in ihr Wesen vordringen. Wenn die Zeit herangereift ist, bewusst zu erkennen, wird ihnen dies eine starke Quelle von Lebenskraft und Weisheit sein.
Zu viel Staub und Schutt werden später durch Erziehung, Alter, Gewohnheiten, Leidenschaften und Bedürfnisse aufgetürmt und nur allzu schwer werden diese Laster und Lasten auf dem Weg zurück zu sich selbst überwunden.
Sich hingeben bedeutet, zu vergessen, wer man ist und was man hat. Heißt, bereit zu sein, alles hinzugeben – sogar das, was man nicht besitzt. Im Hingeben verschmilzt der Mensch mit seinem Wesen, im Hingeben äußert sich das Wesen ganz spontan. Es bleibt keine Zeit zum Zögern, es bleibt kein Raum zum Nachdenken, Abwägen oder Feilschen. Solltet ihr auch nur den Hauch eines Zauderns in euch spüren, so lasst es sein – zu gefährlich wäre dieses Spiel!
Hingabe entspringt eurem inneren Wesen – da gibt es nichts zu „tun". Alles „Machen" wäre hier unecht. Fast alle Menschen auf dieser Welt sind Produkt oder Opfer eines Handels, Schacherns oder irgendwelcher Bedingungen. Auf die eine oder andere Weise verdirbt dieser Verrat die Seele eines Menschen, deformiert sie, macht sie

krank – welch ein hoher Preis! Seine innere Unreife macht ihn schwankend und unschlüssig, korrumpiert ihn und lässt ihn zum Opfer seiner eigenen Korruption abgleiten – fordert als Preis seine menschliche Authentizität.
Zutiefst dankbar bin ich dafür, dass mir vergönnt war, diese Tür zu öffnen. Hingabe zu erfahren, sich hinzugeben und Hingabe zu erleben. Wisst ihr, welches Ergebnis ich an mir feststellen durfte? – Ich wurde etwas weniger böse.
Für gewöhnlich wünschen wir uns, besser zu werden, doch dies ist etwas Unmögliches. Wir können lediglich etwas weniger böse und schlecht werden. Dies wäre schon genug.
Zu versuchen, unsere Schwächen abzulegen – so wie ein Garten von Unkraut befreit wird – darauf kommt es an. Das ist das Wesentliche, denn dann wächst und gedeiht die Blume von allein. Völlig unnötig, sie zu ziehen und züchten – nicht wir sind es, die ihr Leben verleihen – sie lebt und wächst aus sich selbst heraus. Aufrichtiger wäre der Wunsch, etwas weniger schlecht werden zu wollen. Die Güte kommt von allein; auf ganz natürliche Weise schafft sie Vertrauen. Vieles, was ich hier mit euch zu teilen versuche, könnt ihr nicht direkt erkennen oder annehmen, doch ich bin sicher, dass ihr fühlt und versteht. Ihr spürt, dass es da etwas gibt, denn die andere Seite der Hingabe heißt Vertrauen. Sie gehören zusammen, sind ein Paar, gehen Hand in Hand und können Wunder vollbringen: Wie dieses – im Nichts, ALLES zu empfangen.
Auf dem scheinbar schweren Weg in die Hingabe kommt man nicht umhin, sich irgendwann ergeben zu müssen – ergeben zu wollen. Dies ist ein wahrhaftiger Bedarf, eine Wahl des Herzens, die weder Bedingungen, noch Erwartungen kennt. Wenn das geschieht, sind keine Erklärungen und Worte mehr nötig – es strömt aus euch heraus.
DAS IST GNADE!

Sicherlich weiß jeder, wie Burgtore geöffnet werden – von innen nach außen. Auf diese Weise öffnet sich auch die menschliche Seele – von innen nach außen. Die meisten erwarten, jemand möge ihre Tür von außen öffnen, halten sie aber von innen verriegelt! Nun ihr Statthalter, euer Wille möge geschehen!

Frage: Ist alles, wovon du sprichst, auch tatsächlich möglich?

Zanko: Jeder schreibt das Buch seines eigenen Lebens. Ob bewusst oder nicht, ihr schreibt es so oder so. Wenn ihr schon am Schreiben seid, würde ich empfehlen, von Zeit zu Zeit das Geschriebene auch gelegentlich zu lesen. Dies wird euch lehren.

Frage: Worin liegt das Geheimnis?

Zanko: Wenn du etwas sehr wünschst und ersehnst, wird es dir gegeben. Du musst nur zulassen, dass es geschieht.

Frage: Kann ich mich bewusst ergeben, beziehungsweise hingeben? Erklär mir das bitte.

Zanko: Die wichtigsten Dinge des Lebens sind nicht einfach zu „tun". Sie passieren aus dem Bedarf des Herzens – jenseits des Verstandes. Der Verstand kann tun oder vorgeben, etwas getan zu haben, doch dadurch wird kein wahrer Prozess im Sinne einer Entwicklung stattfinden. Liebe, Demut und Hingabe sind Phänomene, gegen die der Verstand Abwehr hegt. Er kann sie nicht erklären und nicht erfahren – auch nicht tun.
Die göttlichen Gaben wurden dir geschenkt und können durch dich fließen. Du kannst sie deinem Bedarf entsprechend annehmen, so

kannst du Gnade ERFAHREN. Tauche ein in die Mysterien des Lebens – entdecke die Geheimnisse deines SELBST. Deine Frage ist Ausdruck einer Spekulation deines Verstandes.
Das innere Ergeben kann keinem äußerlichen Zwang folgen. Es ist vielmehr ein innerlicher Durst, sich von seinem Ego befreien zu wollen. Sollte das passieren, werden Tränen der Freude sich über dein Gesicht ergießen.
Die Hingabe unterliegt einem sehr subtilen Reifungsprozess, welcher nach außen kaum sichtbar, im Inneren vollzogen wird. Erst, wenn du bereit bist, dich zu ergeben, bist du auch reif, die Gnade Gottes empfangen zu können. Beides läuft Hand in Hand – jenseits des Verstandes und weit abseits jeglichen „TUNS".

Durch DICH – zum SEIN

Gibt es unter euch jemanden, der den Zweiten Weltkrieg noch miterlebt hat? Die meisten der Anwesenden waren zu der Zeit wohl noch nicht einmal geboren. Fast alle von uns wuchsen in einer scheinbaren Periode des „Friedens" auf.
Habt ihr euch jemals gefragt, wozu dieser Krieg geführt wurde? Mit welchen Mitteln und zu welchem Zweck? In unser aller Gedächtnis ist die jüngste Vergangenheit noch frisch. Jeder Krieg, ohne Ausnahme, ist Zeugnis eines Durchsetzungsversuches von Interessen und Einflüssen.
Wie führt die Menschheit Kriege? Mit allen verfügbaren Mitteln des Tötens! Sind die Beweggründe dafür nicht immer primitive Versuche der Selbstbestätigung und eine Suche nach Entschuldigungen für Vorgeschichte und Ausbruch des jeweiligen Krieges? Schaut hin, wie wird der Sieg danach kundgetan? Mit der Anzahl der Getöteten; durch Blut! Ist das nicht profan?
Das menschliche Bewusstsein ist im Steinzeitalter stehen geblieben. Ob wir uns mit Steinen bekämpfen oder uns eines Waffenlagers aus dem Kosmos bedienen, ist nur eine Frage der technischen Entwicklung – der Grad der Bewusstheit ist derselbe geblieben.
Die Menschheit lechzt nach Feindbildern – von einem zum andern. Ist keines vorhanden, wird ein neues erfunden. Diesem Verhalten liegt ein innerer Trieb – ein inneres Jucken zugrunde.
Ist nicht der Umgang zwischen den Menschen in so genannten Friedenszeiten auch kriegerisch? Wie viel Kampf und Aggression kommen allein durch das Wort zum Ausdruck! Pausenlos wird beschimpft, verletzt und beleidigt. Ob wir uns mit Worten oder mit Waffen bombardieren, das erste ist nur eine Vorstufe des zweiten.

Hier stellt sich lediglich die Frage, wie lange das Jucken erträglich bleibt, dann tritt die zweite Stufe in Kraft. Der Mückenstich wird aufgekratzt, der angesammelte Eiter kann abfließen, die Spannungen lassen nach – bis zum nächsten Stich!
Worin liegt die Ursache dieses Teufelskreises? Hmm...? Wir finden sie im eigenen Aggressionspotenzial, das dem Menschen innewohnt. Dieses Potenzial wird mit der Entschuldigung missbraucht, es sei uns für einen Überlebenskampf, ähnlich dem des Tierreiches, gegeben. Doch in der Natur existiert keine organisierte Aggression! Hier gibt es keine bewusste Befruchtung von Armut und Tod. Es fließt nur ein natürlicher Prozess des Lebens. Alle Erscheinungsformen von Aggression im Tierreich drücken Harmonie mit dem Leben schlechthin aus. Die Natur steht im Gleichgewicht, reguliert sich selbst im Einklang mit der Existenz. Sie spiegelt SEIN wider, ohne Richter und ohne Henker.
Die Kommunikation in der Natur ist unverfälscht und rein. Doch wie kommunizieren die Menschen miteinander? Genau auf dem Level von Bewusstheit, auf dem sie ihre Kriege führen. Die Menschheit befand sich bislang ausschließlich im Zustand des Krieges – im ständigen Kampf untereinander, gegeneinander und gegen sich selbst. Wir werfen Bomben in Nachbars Garten und erhalten prompt die Antwort als neue Granate zurück. Auf beiden Seiten werden dann lautstark die Opfer beklagt, die wir im Vorfeld bereits zum Abschuss freigegeben hatten.
Wir haben das Leben in einen Kriegsschauplatz verwandelt, ständig lebend in dem kläglichen Versuch, dieses Handeln zu rechtfertigen. Doch mit welcher Kompetenz tut dies der Mensch? Dieses scheinbare Recht ist ein künstlicher Joker. Was bedeutet es, wenn wir über Sieger und Verlierer sprechen? Täglich sollten wir alle mehrmals über dieses Verhalten meditieren.

Die Wahrheit ist doch folgende: Wir leben entweder in einem Krieg oder in Vorbereitung des nächsten. Jede angebliche Friedensperiode ist nur eine heimtückische Ruhe vor dem Sturm, eine Vorbereitungsphase für die nächste Schlacht. Pseudosonne vor dem nächsten Bombenhagel. Immer ein und dieselbe Geschichte.
Allzu leicht verstecken wir uns hinter der Kollektivverantwortlichkeit und versuchen uns so freizusprechen von Schuld, indem wir behaupten, nur das zu tun, was alle anderen auch tun. Eine sehr bequeme Entschuldigung, so wäscht sich jeder die Hände. Im Großen wie auch im Kleinen. Ob auf dem Schlachtfeld oder im eigenen trauten Heim.
Von euch und von anderen habe ich viele Entschuldigungen und Rechtfertigungsversuche vernommen. Allesamt waren diese aus dem Verstand geboren – einem Zustand relativen Friedens. Aus diesem Grund sind auch alle Bitten um Verzeihung und alle Tränen der Reue so schnell vergessen, sie stammen nur aus dem Kopf.
Die Aggression ist eine Funktion des Verstandes. Taten, Dummheiten und Entschuldigungen ebenso. Diese Zusammenhänge sind schwer zu verstehen, denn deren Wertschätzung und Moralvorstellungen sind nicht minder Sklaven des Verstandes. Alles, was in ihm geboren ist, kann nicht über ihn hinauswachsen. Könnt ihr den Eigennutz hinter diesen Kriterien der Bewertung erkennen?
Genau dann, wenn wir anfangen zu bewerten, fallen wir wieder in diesen Teufelskreis zurück. Nur in einer kurzen Phase, nachdem wir Dampf abgelassen haben, erheben wir unsere Köpfe über diesen Sumpf. Danach fängt das Händewaschen erneut an, das Spielchen um Verzeihungen und schnell tauchen wir wieder in den Sumpf ein. Wir erholen uns in einem süßen Traum, verrichten tagsüber denselben Schrott, geloben Besserung und sind stolz auf unseren scheinbaren Fortschritt.

Viele Menschen auf dieser Welt verrichten täglich Rituale, Gebete und Beichten in einer Kirche, einem Tempel, einer Moschee oder einer Synagoge. Doch an welchen heiligen Ort sich auch immer der Mensch begibt, ein jeder wird schlagartig entweiht durch jedwedes Spielzeug des Verstandes.
Noch gravierender ist die Tatsache, dass jedem Schritt dieses Handelns Selbstgefälligkeit wie ein Schatten folgt. Jede Beichte, jede Bitte um Verzeihung, ob in einer Kirche oder anderswo, bleibt nichts weiter als eine oberflächliche Entschuldigung des Egos, solange sie formell, aus dem Verstand geboren wurde.
Ego und Verstand sind ein tolles Team. Sie werden im Tetrapack erzogen, gehegt und gepflegt. Einer ernährt sich vom anderen. Doch ein Schmarotzer lebt nur, solange man ihm Nahrung gibt. Entferne ihn vom Wirt, so wird er sterben – denn er ist ohne Leben.
Die Aggression ist schon so tief in der Menschheit verwurzelt, dass sie als Basis für Kompetenz herangezogen wurde.
Fast alle Gebärden der Nächstenliebe sowie Bitten und Beichten sind in ein formelles Ritual abgerutscht. Die Aggression hat den Platz des Herzens eingenommen. Sie überwuchert die intimsten Gärten der Liebe. Ob Täter oder Opfer, ob Tränen oder Lachen, an allem klebt der Beigeschmack der Gewalt.
Jede Tat, unser Verhalten, selbst Gefühle und Bitten sind unecht geworden, weil das Herz zugunsten des Verstandes geschrumpft wurde. Doch der Verstand ist hinterhältig und heimtückisch. Er scheint unendlich erfindungsreich, solange wir uns in seinen Sphären bewegen. Dazu ist er auch gezwungen, denn er kann nur leben, solange sich der Mensch mit ihm identifiziert. Er besitzt kein eigenes Leben. LEBEN geschieht nur jenseits der Grenzen des Verstandes, außerhalb seiner Reichweite. Überall, wo er seine Finger im Spiel hat, wird es Krieg geben – auf kleinen oder großen Bühnen. Es war nie

anders. Könnt ihr mir folgen? Hmm...? Habt ihr schon einmal versucht, eure intimsten Gefühle und Geheimnisse in Worte zu fassen? Was in euch ist lebendig? Das Erleben des Geschehens oder die Worte, mit denen ihr versucht, dieses auszudrücken? Geht genau an dieser Stelle tief in euch und versucht, das Ausmaß dieser Frage zu verstehen! Wo geschieht ERLEBEN? Im Verstand, im Wort, im Ritual oder jenseits von all dem?

Wenn ihr zu der Schlussfolgerung gelangt, dass alles, was euch je berührt hat, außerhalb der Grenzen des Verstandes geschieht, dann folgt diesem inneren Durst zu erfahren, WER dahinter steckt. Hinter diesem Durst verbirgt sich die Sehnsucht, das SELBST erfahren zu wollen. Dieser Durst führt dich über dein Herz zur Quelle deines SEINS. Genau hier gewinnen äußere Rituale innere Qualitäten. An dieser Stelle verwandelt sich der sture Verstand in Richtung Herz und Bewusstsein.

Als mir im Leben genau dies bewusst wurde, was ich euch gerade erzählt habe, hatte ich das dringende Bedürfnis, meinen Kopf mit Steinen zu malträtieren. Ich wollte nicht länger Sklave meines Verstandes sein und behämmerte mein Hirn im wahrsten Sinne des Wortes mit Steinen. Hätte ich keine Haare auf dem Kopf, würdet ihr die Narben noch immer deutlich sichtbar erkennen können.

Jeder Soldat gehört einer Armee an und jede Armee ist, aktiv oder passiv, zum Töten geboren. Überall wo Krieg herrscht, folgen Leid, Zerstörung und Tod. In Friedenszeiten ist das nicht grundlegend anders. Das gesellschaftliche Leben ist auf Aggression aufgebaut. Im Krieg wird überflüssige Spannung entladen – um sich in Friedenszeiten wieder aufladen zu können.

Durch das innere Gefühl, sich selbst nicht zu genügen, hat der Mensch das dringende Bedürfnis, allein, oder in Gruppen organisiert, den anderen beweisen zu wollen, er sei besser. Auf welcher

Bühne auch immer, ob in der Politik, im Sport, im Krieg oder im trauten Heim, es läuft immer ein und dasselbe Theaterstück unter anderem Namen ab. Lasst euch nicht täuschen – alles sind äußere Kompensationsversuche, der inneren Leere entfliehen zu wollen! Dabei geht die Menschheit über Leichen, dem Bestätigungsbedürfnis ihrer eigenen kleinen Scheinheiligkeit folgend. Nichts ist ihr heilig geblieben, nicht einmal das Leben schlechthin, sondern nur ihr Ego. Im Frieden läuft der Krieg, „besser" zu sein, auf dem Schlachtfeld derjenige, „stärker" zu sein.
Wie sieht die Gesellschaft von heute aus? Für ein Lob, eine Medaille, eine Auszeichnung oder ein Stück Land, für ein: „Bravo, das hast du gut gemacht!", hat sie alle wahren Werte verkauft. Sie hat sich selbst ausgeschlachtet und zeigt sich noch stolz auf dem Weg in den Schlachthof. Es gibt keinen Frieden mehr, kein Herz und keine Liebe. Der Verstand ist Besitzer des Hauses geworden, zum Herren der Herzen aufgestiegen.
Genau deshalb ist die Phase der Befriedigung auch nur von kurzer Dauer. Sie hält nur solange an, wie die Phase zwischen Ein- und Ausatmung besteht. Während des Einatmens wird schon der nächste Bedarf nach Krieg inhaliert. Es ist, als wäre die Muttermilch schon vergiftet. Aus dem Verstand kann keine Befriedigung, keine Freude und keine Liebe geboren werden. Aus ihm heraus leben wir lieblos und unbefriedigt, geführt von einem primitiven Bewusstsein. Habt ihr jemals einen Soldaten getroffen, der die Tür zu Gott gefunden hätte? Gott erwartet euch in jeder Sekunde. Er ist allzeit bereit, uns aufzunehmen, durch und über unsere Herzen, doch jenseits des Verstandes. Jeder Mensch hat seinen eigenen Weg und niemand weiß, wie lang dieser sein wird. Dabei denkt jeder, seiner wäre der kürzeste, doch die wenigsten haben einen kurzen Weg gefunden. Fast alle marschieren auf dem langen, einsamen Weg der Schlachtfelder.

Ein Mensch mit niedrigem Bewusstsein wird überhaupt nie zu der Entscheidung zwischen beiden Wegen gelangen. Ihm stellt sich gar keine Wahl, weil er nicht weiß, dass er einen Weg vor sich hat. Automatisch, unbewusst hat er den langen gewählt. Erst nach der Ausbildung bestimmter Qualitäten hinsichtlich des Bewusstseins, doch auch hinsichtlich des Verstandes und der Gefühlswelt hat er eine bestimmte Wahl.

Auf diesem Weg werden viele Fragen aufkeimen und viele werden weiter in euch wachsen. Was bedeuten Fragen eigentlich? Wisst ihr es? Hmm...? Jede Frage stellt eine Lücke im Bewusstsein dar! Dies wiederum bedeutet, dass Bewusstsein sich nicht über Fragen auf dem Niveau des linearen Verstandes entwickelt, sondern es wächst, indem es springt.

Dieser Sachverhalt ist sehr wichtig, auch wenn er für euch nicht ohne weiteres zu verstehen ist. Nach einem SPRUNG werdet ihr besser verstehen können und wissen, dass es dabei nichts zu verstehen gibt. Damit meine ich nicht, es sei schlecht, Fragen zu stellen. Ich weise lediglich auf deren Ursache und Bedeutung hin.

Der Verstand kann über Fragen wachsen, nicht aber das Bewusstsein. Dieses wächst über Erkenntnis. Die Fragen aus Unwissenheit nehmen dabei sicherlich einen anderen Stellenwert ein als diejenigen, die der Schublade Provokation, Beleidigung oder „Möchtegern" entspringen. Mit Bedacht sollten wir jede unserer Fragen auf diesen Hintergrund prüfen.

Könntet ihr mir verraten, wie die „Frage aller Fragen" lautet? Sie heißt: „Wohin führt uns Gott?" Und die Antwort? Kennt ihr sie? Sie lautet: „Durch dich zu Ihm – zum SEIN."

Unabhängig von den Gedanken und Gefühlen eines Menschen hat jeder irgendwann den Bedarf, EINS mit Gott zu werden. Der Mensch geht auf unendlich vielen Irrwegen, sammelt dort unterschiedliche

Erfahrungen und begeht viele Fehler. Er häuft Karma an, macht weiter Erfahrungen und kann so nie das Rad des Samsara verlassen. Was bedeutet Samsara? Hmm...? – Ein niedriges Bewusstsein!!! Solange wir uns in diesem Spinnrad drehen, spinnen wir uns selbst die Fäden für unsere Verstrickungen.
Wenn ich euch einen Rat geben darf, so erwählt den kurzen Weg zu Gott. Er ist der schwerste und leichteste zugleich. Es sind die zwei Seiten einer Medaille. Die Wahl liegt bei euch! Ihr könnt bewusst entscheiden. Millionen andere nicht.

Frage: Haben dir die Steine geholfen?

Zanko: Zu dieser Zeit waren sie mein bester Lehrer.

Frage: Sollten wir jetzt alle Steine sammeln gehen?

Zanko: Jeder geht seinen eigenen Weg. Meine Steine lagen auf meinem Weg. Sucht euch eure eigenen, doch meint nicht, sie müssten auch wie Steine aussehen! Der Mensch dient ständig irgendwelchen äußeren Umständen. Meine Steine haben mich von dieser Dienstleistung an das Samsara befreit.

Frage: Willst du damit sagen, die Steine haben dir die Erleuchtung gebracht?

Zanko: Du solltest genauer zuhören. Sie haben mich von einer Illusion befreit. Befreie du dich von derjenigen, hören zu wollen, was nie gesagt wurde. Du wolltest eine Antwort auf eine nicht gestellte Frage und hast deine eigenen Vorstellungen in meine Aussage projiziert. Wenn du also eine Antwort auf eine andere Frage haben wolltest, dann formuliere sie konkret. Wie war nun deine Frage?

Antwort: Ich hab sie vergessen.

Frage: Meister, gibt es einen allgemein gültigen Weg für alle Schüler, beziehungsweise sieht der Weg von Meistern und Schülern in einer Meisterlinie gleich aus?

Zanko: Die Tradition einer Meisterlinie ist wertvoll, hat ihren eigentlichen Sinn aber nur, wenn wiederum mindestens ein Meister diese weiterführen kann. Für den einzelnen Schüler ist die Linie uninteressant, das einzelne Können des Meisters und die individuelle Reife des Schülers sind wesentlich wichtiger als die Vergangenheit einer Linie.
Der Weg ist immer individuell, ein Schema kann und darf von beiden Seiten nicht benutzt werden. Ein Meister kann seine Meister aus tiefer Demut und Liebe verehren. Nach dem Erwachen wird er in Dankbarkeit ein Leben lang seinem Meister treu zur Seite stehen. Doch jeder Meister muss sich von seinem eigenen Meister abgenabelt haben, um selbst als Meister wieder Schüler auf ihrem Weg führen zu können.
Ein jeder alte Meister wird in der neuen Meistergeneration weiterleben, jedoch nicht im Erschaffen von Kopien. Dieses spricht für Unsicherheit. Beruft sich ein Meister ständig auf seine eigenen, ist der Abnabelungsprozess noch nicht abgeschlossen.
Hüte dich vor Meistern, die vorgeben, deinen Weg im Voraus festlegen zu können, nach dem Schema „du musst" oder „du brauchst nicht". Einen solchen Weg gibt es nicht! Ein Meister kann dir nur helfen, deinen eigenen Weg zu finden. Dieser ist immer individuell. Möchtest du jedoch eine einfache Antwort, dann suche dir lieber einen Papagei. Im Schatten eines Meisters kann kein eigenes Schöpfungspotenzial geboren werden. Das Erwachen selbst reicht nicht

aus, um ein Meister für andere sein zu können. Du hast dich dann zwar selbst gemeistert, doch dies bleibt dein „Know-how".
Menschen auf dem Weg zu führen, geht weit über die Stufe der eigenen Erleuchtung hinaus. Ein Meister kann dich bis zu seiner eigenen Quelle führen und somit auch bis zu deiner Erleuchtung. Doch nach dem Erwachen bist du selbst noch lange keine Quelle für andere. Ob du danach irgendwann etwas zu „Geben" hast, liegt nicht in deinen Händen. Nicht jeder Erwachte kann ein Meister sein – selbst ein paar Jahre nach der Erleuchtung ist dies meistens noch zu früh.
Dieser Prozess liegt in göttlichen Händen, denn nach der Erleuchtung muss es noch „weiter" gehen, um ein Meister sein zu können. Jeder, der einer Meisterlinie gefolgt ist, konnte nie „weiterkommen", als der Erste dieser Linie. Jeder, der „Buddhas Weg" gegangen ist, ist auch bei ihm stehen geblieben, und so weiter.
Um weitergehen zu können, muss man sich selbst aus der Meisterlinie befreien. Die größte Gefahr im Folgen einer Meisterlinie besteht im Leben unter dem Schatten derselben. Hierin liegt die größte Herausforderung eines Meisters, der im Schatten einer Tradition erwacht ist. Erst muss er sich aus den eigenen Zügeln befreien. Nur so kann er den Wert und die Tiefe seiner eigenen Quelle erkennen und prüfen.
Dieser Sachverhalt wird oft verkannt. Ein gegangener Weg ist immer schon gegangen. Entweder hast du Potenzial für Neuland oder du trampelst auf dem Zertretenen herum. Dann werden alle Schüler unter mehreren Schatten gehen müssen.
Alte Wege haben nur Bedeutung für Wesen im Nebel. Sie selbst sind wie die Erleuchtung Teil des Samsara. Erst DANACH wird wahre Freiheit geboren – Freiheit für die eigene NEUE Quelle. Ein echter Meister ist frei von seiner Vergangenheit. Jede Sekunde ist er frisch und neu, aus seiner EIGENEN Quelle des SEINS gespeist.

Die Quelle einer Tradition kann dich bis zum Erwachen führen. Die eigene Quelle muss danach erst noch gefunden werden. Dann erst wurde ein neuer Meister geboren.
Jedes Bestreben, nach dem Erwachen Meister sein zu wollen, ist nichts weiter als die „Latschen eines Restegos". Gleich und Gleich gesellt sich gern – doch kann sich nicht befruchten. Ob du eines Meisters in einer Meisterlinie würdig warst, das stellt sich immer erst frühestens zwei Generationen nach deinem Tod heraus.

Angst vor dem Alleinsein

Wisst ihr, zu welchem Zeitpunkt der Mensch seine erste Verurteilung bereits bemerkt? Noch in den Windeln! Mit diesem Damoklesschwert verbringt er sein ganzes Leben. Wie heißt diese Verurteilung? Da ich dies von mir nicht mehr behaupten kann, bitte ich euch, Folgendes zu lesen. (Hält einen Zettel hoch, worauf geschrieben steht: „Ich bin allein.")
Das ist der erste Seufzer, der erste Schrei, mit dem wir auf diese Welt gekommen sind und die letzte Angst, mit der ihr von diesem Planeten gehen werdet: „ICH BIN ALLEIN."
Warum haben wir ein Leben in dieser menschlichen Gesellschaft gewählt? Der Grund liegt in der Tatsache dieser Verdammnis. Viele von euch habe ich aufgefordert, ein wenig allein zu bleiben, aber nicht ein Einziger hat den Mut besessen, dies auch wirklich zu tun. Niemand kann absolut alleine bleiben, zumindest bleibt man mit sich selbst. Allein der Fakt der Existenz macht Alleinsein unmöglich. Woher dann diese panische Angst, allein zu sein – ohne Bücher zu lesen, fernzusehen, oder mit irgendetwas beschäftigt sein zu müssen? Die Angst vor der Einsamkeit drängt den Menschen dazu, sich weiß Gott was für Beschäftigungen auszudenken – eine Unzahl von billigen Ersatzbefriedigungen. Die Gesellschaft ruft auf zu einem Wettlauf im Kampf um die besten Plätze – und jeder rennt mit.
Warum tut er das? – Aus Furcht, die Gesellschaft könnte ihn aussondern, aus Angst, er bliebe außen vor. Falls aber jemand aus diesem Spiel aussteigen möchte, wertet man sein Verhalten als Ausdruck asozialen Wahnsinns. Die Menschen erfinden eine Unzahl von Rechtfertigungen, wetteifern sogar untereinander im Erfinden noch listigerer, nur um nicht allein mit sich selbst bleiben zu müssen.

Sogar abends geben wir uns keine Chance. Der Abend ist zu lang. So werden Treffen oder Zerstreuungen organisiert. Man quatscht, raucht oder säuft, kommuniziert mit dem Fernseher oder mit seinen Hobbys. Immerzu tut man etwas. Einige „machen" sogar Meditationen, aber sie machen nur – sie meditieren nicht. Was für ein tragisches Schema! Geboren in Angst, aufgewachsen in Angst, lebend in Angst und sterbend in Angst – Angst vor sich selbst. Ob traurig oder tragisch – ich weiß nicht, was der Wahrheit näher käme.

Niemand wagt es, sich selbst von Angesicht zu Angesicht zu begegnen – sich anzunehmen – warum nicht? Ich will es euch sagen: Dieses Ablenkungsspiel läuft, weil niemand mehr sich selbst genügt. Es ist Ausdruck einer Kompensation. Wen aber könnten wir auf diese Weise so annehmen wollen? Andere Menschen – oder Gott vielleicht? Wer könnte durch eine verschlossene Tür eintreten?

Sehr bedauerlich ist die Tatsache, dass die Angst vor dem Alleinsein schon alle Beziehungen beeinflusst. Dieses jedoch stellt ein Laster dar – keinen wahren Kontakt. In diesen Pseudokontakten bleibt jeder unverstanden, noch weniger vermögen wir, die anderen zu verstehen. Eine fade, halbherzige Geschichte – halb verstanden, halb begriffen, halb lebendig.

Die technische Entwicklung unseres Jahrhunderts verstümmelt die menschlichen Kommunikationsmöglichkeiten zusätzlich. Jeder lebt zusehends einsamer und egoistischer. Egoismus jedoch bringt uns langsam um. Alle wirtschaftlichen und materiellen Absicherungen, sowie auch unsere Versicherungen drücken eine Form von Egoismus aus, begründet auf Angst.

Seht ihr, wie wir immer wieder in unsere eigenen Fallen tappen? Durch diese Angst beuten wir die Liebe aus, vergiften unsere Beziehungen und schläfern unsere Instinkte ein. Auf der Flucht vor dieser Angst heiratet der Mensch sogar. Ist das nicht grausam? Aus Angst

allein zu sein, werden die Menschen alkohol- und drogenabhängig. Was bleibt denn da noch vom Leben? Wo in uns bleibt Platz für Gott? Ich habe noch nie gehört, dass Gott ein Egoist sei. Wie könnte das Göttliche mit der egoistischen menschlichen Welt harmonieren? Sind nicht alle Worte über Gott einfach nur bloße Vorstellung?
Was stellt unsere Gesellschaftsform der heutigen Zeit dar? Eine Gruppe Einsamer, die untereinander Trost suchen und zu allen Kompromissen bereit sind. Sie treffen sich, um ihre trostlose Einsamkeit miteinander zu teilen.
Könnte ein Verdammter Heilung von einem anderen Verdammten erfahren? Vielleicht drücke ich mich mit zu harten Worten aus, doch dies tue ich nur, damit ihr ernsthafter darüber nachdenkt. Habt keine Angst, mit euch allein zu sein, lauft nicht ständig vor euch selbst davon. Ihr werdet vieles in euch entdecken können.
Es ist überhaupt nicht schlimm, sich von seinen Vorstellungen zu befreien. Das Gefühl der Einsamkeit erwächst lediglich aus der Angst vor dem Alleinsein. Langsam aber sicher hat sich dieses Gefühl zu einer Grundangst im Leben emporgearbeitet und etabliert. Habt keine Furcht vor euch selbst, es ist unwürdig, mit dieser Angst leben zu müssen. Lasst sie nicht zu eurer Lebensphilosophie werden. Ängste erzeugen Dunkelheit in eurer Seele. Lebt nicht weiter in der Dunkelheit, sucht das Licht.
Keiner ist je heilig geworden, niemand hat jemals Erleuchtung erlangt, ohne sich vorher aus der Welt zurückgezogen zu haben – zumindest innerlich. Im Rückzug erfahren Seele und Bewusstsein Reinigung. Besinnung ist weder schwer noch unerträglich – es bedarf nur ein wenig mehr Courage, ein wenig mehr Beherztheit.
Sehr wenige leben im Licht, die meisten leben in der einen oder anderen Form von Dunkelheit. Wo Licht anwesend ist, gibt es auch Feuer. Wo ein Feuer brennt, gibt es etwas, was darin verbrennen kann. Feuer befreit Edelmetall von der Schlacke. Ihr dürft nicht zögern, hindurch-

zugehen. Durch diese Schritte nehmt ihr die Herausforderung LEBEN an – das Feuer des Lebens.
Die Liebe ist ebenfalls ein Feuer, ein sehr heftiges sogar – dort kann man nicht mit Angst oder Vorsicht eintreten – sobald ihr eingetreten seid, werdet ihr erkennen: „GOTT ist LIEBE und LIEBE ist GOTT."

Frage: Der Rückzug in die Meditation, ist das nicht auch nur wieder eine Besinnung auf Zeit – eine halbe Stunde, eine Stunde?

Zanko: Die Meditation stellt einen „Ortswechsel" dar – einen Rückzug aus dem Zustand des Verstandes in den Zustand des Seins. Die Angst lebt im Zustand des Verstandes, die Seele im Zustand des Seins. Jeder sollte für sich selbst entscheiden, wie oft er an welchem „Ort" verweilen möchte. Ihr könnt zwar zeitweilig die Süße schmecken, aber ihr habt noch immer nicht die Essenz des Nektars gekostet.

Frage: Woran können wir erkennen, dass die Angst gegangen ist und nicht mehr zurückkehren wird?

Zanko: Alles, was tatsächlich verschwunden ist, kehrt niemals wieder zurück. Ihr seid mehr daran interessiert, vorab wissen zu wollen, wie es sein wird, was passieren wird, wie ihr es wissen könntet! Gebt euch die Chance, etwas geschehen zu lassen. Wenn es passiert, werdet ihr es einfach wissen. Unwesentliches wird getan, das Wesentliche geschieht einfach.

Frage: Wenn Angst fehlen würde und jeder glücklich wäre, bedeutet das dann nicht Stagnation?

Zanko: Wäre dies tatsächlich so, dann müssten Leute wie Buddha, Christus und andere Heilige die borniertesten Menschen aller

Zeiten gewesen sein. Irgendwann wird jeder eine gewisse Erkenntnis seiner selbst erlangen. Auf dem Weg seiner spirituellen Entwicklung wird der Mensch Einsichten gewinnen, die sein Bewusstsein transformieren werden. Hast du Angst vor Stagnation oder vor dir selbst?

Frage: Wenn der Zorn kommt, was sollen wir mit ihm machen?

Zanko: Zorn ist ein Gesicht der Angst. Was ihr mit ihm machen sollt? Für gewöhnlich macht er mit euch etwas und nicht ihr mit ihm. Im Zorn seid ihr nicht mehr ihr selbst. Ihr gehört dem Zorn. So verliert ihr euch selbst.
Vieles sage ich, nicht, um verstanden zu werden. Ihr solltet die Tiefe erfühlen. Die Wahrheit liegt jenseits aller Worte. Sprache ist wirklich viel zu eng – nur ein eingleisiges Kommunikationsmittel.
Ich sehe, euch wäre lieber, jetzt zu meditieren... Jeder von euch hat in seinem Leben schon oft nach etwas gesucht. Vom Schlüsselbund angefangen – nach einer Unzahl von Dingen. Hat jemand von euch schon einmal bewusst das Nichts gesucht – das Zentrum der Leere? Heute machen wir uns auf die Reise dorthin – eine Reise ins Nichts...

Vom Märchen aller Märchen

Nur um der menschlichen Bedürfnisse willen müssen wir ein ganzes Leben lang arbeiten. Wir erlernen ein Handwerk, praktizieren dieses, doch niemals gelangen wir in unserem Können zur Vollendung. Immer bleibt noch etwas zu lernen, es scheint kein Ende zu geben. Stellt euch vor, nur eine einzige Fertigkeit, doch auch diese nie bis zur Perfektion. Irgendwann erreichen wir unsere Grenzen, Gipfel sind selten. Sogar das perfekteste unserer Produkte wird einmal vergehen, vergessen, zerstört und im Schlund der Zeit verschwunden sein. Jede Frucht menschlichen Tuns ist vergänglich, nur von kurzer Dauer und ist letztlich nur Versuchsfeld für die eigene Entwicklung. Jeder spielt sein eigenes Spiel im Leben – sein eigenes Spiel mit dem Leben... doch zu welchem Preis...?

Das Leben selbst ist nur ein Spiel, doch nicht ein Spiel um den Gewinn des Erlernens eines Handwerks. Ein ganzes Leben haben wir Zeit, doch erlernen nicht einmal eine einzige Sache. Wie sollten wir auch, wo wir nur tun und schaffen...? Wir erleben unser „Tun" und nennen es „Leben". Doch wie jedes Produkt unterliegt auch dieses dem Schicksal eines jeden Gemachten – es fällt der Zerstörung anheim und vergeht. Leider bemerken wir diesen Prozess erst sehr spät, sehr viel später....

Aufstieg und Fall – stets beginnt der Verfall lange, lange bevor der Gipfel des Aufstiegs erreicht ist. Die Ursache dafür liegt in unseren verschrobenen Kriterien. Auf schiefem Fundament wird Stein für Stein in Haltlosigkeit zerbröckeln.

Zerstört wird alles, was mit Aggression begonnen wurde. Die Sehnsucht nach Ergebnissen, das Verlangen nach Erfolg, Ruhm, Ehre, Macht und Besitz stellen eine solche zielgerichtete Aggression dar! Sie macht blind für das Schwert, welches wir hinter den wehenden Fahnen unserer Überzeugungen, Ideale und Moralismen verstecken. So funktioniert der Mechanismus, die Mechanik der Selbsthypnose schlechthin! Auf diese Art beginnt Zerstörung! Sie beginnt mit Blindheit... und endet im Verfall.

Irgendwann einmal, im Herbst unseres Lebens vielleicht, wenn es uns einfällt, zurückzuschauen, werden wir sehen – falls wir sehen können – dass das, was wir zerstört haben, viele Male jenes überwiegt, was wir eventuell vermochten aufzubauen. Das Ergebnis heißt Unerfülltheit. Wir gehen in Unzufriedenheit – verlassen die Bühne nur sehr schwer.

Das Traurigste aber ist, uns wurde ein ganzes Leben gegeben, nur um eine einzige Antwort zu erhalten, eine Antwort auf die Frage: „Weshalb bin ich gekommen? Warum bin ich gewesen? Wozu hat es mich gegeben?"

Zu viel Wasser wird auf leere Mühlen gegossen. Das Wasser unseres Lebens schlechthin – für nicht mehr als eine Hand voll Mehl! Dieses Leid wird am Ende ein jeder für sich selbst erkennen müssen. Doch warum widerfährt uns dies? Hmm...? – Weil wir LEBEN „tun". Weil alles, was unsere Hände erschaffen, ohne Leben ist! Es kann weder hervorbringen, noch kann es sich erneuern – ihm fehlt Inspiration – der Lebensfunke. So muss es sterben und fällt der Zerstörung anheim.

Wisst ihr, wie viele Menschenleben dahingegangen sind – einfach so, mechanisch – wie eine Dose Fisch vom Band, bar jeden Funken Entzückens? Es ist sehr hart, irgendwann feststellen zu müssen, dass dein Leben nichts weiter gewesen ist als Verpackung – Verpackung eines Inhalts, der nie gewesen ist.

Wisst ihr, wie winzig jener Funke des Geistes ist, der Leben zu LEBEN erwecken kann? Er ist so winzig, dass keine Hand ihn jemals

zu fassen vermag, ihn kein Auge je zu sehen fähig wäre. Man kann ihn nicht denken, nur spüren und sagen: ER ist da. Wie bedeutsam eine Verpackung von Leben auch sein mag – ob bunt oder grau, blass oder schillernd – sobald dieser Funke ihr fehlt, bleibt sie nur eine Form ohne Inhalt.
Keineswegs möchte ich sagen, dass eurem Leben der Sinn fehlt – welcher es jedoch gewesen sein könnte, vermögt ihr – wenn überhaupt – erst im Herbst eures Lebens zu erkennen.
Mein Rat und mein aufrichtiger Wunsch ist: Lasst euer Wesen von diesem winzigen Funken durchdringen, lasst euch von ihm verzaubern, verliert ihn nicht! Ich glaube, dass jeder von euch ihn spürt und nur zu gut versteht, wovon ich eigentlich spreche.
Nun möchte ich euch das „Märchen aller Märchen" erzählen – zumindest für mich ist es eines der größten Märchen überhaupt:

Es war einmal ein großer Wesir. Er war nicht nur reich, berühmt und weise, er hatte auch die schönste Frau im ganzen Reiche. Mit anderen Worten – alle Voraussetzungen für ein herrliches Leben. Doch obwohl er alles hatte, war er nicht glücklich – denn er sah die Augen seiner Liebsten nicht leuchten. Stets fragte er sich, warum. War er auch alt und weise, so quälte ihn zum ersten Mal eine Frage, deren Antwort er nicht finden konnte.
Er entschloss sich, Buddha aufzusuchen, um ihn um Rat zu bitten: „Hilf mir bitte, weiser Lehrer, jenes zu erkennen, was meine Augen nicht sehen können", bat der Wesir. „Ich besitze alle Reichtümer dieser Welt, von denen ein Mensch nur träumen kann. Ich habe eine wunderbare, schöne und treue Frau. Alles habe ich ihr gegeben – das Königreich, mein Leben und mein Herz lege ich ihr zu Füßen nieder, denn ich liebe sie so sehr! Doch in ihren Augen sehe ich keine Freude, und dies ist das Einzige, was mich bedrückt. So gern

würde ich Licht in ihrem Blicke sehen." Buddha hörte ihn an und erwiderte: „Wenn du sie wirklich so sehr liebst, so gib ihr die Chance, jenes zu erhalten, was du ihr nicht zu geben vermochtest."
Der Wesir war ein weiser Mann und liebte seine Frau gar sehr. Deshalb beschloss er, Buddhas Rat zu folgen. Er ging zurück in seinen Palast, rief seine Vertrauten, seine Hofleute, alle Großen seines Reiches, ließ auch seine Frau holen und sprach: „Ich gab dir alles, was ich besitze und was ich geben konnte – doch sehe ich, dass es dir keine Freude schenkt. Jetzt wünsche ich, dass du auch jenes, was ich dir nicht geben konnte, bekommst, damit du glücklich bist. Zeige mir deinen Erwählten, damit ich euch segnen kann."
Die junge Frau, die ihren Mann sehr verehrte, wehrte diesen Vorschlag schamhaft ab, doch er beharrte weiter: „Sorge dich nicht", sagte er, „ich liebe dich wahrhaftig sehr und möchte, dass du dich des Lebens erfreust, ich wünsche mir, das Licht deines Herzens würde deine wundervollen Augen erleuchten."

Diese Geschichte ist ein schönes Beispiel für eine der größten Gaben, die ein Mensch je hat erbringen können – der Liebe seinen Segen schenken, einfach damit es SIE geben kann! Das zeugt von Größe, Bewusstsein und Herz.
Gott liebt uns sehr – so sehr, dass er uns seine Göttlichkeit schenkte, das Recht und die Fähigkeit, lieben zu können. Es ist eine große Gnade, wenn Liebe geschieht. Ich weiß nicht, ob es je ein größeres Geschenk geben könnte!
Sehr viele Wege führen zu Gott – der Weg des Herzens ist der kürzeste. Es gibt keine größere Weisheit im Menschen als die Liebe. Ohne die Liebe Gottes gäbe es uns nicht.
Die größte meiner Freuden wäre, hätte ich vermocht, euch auch nur den winzigsten Teil vom Leben zu geben – konzentriert in einem

Tropfen Liebe; hätte ich vermocht, eure Herzen zu öffnen für das, womit wir gesegnet sind. Die Liebe bedeutet weder Aufstieg, noch Fall – sie steht jenseits von beiden. Sie ist wie der Flug eines Vogels, der Duft der Rose, ein Hauch des Windes... ist Geschehen... ist Mysterium... ist das Märchen aller Märchen!

Frage: Unsere Art von Liebe ist doch eigentlich nur ein Ausdruck des Wunsches, selbst geliebt werden zu wollen. Ich kenne niemanden, dem es genüge, seinen Liebsten in Liebe zu sehen, ohne daran selbst teilnehmen zu können.
Wie kann der Mensch diesen Sprung in einer Liebesbeziehung zwischen Mann und Frau je schaffen? Es ist doch nur allzu menschlich, dass ich selbst auch geliebt werden möchte, oder? Mit dieser Erwartung wird doch jeder unbewusst geboren. Wer keine Liebe bekommt, wird krank, ist es nicht so?

Zanko: Die Liebe zu leben, nur um ihrer selbst willen, ist dem menschlichen Ego unbekannt. Deshalb kann die Liebe des Menschen auch nicht bedingungslos sein. Sie ist an Erwartungen geknüpft und resultiert aus dem Defizit des eigenen Lebens im Kopf.
Jeder Mensch ist auf der Suche nach Liebe – bewusst oder unbewusst, das spielt keine Rolle. Doch wie viele haben die Liebe gefunden? Jeder sucht, doch eigentlich hat er Angst, sie zu finden, denn dann müsste er seine eigene Identität aufgeben.
Wahre Liebe möchte schenken, sie fließt aus dem Inneren heraus und fragt nie nach einem Ziel. Sie ist ein Schenkungsprozess – kein Handel. Vor der Liebe, vor Gott und der Wahrheit verschwindet deine Identität. Hier ist das Ego bereits gestorben. Wenn du liebst, mit der Absicht, etwas zurückbekommen zu wollen, möchtest du eigentlich nicht geben.

In tiefer Liebe hast du nie Angst, etwas verlieren zu können. Du bist frei von Verlangen, Besitz und Abhängigkeit. Deine Liebe selbst ist dir Geschenk genug, du lebst aus der Liebe heraus und bist erfüllt. Nur aus diesem Zustand heraus kannst du GEBEN. Alles andere ist ein Feilschen auf dem Basar.

Für die Liebe lebst du und für die Liebe stirbst du. Gibt es etwas Schöneres? Solange ihr die Liebe Gottes in eurem Inneren nicht gefunden habt, könnt ihr nur das Ego mit anderen teilen. Das macht wirklich krank – da hast du Recht.

Jeder Schritt ist eine Chance

Jeder von euch kann sich an das letzte Jahr erinnern, wo wir fast zur gleichen Zeit am selben Ort verweilten. Seitdem ist viel Wasser den Bach hinuntergeflossen und jeder hat ein Stück seines Weges zurückgelegt. Weiß jemand, wie viele Schritte ein Mensch im Durchschnitt täglich geht? Es sind zwischen zehn- und zwanzigtausend. Auch wenn man gar nicht aus dem Haus ginge. In einem Jahr kommt man so auf ungefähr fünf Millionen Schritte.
Nun stellt euch einmal vor, wie viel mehr uns an Launen und Ge-danken erfassen! Auch diese sind Schritte – es ist fast unmöglich, dass nicht ein falscher dabei gewesen wäre. Wie oft in diesem einen Jahr hat jeder, ohne Ausnahme, einen falschen Schritt getan! Wie viele davon sind in diesem nicht gerade langen Abschnitt unseres Lebens, ein Jahr nur, unbewusst geblieben? Seht ihr, wie viele Chancen ungenutzt bleiben?
Gewiss, ich bin nicht euer Richter, vielmehr versuche ich euch zu zeigen, wie viel wir täglich versäumen. Mit Sicherheit befanden sich unter diesen fünf Millionen Schritten eine Menge Fehltritte. Ob in Taten, Worten, Gedanken oder Gefühlen. Ganz sicher haben wir jemanden gekränkt oder ihm Leid zugefügt, bewusst oder unbewusst – und jedesmal im Kampf um unser gutes Recht.
Aus seinen eigenen Fehlern lernt der Mensch am besten, denn sie wirken als Erleben. Dabei gibt es jedoch eine klitzekleine Bedingung: Sie müssen ihm BEWUSST werden. Das wirkliche Handicap an unseren Fehlern liegt in der Tatsache, dass es immer jemanden gibt, der verletzt wurde oder der sich verletzt fühlt. In der Schule des Lebens, in der wir fortwährend aus unseren Fehlern lernen sollten, versäumt der Mensch jedoch fast immer, um Vergebung für das

zugefügte Leid zu bitten! Viel zu selten tut er dies und wenn, dann auch nur, falls es nicht mehr zu vermeiden ist. In den meisten Fällen bittet er lediglich, damit sein so genannter Rechtsanspruch nicht ganz verloren geht – nur aus der Not heraus. Doch immer halbherzig und nie aus voller Seele!

Kann einer von euch aufzählen, wie oft er an nur einem einzigen Tag andere verletzt hat? Das alles sage ich nicht, damit ihr euch unwohl fühlt, sondern damit ihr euch erklären könnt, warum es euch schlecht geht, wenn es euch nicht gut geht. Schlecht geht es jedem, schlecht fühlen können sich wenige. Für jeden ist das ein persönliches Problem. Jeder muss sich dies selbst bewusst machen, muss es fühlen, jenseits des Verstandes – über das Herz. Nur dann ist es wahrhaftig – nur dann spricht die Intelligenz des Herzens.

Die Gesellschaft zwingt den Menschen, sehr viele Aggressionen in sich akkumulieren zu müssen, die Ursachen aber außerhalb ihrer selbst zu suchen – in irgendwelchen zweitrangigen Situationen. Der Kampf in und mit der Gesellschaft ist jedoch eigentlich nur eine Auseinandersetzung mit uns selbst – geschürt durch Probleme, die wir noch nicht bewältigt haben, durch viele kleine Begebenheiten, die es noch zu bereinigen gilt.

Es ist nicht immer leicht, mit seiner Umwelt in Harmonie zu leben, unmöglich ist es aber nicht. Erst wenn sich uns eine neue Sichtweise eröffnet, werden wir erahnen, wie viel wir uns gegenseitig schenken könnten. An dieser Stelle möchte ich die Möglichkeiten nicht im Einzelnen definieren, vielmehr möchte ich euch jene aufzeigen, die sich lohnen, ausprobiert zu werden.

Zur Essenz dessen, worüber wir hier sprechen, kann man über verschiedene Wege gelangen: Durch langes Meditieren zum Beispiel, oder diverse Yogaübungen über einen langen Zeitraum, im Zustand starker Euphorie, oder durch plötzliche Erkenntnis. Leider ist das

Leben hier zu kurz, als dass man es richtig kennen lernen könnte. Versteht meine Sätze lediglich als Stichwörter für euer Bewusstsein. Diese sind für niemanden zwingend, aber wenn ihr etwas finden könnt, was zu euch passt, dann hört hinein – es könnte euch von Nutzen sein – Klick!? Jeder wird genau so viel aufnehmen, wie sein Bewusstsein dazu in der Lage ist.
Für den Europäer gibt es etwas Unverständliches in der japanischen Mentalität, Sitte und Kultur – allein schon rein äußerlich betrachtet. Es sind ihre ständigen Verbeugungen und Bitten um Verzeihung. Dies ist der europäischen Gewohnheit zwar sehr fremd, jedoch zertrümmert jede Bitte um Vergebung, wenn sie aus dem Herzen kommt, einen Stein vom gewaltigen Berg des Egos. Vielleicht mögen euch Bitten nur schwer über die Lippen kommen, doch könnten sie die große Last, die ihr sonst zu tragen hättet, verringern.
Eine alte Weisheit besagt, man müsse dreifach um Vergebung bitten: Mit den Lippen, mit dem Herzen und mit dem Verstand. Wie gesagt, ich gebe lediglich Stichwörter für euer Bewusstsein... Es sind nur Stichwörter für eure Schritte... Wartet nicht auf die Schritte der anderen, macht ihr den ersten Schritt, denn jeder Schritt ist eine Chance!

Frage: Wie sollten wir mit den Verletzungen und Beleidigungen, die andere uns zufügen, umgehen?

Zanko: Es ist schwer, mit komplizierten Personen zu verkehren. Ihre Kompliziertheit resultiert jedoch nur aus dem Versuch der Kompensation ihrer eigenen Defizite. Diese Menschen tragen tiefe innere Wunden. Doch leider wissen sie nichts Besseres zu tun, als andere zu schlagen. Mit diesem Verhalten versuchen sie dann ihre eigenen Wunden zu pflegen. Sie benutzen es als Pflaster für ihre

Eiterpickel. Doch es sind eher „„Eitelpickel" – das Ego lässt nur diese billige Ersatzbefriedigung zu. Jemand, der sich gezwungen fühlt, einen anderen beleidigen zu müssen, ist selbst oft beleidigt worden. Er ist jedoch auf der Stufe der gegenseitigen Verletzungen stehen geblieben – konnte diese Herausforderung nicht überspringen. Das Ego war zu groß, das Bewusstsein zu niedrig.
Versuche, die Krankheit in denjenigen zu erkennen, die versuchen, dich zu beleidigen. Erstens musst du die Beleidigung für dich nicht annehmen und zweitens verdient ein solcher Mensch Mitgefühl. Er kann einfach nicht anders, hat seine Grenzen erreicht und nur die Möglichkeit der Aggression oder Depression für sich gefunden. Wenn du dieses Prinzip erkennen kannst, fällt es dir leichter, verzeihen zu können. In diesen Situationen kannst du dich selbst fragen, warum du eventuell zurückschlagen möchtest. Eine Provokation ist immer ein guter Spiegel für dich selbst.
Menschen, die um sich herum viel Leid angehäuft haben, sind immer auf der Suche nach Konfrontation. Sie kommen mit sich selbst nicht zurecht – missbrauchen andere als Mülleimer.
Es gibt immer mehrere Wege, die Tür zum Herzen eines anderen zu finden. Wenn dir das wichtiger erscheint als Aggression, dann verweile in deinen „positiven Schwingungen". Sei ein Licht in der Dunkelheit dieser Krankheit anderer Menschen.

Frage: Die zwischenmenschliche Konfrontation ist zum Alltagsleben geworden. Heißt das wiederum, alles sei bereits krank?

Zanko: Die Menschheit hat sich verloren in einem dummen, unbewussten Spiel. Zu Gunsten unbewusster Negativität ist bewusste Positivität auf der Strecke geblieben. Versucht, diese Armut nicht zu vermehren. Durch diesen einen Schritt der Erkenntnis können wir

Dummheit, Armut und Krankheit des Egos transformieren. Verwandelt einfach die blinde Dummheit in Bewusstheit. Es ist so einfach, ihr müsst nur SEHEN!

Bleib dir selbst treu

Viele von euch wissen, dass ich es liebe, euch hin und wieder ein wenig zu provozieren, um eurem Bewusstsein etwas auf die Sprünge zu helfen. Diese Herausforderungen nehmt ihr unterschiedlich an. Einige fragen nur, andere klagen, manche reagieren, viele versuchen zu folgen. Ich spiele euch pausenlos versteckte Bälle zu. Mein jetziges Spiel sollte für alle durchschaubar sein.
Einleitend ein paar Worte von mir über das Leben der Samurai. Die Philosophie des Geistes der Samurai ist für uns nur schwer verständlich. Der höchste Grad ihrer Ausbildung verläuft über eine Technik, genannt „Quin-Chi-Do".
In allen Samuraitechniken gibt es einen inneren und einen äußeren Weg, bzw. einen inneren und äußeren „Stil". Im Erlernen des äußeren wird der innere Stil entwickelt und umgekehrt. Den Gipfel des Erlernens eines „inneren Stils" stellt Quin-Chi-Do dar.
Der Höhepunkt der Kunst eines jeden dieser Samurai liegt im Kampf mit verbundenen Augen. Der Meister bestimmt, wann ein Samurai den äußeren Stil komplett „loslassen" sollte. Dort liegt das Geheimnis der weiteren Entwicklung im Sinne von Wachstum verborgen. Nur Einzelne haben diesen schweren Weg gehen können, wenige nur sind darin eingeweiht worden. Mit geschlossenen Augen werden neue Kräfte mobilisiert. Intuition, Disziplin und innere Moral nehmen fortan führende Positionen ein. Die Sinnesqualitäten werden feiner und schärfer.
Die meisten Samurai sind Kämpfer. Tausende schwingen Stöcke oder Schwerter, doch nur selten wird jemand in die höheren Künste der echten Samurai eingeweiht. Auf dem Weg der Kampfkunst findet auch eine geistige Entwicklung statt, doch dies ist der Weg der

Ehre – nur der äußere Samuraiweg. Verliert ein Kämpfer seine Ehre, bleibt ihm nur eines übrig: „Harakiri". Das versteht man allgemein unter dem Begriff des Samuraiweges. Ein jeder Samurai hat einen Kopf und seine Ehre. Im Kampf kann er den Kopf verlieren, doch hat er seine Ehre verloren, verliert er diesen ebenso.

Wenige Samurais sind eingeweiht auf einem Weg der „inneren Ehre". Dabei spielt der Kopf zwar auch eine Rolle, doch nicht mehr als Zeichen äußerer Ehre. Sie praktizieren eine spezielle Technik, die sie Stufe nach Stufe, Einweihung nach Einweihung, oft über viele Jahre erlernen, um ins Samadhi zu gelangen.

Die letzte Einweihung erfolgt, wenn der Samurai reif ist für diese und seinen Vertrauensmann für seine letzte Prüfung gefunden hat. Er bestimmt den Moment, in dem seine angesammelte Energie durch einen einzigen Schlag in sein Hara-Zentrum durch sein Schwert befreit wird. Dies erfolgt durch ein eigens dafür erlerntes Ritual. So wird die Energie aus seinem Wurzelchakra und seinem Hara-Zentrum nach oben geleitet.

Nach Gutdünken des Vertrauensmannes schlägt dieser ihm dann in einem ganz bestimmten Moment und wiederum nach ganz speziellen Ritualtechniken den Kopf ab. Auf diese Weise soll Kundalini wie eine Rakete in den Kosmos geschickt werden, um den Anschluss an die göttliche Quelle zu finden. Dieser Zustand wird im Allgemeinen als Samadhi bezeichnet.

Für unsere Ohren mag sich das schrecklich anhören, doch diese Geschichte ist ein sehr schönes Beispiel, um „unsere Uhren vergleichen zu können".

Viele fernöstliche Kriterien und Prinzipien erscheinen uns fremd. Sie harmonieren nicht mit unseren Vorstellungen. Der Weg der Treue zu seinen Gelübden ist hier unbekannt. Nicht nur, weil hier Ehre mit Gelübde verwechselt wird, sondern weil ein Wort hier nicht für die

Dauer eines ganzen Leben gilt. Ihren eigenen Versprechungen und Worten bleiben nur wenige treu. So vieles bleibt ungetan auf diesem Weg. Ständig verlaufen wir uns auf Irrwegen und verzetteln uns in Kleinigkeiten, statt uns selbst treu zu bleiben.

Jedes Versprechen sollte jedoch ein Gelübde sein. Ein Gelübde gebunden an ETWAS, das wir meistens verdrehen in ein Versprechen für NICHTS, weil es nie erfüllt wurde – nach dem Motto: „Was stört mich mein Geplapper von gestern."

Die Menschen leben untereinander im Zustand der Schande. Ohne Verantwortung bezüglich ihrer Treue, ihrer inneren Ehre oder des Schwurs, den sie geleistet haben. Ein anderer Weg scheint zu beschwerlich für den Menschen.

Es gibt nur einen Unterschied zwischen einem gewöhnlichen Menschen und einem Samurai; wir sagen: „Lasst mich in Ruhe!" – der Samurai begeht Harakiri. Dies mag uns dumm vorkommen, weil wir meistens an Äußerlichkeiten festkleben. Dahinter jedoch verbirgt sich eine tiefe Bedeutung hinsichtlich der Wert- und Moralvorstellungen eines Menschen.

Macht euch frei von Bewertungen. Versucht, das WESENTLICHE zu begreifen! Siebt jetzt nicht wieder alles durch euren Verstand, sondern versucht, den Unterschied zu erfühlen! Der Unterschied liegt nicht in den Worten, auch nicht in den Bildern eures Verstandes! Geht tiefer und spürt exakt die Trennlinie auf! Hier erst wird das Wesentliche erkannt – die Essenz liegt immer hinter den Bildern und zwischen den Worten.

Versucht, die Essenz bewusst zu erkennen! Ich möchte euer Bewusstsein schärfen, Erkenntnis erwecken. Ich verlange kein äußeres Harakiri von euch – doch ein inneres wünsche ich mir für euch!

Jetzt schlage ich vor, ein kleines Experiment zu machen. Versucht, euch selbst ein Samurai zu sein! Doch nicht durch das Schwert im

Bauch, sondern durch Selbsterkenntnis. Bleibt euch selbst treu! Unser Blickwinkel ist zu eingeengt und unflexibel. Selbsterkenntnis jedoch kann Engstirnigkeit zerstören. Durch Selbsterkenntnis kannst du dich befreien und ein echter spiritueller Samurai werden. Befreit euch, ihr habt nichts zu verlieren – nicht einmal euren Kopf!

Frage: Deine Worte haben mir sehr deutlich vor Augen geführt, auf welcher „Stufe der Bereitschaft" ich stehe. Weit entfernt bin ich vom Mut und dem Vertrauen der Samurais. Muss man für den Weg die Kraft aufbringen, sein eigenes Leben opfern zu können?

Zanko: Das ist nicht nötig. Die Selbsterkenntnis bezüglich deiner Bereitschaft genügt. Diese Erkenntnis führt dich weiter. Sie ist ein Sprung. Bleib einfach ungeschminkt und ehrlich auf deinen Weg. Eine tiefe Erkenntnis wird immer in deinen Ohren klingeln. Sie wird dich WACH halten.

Frage: Wenn wir dir folgen, so folgen wir einem leuchtendem Vorbild, einem Meister, der seinen eigenen Weg schon gegangen ist. Wie aber können die Samurais ihren Meistern folgen und Einweihungen entgegennehmen von Meistern, die diesen Weg nie bis „zum Ende" gegangen sind?

Zanko: Die Geschichte an sich war schon schwer genug für uns zu verstehen. Den Prozess wird man nie nachvollziehen können, solange man ihn nicht selbst durchläuft. Auf diesem Wege entsteht ein sehr enger, intimer Kontakt zwischen Meister und Schüler. Zwischen beiden ist das Vertrauen so tief und fest – es geht längst nicht mehr „nur" um das eigene Leben. Auf diesem Weg findet der Schüler das Urvertrauen zu sich und ein grenzenloses Vertrauen in die Existenz – ohne direkten Beweis. Der Weg des Vertrauens ist genau deshalb so schwer – nur wenige können ihn gehen. Es ist ein Weg mit verbundenen Augen, ohne Beweis – bis der eigene Kopf rollt – sehr, sehr schwer.

Lass die Zügel los

Ist euch auf dem Weg hierher etwas aufgefallen? Etwas abseits habe ich den Fluss des Wassers beobachten können. Der Schnee von gestern ist geschmolzen, viele schmale Rinnsale haben sich zu einem Bach zusammengefunden, viele Bäche zu einem Fluss. Jeder Tropfen bahnt sich seinen Weg. Habt ihr diesen Transformationsprozess der Natur hier um uns herum erkennen können? Ein Prozess, aus der Ewigkeit kommend, der wieder in die Ewigkeit münden wird, wie der Fluss ins Meer.

Unbewusst treten wir in Wasserlachen und schimpfen über nasses Schuhwerk. Mehr können wir nicht sehen. Alles, was passiert, geht an uns vorbei – uns interessieren nur die aufgeweichten Schuhe an unseren Füßen. Nur ein Teilprozess, der uns unmittelbar tangiert, ist wichtig und erkennbar für uns.

Die Ganzheit des Geschehens scheint von uns getrennt zu sein. Im Aufnehmen von Fragmenten zerhackt der Mensch den eigenen Lebensfluss und bleibt selbst nur ein Bruchstück in einem Puzzle. Er steht abseits der Möglichkeit des Erkennens der Einheit und noch weiter entfernt vom Erleben des Ganzen.

Vor kurzem sagte mir einer von euch, er habe es satt, als „Stück von Stücken" zu leben. Diese Aussage zeugt von einer tiefen Erkenntnis. Gleichsam einer inneren Offenbarung verspürte diese Person einen Mangel von und an Ganzheit. Jedem von euch wünsche ich diese Erfahrung und das Fazit, es endlich satt zu haben als „Fragment unter Fragmenten" leben zu müssen.

Warum nur besitzt der Mensch keinen Überblick über das Ganze? Warum kann er nur das erkennen, was ihm direkt vor Augen steht – ihn selbst berührt? Jeder von uns sollte sich die Frage stellen, aus

wie vielen Teilen sein eigenes Leben besteht. Wie viele Fragmente seiner selbst vermag der Mensch in sich selbst zu erkennen?
Sehr oft beobachte ich folgendes Phänomen: Jedes Individuum bricht sich selbst und das Geschehen um sich herum in Puzzlestücke, um sein eigenes Puzzle zurechtschneidern zu können. Nach eigenem Gutdünken entstehen immer kleinere Teilchen. Es wird solange geschustert, bis der Schuh zu passen scheint.
Doch warum blicken wir in einen zerbrochenen Spiegel, wo doch ein intakter dem Ganzen viel näher käme? Aus den zerbrochenen Teilstücken versuchen wir dann, wieder einen Spiegel zusammenzuflicken – doch das Spiegelbild wird immer verschoben, zerrissen und verzerrt sein.
Egal wie geschickt unser Handwerk auch verrichtet wird, die Spuren des Klebstoffs werden sichtbar bleiben. Das Ganze kann nie widergespiegelt werden. Die Linien der Teilung des Spiegels bleiben für immer und zeigen nach außen die Teilungsnähte des inneren ICHS. Analog der Anzahl der Bruchstücke unseres Spiegels ist die Anzahl der Fragmente in uns selbst. Doch jedes abgeschnittene Stück vom Ganzen ist zum Sterben verurteilt. Jeder abgetrennte Ast eines Stammes wird zu trockenem Holz. Aus abgehackten Ästen lässt sich niemals mehr ein Baum zimmern. Die Lebendigkeit ist gestorben – verloren gegangen – tot.
Das Mysterium des Lebens ist immer in der Einheit mit dem Ganzen zu finden. Jetzt könnt ihr verstehen, warum mir der Satz: „Ich bin es satt, als Stück von Stücken zu leben!", so gut gefällt. Diese Erkenntnis ist eine gute Basis auf der Suche nach Einheit. So ist der Mensch bereit, den ersten Schritt zu gehen.
Ein innerer Durst treibt dich an, deine Quelle zu finden. Du zeigst Bereitschaft auf dem Weg, das Ganze sehen zu wollen. Dieser erste Schritt ist wie ein erstes Frühlingszeichen. Diese innere Reife kann

dich zum Erblühen bringen. Die Qualität unseres Lebens und Erlebens ist sehr eng mit den inneren Prozessen in uns verbunden. Unsere Lebensqualität im spirituellen Sinn ist abhängig vom Bestreben, Anschluss zum Ganzen zu gewinnen. Äußere Lebensumstände können nur wenig über die Stufe der inneren Lebendigkeit aussagen. Ein gebrochener Ast bleibt ein gebrochener Ast – ob im Vorgarten einer Baracke oder im Schlosspark.

Das bewusste Suchen im Einklang mit unseren inneren Prozessen bringt uns auf dem Weg zur Ganzheit Schritt für Schritt voran. Im Streben nach Äußerlichkeiten kann nie Ganzheit erfahren werden. Das Resultat wird immer ein zerbrochener Spiegel sein. Äußere Werte kann man kurzzeitig besitzen – letztlich verbleiben nur die Zügel in der Hand des Reiters – das Pferd ist davongaloppiert.

Ein echter Besitz ist nur im Inneren zu finden – er ist unvergänglich, deshalb auch verborgen. Mit den Zügeln in der Hand lässt sich das Leben nicht umarmen, doch meistens zeigt sich lediglich ein Wechseln der Zügel – das alte, gut bekannte Schema. Lasst doch die Zügel los! Um etwas Neues entdecken zu können, müssen alte Gewohnheiten fallen gelassen werden.

Im Bestreben, alles unter Kontrolle halten zu wollen, beschneidet man sich selbst. Niemand kann das Leben kontrollieren und deshalb schneiden sich die meisten nur kleine Fetzen heraus. Damit aber schneidet sich der Mensch als Ast vom Baum ab – vollkommen unbewusst und unnötig.

Er sollte jedoch die alten Blätter abwerfen, damit an seinen Zweigen wieder frisches Grün zum Leben erwachen kann. Andernfalls wird er mit trockenem Laub, im Winter seiner Unzufriedenheit zum Sterben verurteilt sein. Der Zustand des Frühlingserwachens und der Sommerblüte werden so nie erreicht. Von der Herbsternte ganz zu schweigen. Doch versteht mich richtig, ihr könnt den Frühling nicht

„tun", er kommt von allein, wenn der Winter vorbei ist. Darum werft das veraltete Laub ab, damit der Frühling Einzug halten kann. Jegliche Unzufriedenheit resultiert aus abgeschnittenen Ästen. Je mehr frischem Grün du erlaubst, in dir zu sprießen, desto näher kommst du der Ewigkeit.
Die meisten Nachkommen im Tierreich erblicken das Licht dieser Welt im Frühjahr – erkenne diesen Prozess, öffne dich für den Frühling in dir. Je mehr du dem Frühling Zutritt gewährst, desto öfter wirst du erblühen, dich erneuern im Licht der Existenz.
Alle Lebensformen erfreuen sich am Frühling, doch nur der Mensch ist in der Lage, seine Flügel in Richtung Frühling zu dirigieren. Sein Wille und sein Bewusstsein können ihm die Kraft verleihen, den inneren Frühling dauerhaft festhalten zu können. Dieser ist uns bereits gegeben, doch unsere Unbewusstheit darüber lässt uns im kalten Winter sterben.
Dabei brauchen wir gar nicht viel zu tun. Die Erlaubnis, den Frühling gewähren zu lassen, genügt. Alle Prozesse der Erneuerung laufen dann von selbst. Anstatt an den Zügeln der Äußerlichkeiten festzuhalten, wäre es besser, die Zügel im Inneren loszulassen. Im Versuch, das Leben zügeln zu wollen, sind viele Generationen vor uns schon gescheitert.
Was wurde so erreicht, welches Erbe wurde uns hinterlassen? Was werden wir unseren Kindern hinterlassen? Eine innere und äußere Eiszeit. Die Zügel unserer Generationen werden immer straffer, die Kinder werden schon stranguliert geboren. Die Luft zum Atmen wird immer dünner. Gedeihen und Erblühen in den Fesseln unserer Zügel ist nicht möglich.
Schaut euch selbst an und fragt euch, ob ihr blüht oder auf dem Weg des Verwelkens seid. Jeder sollte sich diese Frage stellen und tief in sich gehen. Wie viele Blütenblätter könnt ihr in euch zählen? Könnt

ihr jetzt verstehen, warum der tausendblättrige Lotus ein Sinnbild für das Erwachen ist? Könnt ihr die tiefe Bedeutung hinter diesem Symbol entdecken? Hinter jedem einzelnen Blütenblatt steckt das Mysterium des Lebens, ein ganzes Universum.
Noch nie hat eine Generation jedoch der nächsten einen Lotus hinterlassen. Immer nur ihre Müllhalden. Die Botschaft der Neuzeit ist ein Aufruf, ein neues Bewusstsein aufzubauen! Die Zügel und auch die Pferde müssen gewechselt werden. Auf den alten Müllkippen wird dann der Frühling wieder einziehen können. Die Eiszeit der Herzen muss schmelzen im Licht der Bewusstheit.
Auf dem bisher eingeschlagenen Weg ist unser Untergang noch früher als bei älteren Kulturen zu erwarten. Jede neue Generation ist in den Lügen der vorherigen erzogen worden und muss die Zeche der verrosteten Zügel ihrer Väter bezahlen. In diesen verkrusteten Strukturen erstarrt jede Gesellschaft im menschlichen Abfall. Hinter dem Streben nach Äußerlichkeiten, in der Entwicklung auch Fortschritt genannt, verbirgt sich ein riesengroßer Frust. Es ist der Kompensationsversuch einer unendlichen inneren Leere – ein Aufschrei erkalteter Herzen, die im langen Winter erfroren sind.
Solange ihr nicht selbst erkennt, nur ein abgeschlagener Ast zu sein, solange ihr nicht aufschreit und bekundet: „Ich habe keine Lust mehr, als Stück von Stücken zu leben!", solange werdet ihr tief weiter unter dem Eis schlafen. Die Eisschicht wird von Generation zu Generation dicker und die frische Luft des Frühlings immer dünner. Je größer die Lügen, desto schwerer wird es, diese wieder loszulassen – auch wenn sie schon zum Himmel stinken!
Hat jemand von euch schon einmal gesehen, wie schwer sich ein Hengst reiten lässt? Er würde lieber sterben, als „am Stück" leben zu müssen – seine Freiheit aufzugeben. So wird er kastriert, sein Wille gebrochen, um gefügig des Menschen Zügel zu folgen.

Jede Generation wird schon kastriert in die bestehende hineingeboren. Es gibt keinen Platz für Freiheit – zu schwer wäre sie zu kontrollieren. Die alte Generation hält ihre Müllkippen fest gezügelt in der Hand, aus Angst, der neuen nichts geben zu können, wenn sie die Zügel lockern würde. Das Fazit dieses Niveaus von Bewusstheit ist ein Ansteigen der Müllberge – ein Leben, bestehend aus Abfallstückchen.
Geistige Fesseln sind eine der schlimmsten Zügel, da immer gut getarnt und legitimiert. Auch ein goldener Strick bleibt eine Fessel. Ein Strick zum Aufhängen – Stück für Stück. Doch vor dem Untergang des Geistes sind Herz und Seele schon fast verhungert – sie können nur aus der Ganzheit Nahrung beziehen.
Die meisten Geschenke, die wir uns gegenseitig machen, bestehen aus Zügeln, schön verpackt in rosarotem Geschenkpapier. Selbstverständlich haben wir gelernt, uns in gebührender Ehre dafür zu bedanken. Das größte Geschenk kannst du dir jedoch nur selbst machen. Befreie dich aus allen Zügeln, um bereit zu sein, dem Frühling zu begegnen. Befreie dich selbst aus dem Leben als „Stück vom Stück". Das Leben lässt sich weder absichern noch kontrollieren. Nur in Freiheit geschieht Leben, nur in Unabhängigkeit kann es erfahren werden. Du bist der Schnee, das Wasser und der Tropfen zugleich.

Frage: Du hast nur über den Winter und den Frühling gesprochen. Haben nicht alle Jahreszeiten ihre Berechtigung und ihre eigene Schönheit?

Zanko: Selbstverständlich und du sollst alle erleben, nicht nur einmal, sondern mehrmals. Doch der erste Sprung ist der vom Winter in den Frühling, sonst durchläufst du gar nichts und wirst weiterschlafen in den kalten Winternächten – gut zugedeckt unter deinen

Zügeln. Erst nach diesem Sprung läuft alles von allein. Dieser Prozess muss bewusst in Gang gesetzt werden. Die Träume des Winters sind lang und tief. Erwachen in Kälte ist nicht möglich. Nur Bewusstheit befreit dich aus dem Eis des Tiefschlafs.

Frage: Es wird behauptet, der Mensch fühle sich nur in Stereotypen wohl. Die Wiederkehr des Bekannten gäbe ihm die notwendige Sicherheit und Ruhe. Stereotype Muster und Rahmen bewirken bedingte Reflexe. Wie können wir diesen Zügeln entkommen? Ist die Gewohnheit nicht schon zu tief in uns verankert? Wie kann man einen Wallach wieder in einen Hengst verwandeln?

Zanko: Ein abgemachter Rahmen gilt nur für eine Gruppe von Menschen, die diese Vereinbarung getroffen haben. Du musst über groteske Gewohnheiten springen können, sonst ist dein Leben von vornherein eine vereinbarte Sache. In der Matrix geboren – für die Matrix programmiert. Wenn dir das genügt, spielst du weiter mit, wenn nicht, löst du dich aus den Zügeln und lässt dich nicht weiter reiten. Du hast sodann den Sprung über das Pferd vollbracht. Die Frage des Geschlechts stellt sich danach nicht mehr.

Frage: Nach alten Überlieferungen haben frühere Kulturen in einer „vollkommenen Jahreszeit", ihres Karmas bewusst, in Eintracht und Harmonie mit allen göttlichen Prinzipien, gelebt. Dies sei das Paradies auf Erden gewesen. Ein Leben ohne Schmerz und Ungerechtigkeit. Ist es möglich, diese goldene Epoche wieder einzuleiten? Sozusagen eine erleuchtete Gesellschaft?

Zanko: Solange der Mensch in Ungerechtigkeit zu sich selbst, seinen Mitmenschen und seiner Umwelt lebt, wird er immer begleitet sein von Unglück, Leid und Schmerz. Diese Phänomene sind Katalysatoren eines Transformationsprozesses, die als solche von der Menschheit bewusst erkannt werden müssen. Alle menschlichen Katastrophen sowie auch Naturkatastrophen sollten eine Glocke für unser Bewusstsein darstellen. Diese Anzeichen müssen mit dem Einleiten einer neuen Zeit beantwortet werden. Das Alte muss für Neues Platz machen.

Katharsisphänomene sind immer ein Wecker für den menschlichen Tiefschlaf. Unsere Jahrtausende alten Schemata müssen verlassen werden, sonst geht die Menschheit unter – ihrer eigenen Apokalypse entgegen. Darum bat ich euch, einen Rückblick in die Vergangenheit zu wagen. Ihr könnt das Schema vergangener Generationen leichter durchschauen als das eigene. Neuland kann nicht betreten werden im Schlepptau verkrusteter Strukturen.

Eine neue goldene Epoche ist somit nicht unmöglich, doch wir müssen uns vorbereiten und sie als solche erkennen und einläuten. Dazu scheint die Menschheit noch nicht reif genug. Die Glocke hat schon mehrmals geschlagen – doch die Gesellschaft hat bisher immer verschlafen. Besonders tief schläft der Mensch, der beim Hören des Weckers den Stecker zieht!

Jeder von euch hat in jedem Augenblick die freie Wahl. Zumindest kann jeder Einzelne die goldene Ära Gottes betreten, wenn auch der Rest der Menschheit weiterschlafen möchte. Doch wenn ihr euch entschieden habt, müsst ihr so stark sein, ohne Zügel laufen zu können – ohne Vergangenheit.

Etwas über Sex

Zanko: Gibt es etwas Neues? Etwas, über das ihr gern sprechen möchtet? ...Schweigen? Warum bestimmt ihr nicht einfach unser heutiges Thema? Ich warte... Nichts?

Antwort: Ich weiß, dass uns alle immer ein Thema besonders interessiert. Es geht uns alle an.

Zanko: Und das wäre?

Antwort: Ja, was wohl – der Sex!

Zanko: Interessiert das Thema alle? – Oder nur dich? (Schweigen). Nun gut, ich denke, dann ist es wohl für alle brennend interessant. Sowieso denken immer alle nur an das Eine. Was wollt ihr denn wissen?

Frage: Na, ja – was hältst du davon?

Zanko: Wovon?

Antwort: Vom Sex!

Zanko: Was ist das?

Antwort: Das wollte ich ja gerade von dir wissen.

Zanko: Du wolltest mit mir darüber sprechen, dann musst du doch wissen, was du darunter verstehst.

Frage: Also, ich weiß schon, was ich darunter verstehe, doch was verstehst du darunter?

Zanko: Wahrscheinlich genau das, was du auch darunter verstehst.

Frage: Und was verstehe ich darunter?

Zanko: Das, was du nicht sagen willst.

Antwort: Erkläre mir das bitte.

Zanko: Der Sex ist ein natürliches Phänomen, auch in der Natur – nicht nur beim Menschen. Im Vergleich zu anderen Lebensformen ist der Trieb beim Menschen jedoch stärker.
Auf der einen Seite ist dieser Trieb so notwendig und natürlich wie das Bedürfnis nach Atmen, Essen oder Schlaf. Auf der anderen Seite gibt es jedoch eine ungefähr vierzehnjährige Latenzzeit bis zur Ausbildung der geschlechtlichen Reife.
Der Geschlechtstrieb ist einerseits zwar natürlich, doch andererseits für den Menschen in der Pubertät neu. Dies macht ein Erlernen des Umganges mit dieser Energie erforderlich. In der Gesellschaft wird das Thema jedoch tabuisiert – totgeschwiegen und verboten oder ohne Erklärung so freizügig behandelt, dass es in die Perversion abrutscht. Einen natürlichen Umgang mit diesem selbstverständlichen Thema hat der Mensch nie gelernt.

Frage: Meinst du, wir seien nicht reif dafür?

Zanko: Ihr seid schon geschlechtsreif, das bezweifle ich nicht. Doch eine andere Reife ist vonnöten, um die tiefe Bedeutung des Sex verstehen zu können – jenseits der Arterhaltung. Der gewöhnliche Mensch versucht, im Sex Zuflucht zu finden, um sich von seinen Energien zu befreien.
Die ganze Menschheit spielt verrückt, weil die Kenntnis über den Umgang mit dieser Energie fehlt. Die ganze menschliche Geschichte ist Zeugnis einer verrückten Sexparty – mit oder ohne Gefühl.

Frage: Du meinst, wir seien nur hormongesteuert?

Zanko: Kannst du etwas anderes sehen?

Antwort: Na ja, ich denke, da gibt es auch noch andere Seiten.

Zanko: An was denkst du da?

Antwort: Na ja, an Liebe, Herz und so weiter.

Zanko: Und die Liebe und das Herz sind nicht hormongesteuert beim Menschen?

Antwort: Na ja, zumindest verstandesgesteuert.

Zanko: Schon besser, denn das macht keinen großen Unterschied. Die Liebe und das Herz haben nämlich nichts mit dem Sex zu tun – auch wenn sie durch diesen zum Ausdruck gebracht werden können. Doch was bringt denn der Mensch für gewöhnlich im Sex zum Ausdruck? Liebe und Herz – oder Lust nach Befriedigung?

Frage: Ich bin nicht der gewöhnliche Mensch, woher soll ich das wissen?

Zanko: Ich liebe provozierende Antworten! Deshalb wiederhole ich meine Frage: „WAS bringt der Mensch für gewöhnlich im Sex zum Ausdruck?" Gibt es noch mehr Antworten jenseits der gewöhnlichen oder ungewöhnlichen Menschen?

Antwort: Seine Lust und sein Bedürfnis nach Entladung und Bestätigung. Hab ich Recht?

Zanko: Schon ehrlicher. Damit will ich jedoch niemandem auf den Schlips treten. Es gibt auch gute, tiefe Beziehungen, in denen die

Liebe und der Sex ein harmonisches Fließgleichgewicht darstellen. Normalerweise versucht der Mensch jedoch, über den Sex sein Ego zu bestätigen. Er möchte beweisen, dass er ein „toller Hecht" ist – wie gut er ist, wie lang er ist, wie dick er ist und wie lange er kann. Der Verstand, besonders auf dem heutigen Markt der Sexperversion, zieht dieses Bedürfnis nach sich.

Jeder benutzt das Bett, um sich selbst etwas beweisen zu wollen und benutzt leider auch seinen Partner dafür. Über den Flüssigkeitsaustausch hinaus herrscht dann Totenstille – Operation erfolgreich, Patient tot. Der Mensch versucht in diesem Ausbeutungsprozess über seinen Trieb zu herrschen. Jeder auf seine Art und Weise, doch viel wird dabei nicht ausgetauscht, vom Geben ganz zu schweigen.

Wie kann man seinen Trieb beherrschen, wenn man zum Sklaven desselben geworden ist? Das Egospiel geht unter der Bettdecke weiter – wenn auch hier meistens nackt, im wahrsten Sinne des Wortes und doppeldeutig gemeint. Nackt, denn genauso steht der Mensch vor Gott – als Diener seiner Sexualität – auch wenn er sich manchmal gut „bedienen" lässt.

Im Rollentausch kommt nur dasselbe zum Vorschein. Gepolt oder umgepolt, dahinter versteckt sich ein gegenseitiges Spiel, im Wettbewerb eines Anheizens des Lustgewinnes über die Befriedigung bestimmter „Formen" und Erwartungen. Ein Wettbewerb der Eitelkeiten zwischen Mann und Frau. Dort ist der Sex zum Hauptakteur geworden. Er ist Trieb und Ziel zugleich. Dazwischen ein fragwürdiger Egogewinn über kurzfristige Befriedigung.

Hinterher sollte ein einigermaßen intelligenter Mensch seine Dienerrolle erkennen können. Wie steht er denn danach meistens da? Entleert – leer – und doof!

Frage: Sprichst du hier nur von Männern, oder sollten wir Frauen uns auch erkennen können?

Zanko: Wenn die Frau Glück hat, schafft sie es auch bis zur Entleerung, trotz ihres Potenzials zum Erleben von Multiorgasmen. Doch meistens ist der Zug schon abgefahren. (Lachen)
Ach, ihr erkennt euch wieder? Warum wart ihr denn am Anfang so stumm? Von was sprechen wir denn hier? Von „Lieschen Müller" oder Viagra?

Antwort: Ich glaube, wir haben irgendwie noch viel zu lernen. Auch in dieser Sache haben wir wohl bis jetzt geschlafen.

Zanko: Ja, und das Schnarchen konnten die Nachbarn deutlich hören. Der Mensch hat sich selbst die beste Schlaftablette verpasst – bis zur nächsten Triebwelle und dem darauf folgenden Traum. In diesem Rad kannst du dich solange drehen, wie der Trieb in dir besteht – solange du Potenzial und Potenz hast. Doch der Level der Energieverschwendung wird nie übersprungen.
Ob mit oder ohne Genuss, der Fleck auf der Bettdecke ist Zeugnis von Unwissenheit und Verschwendung. Ein Tanz im Kreis, ohne Sprung auf eine höhere Stufe, bleibt ein Eiertanz. Für ein paar Sekunden niederer Freude wird das ganze Potenzial verschwendet – einfach verspritzt. Auf der Stufe der Triebbefriedigung bleibst du in diesem Vergnügungsspielchen gefangen.

Frage: Hast du denn einen Vorschlag, wie wir es besser machen könnten?

Zanko: Du meinst, so „richtig gut"? Die Sexualenergie kann dir so viele Türen öffnen! Wir müssen intelligenter damit umgehen und eine kenntnisreichere Einstellung gewinnen. Diese Energie kann wunderbar transformiert werden. Du kannst sie wirklich sinnvoll einsetzen.

Antwort: So, wie sie normalerweise benutzt wird, hat sie keinen Sinn? Es macht doch Spaß.

Zanko: Solange du damit zufrieden bist – gut. Doch wie dumm ist es, sich so viel Mühe zu machen für ein paar Sekunden „Highlight". Der Sex ist gut, doch auch er ist nur ein Sprungbrett für Höheres – ein natürlicher Ruf zur Verschmelzung – nicht nur von Ei- und Samenzelle. Ich spreche von einer Verschmelzung ohne Ziel und ohne Ende. Ohne Abhängigkeit, ohne Triebbefriedigung und ohne Ausnutzung. Eine solche Vereinigung steht weit über dem gewöhnlichen Sex. Der Sexualtrieb ist völlig in Ordnung, doch das Ende des Aktes ist beschämend. Diese Energie kann euch in den Himmel emporheben, doch meistens endet sie nur im Schnarchen.

Frage: Wo sollen wir anfangen? Hier gibt es so viele Lücken. In der Erziehung, in der Kultur, in den Praktiken und Kenntnissen und auch im Umgang mit dem Sex. Wo sollen wir denn wirklich anfangen, unsere Energien sinnvoll einzusetzen?

Zanko: Unter der Bettdecke, wo denn sonst? (Lachen)

Antwort: Da ist niemand.

Zanko: Dann hilf dir selbst!

Antwort: Ich bin doch nicht…

Zanko: Was bist du nicht?

Antwort: Na, nur auf Sex aus.

Zanko: Dann hör auf, immer nur daran zu denken.

Frage: Ich soll meinen Trieb nur beobachten, meinst du das?

Zanko: So wirst du zumindest dein Schema erkennen können. Dieser Trieb ist künstlich schematisiert worden. Die meisten laufen in Modellvorstellungen – auf einer bestimmten Schiene wird der Trieb zum Ausdruck gebracht. Befreie dich von dieser Sklaverei. Beobachte, werde intuitiv und finde neue Wege.

Frage: Du meinst Tantra?

Zanko: Ich meine das, was ich gesagt habe. Es gibt keine vorgefertigte Schiene. Ich gebe keine Schablonen aus. Für den einen ist Sex bis zum Umfallen notwendig, für den anderen wäre vielleicht ein Kloster angebracht. Wieder ein anderer mag es mit Tantra versuchen. Ich lasse mich nicht festnageln.
Der Sexakt ohne Liebe bleibt aber nur Sex, nicht mehr und nicht weniger. Animalisch oder als Technik benutzt, auf jeden Fall bleibt er so eine Krücke. Der pure Sex ist eine gegenseitige Selbstbefriedigung. Ohne Liebe kann auch Verschmelzung nicht erreicht werden. Es fehlt einfach etwas – doch dieses „Etwas" ist sehr bedeutsam und entscheidend. Jeder Weg ist individuell, doch immer solltest du versuchen, dich selbst zu erkennen. Die Erkenntnis gibt dir direkt die Antwort, die du jetzt von mir verlangst. Der Sex ist eine der besten Bühnen für Selbsterkenntnis.

Frage: Nach dem Motto: „Sage mir, mit wem du schläfst und ich sage dir, wer du bist?"

Zanko: Nein: „Sage mir, WIE tief du schläfst und ich sage dir, dass du aufwachen musst." (Lachen)
Dieses Lachen musst du nicht persönlich nehmen. Jeder lacht hier

über sich selbst! Doch ich wiederhole zum Wachwerden gern noch einmal die Essenz unserer Diskussion: Der Sex ist ein Weckruf für die Verschmelzung!
Jeder kann „beim nächsten Mal" so „tief" gehen, wie er meint, verstanden zu haben! (Lachen)

Zanko: Warum lacht ihr?

Antwort: Weil wir dies jetzt sofort ausprobieren werden.

Zanko: Na, dann brauche ich mir für heute keine Meditation für euch mehr zu überlegen.

Feuer

Der Planet Erde, auf dem wir jetzt leben, ist noch verhältnismäßig jung, auch wenn es unserem geringen Wissen zufolge erscheinen mag, als stamme er aus nicht erinnerbaren Zeiten. Heute möchte ich mich mit euch über etwas unterhalten, das älter ist als die Welt. Ich meine das Feuer.

Ungefähr zweitausend Jahre vor Christus bis zu Christi Geburt lebte die Menschheit in der so genannten Feuerära unter dem Sternzeichen des Widders. Die Propheten dieser Zeit hießen Zarathustra, Laotse, Sokrates und Buddha, um nur einige von ihnen zu nennen. In dieser Zeit wurde die Feuertaufe benutzt.

Feuer ist die Urquelle, welche diesen Himmelskörper erschuf. Dieses Feuer existiert in seinen verschiedenen Erscheinungsformen noch immer hier und es wird, solange der Planet lebt – solange er es in seinem Schoß trägt, weiterbestehen. Das ist eines von vielen Geheimnissen, die hier als Leben in Erscheinung treten. Es trägt es in sich selbst verborgen. Dieses Feuer brennt in jedem von uns, es ist Teil der Ewigkeit in unserem Inneren.

Wir versuchen, so viele Geheimnisse aus der äußeren Erscheinungsform zu erfahren. Für die wichtigsten aber kommt vielen nicht einmal der Gedanke an ihre Existenz. Der Mensch wagt kaum, daran zu denken, dass er ein Teil des Mysteriums selbst sein könnte. Was ist Feuer eigentlich? Worin liegt seine Bestimmung? Warum ist es uns gegeben? Hmm...? Wir sind Kinder des Feuers – eine Verbindung von Feuer und Wasser.

Wie ihr wisst, besteht unser Organismus zu über achtzig Prozent aus Wasser. Was aber nur wenige wissen, ist, dass die Grundlage dieser Magie, die sich Leben nennt, das Feuer darstellt. Alles was sich hier

manifestieren konnte, auch unser Planet selbst, ist eine Frucht des Feuers. Wir sind eins mit dieser Erde, jeder von uns ist ein winziger Teil von ihr. Wir sind hier, wir werden hunderte Male hier wiedergeboren, nur, um uns dieser Einheit bewusst zu werden und sie erfahren zu können.
Worin liegt das Geheimnis des Feuers – was bildet die Grundlage seines verborgenen Aspektes? – Es ist der schnelle Weg der Transformation! Alle Prozesse, die sich in den Tiefen der Erde vollziehen, dauern Millionen von Jahren an – das ist der langsame Weg. Der schnelle Weg aber ist begleitet vom inneren Feuer des Menschen selbst.
Das Feuer wird nur in die Hände derjenigen gelegt, die zur Transformation bereit sind. Deshalb sind jahrtausendelang die Feuer erschaffenden Technologien verborgen geblieben. Versteckt – aber für wen? Nur für diesen Teil der Menschen, der noch nicht bereit gewesen ist. In gewisser Hinsicht habe ich das Risiko auf mich genommen, euch ein Fünkchen des Feuers in euerem Inneren zu geben.
Von allen Elementen besitzt das Feuer die wildeste und unkontrollierbarste Energie. Alle anderen Elemente hat der Mensch schon allzu sehr befleckt und verschmutzt. Jetzt beginnt die Menschheit jedoch auch, mit dem Feuer zu spielen. Dies könnte ein sehr gefährliches Spiel werden. Auf jeder Packung Streichhölzer steht geschrieben: „Kinder sollten nicht mit Feuer spielen!"
Die bedeutendste Transformation aller Wesen und einer jeden Manifestation von Bewusstsein geht durch das Feuer. Das Feuer hat die merkwürdige Eigenschaft, alles Unnötige zu verbrennen. Für das menschliche Bewusstsein ist dies unerlässlich. Nicht zufällig nutzen alle Religionen und spirituellen Technologien dieser Welt das Feuer – direkt oder symbolisch. In allen Kultreligionen wird ein Feuergott verehrt. Es gibt ein Feuersutra, ein Feuermudra, einen Tanz des Feuers – einen Feuertanz.

Vielfältig sind die Wunder dieser Welt und das Feuer ist eines der größten. Nicht geringer ist das Wunder, dass uns Zutritt zu ihm gewährt wurde.
Wisst ihr, wie lange das jüdische Volk durch die Wüste gezogen ist? Unter sich ständig ändernden Bedingungen, in einer sich permanent verändernden Umwelt. Vierzig Jahre!
Vierzig Jahre, in denen jeder neue Tag mit neuen Prüfungen und Herausforderungen aufwartete, nur damit alles Alte vergessen werden konnte, damit das Unnötige, was zurückgelassen werden musste, verbrennen konnte. Hiermit wurden die Voraussetzungen für ein neues Bewusstsein geschaffen! Drei Generationen haben sich nacheinander gefragt, warum sie solchen Qualen – solchen Prüfungen ausgesetzt wurden. Viele Propheten haben sie begleitet, damit dieses konservative menschliche Bewusstsein auf etwas Neues vorbereitet werden konnte...
In jeder Legende liegt eine Art Schatz verborgen. Je tiefer du in sie vordringen kannst, desto mehr Juwelen wirst du in ihr entdecken. Lasst es zu, dass die Legenden für euch zum Leben erwachen. Falls ihr ihnen in kindlicher Reinheit zu begegnen vermögt, werden sie euch viele Geheimnisse offenbaren und euch viele Türen öffnen...
Der Pragmatismus unserer Lebensgestaltung hat das menschliche Bewusstsein leider verdorben. Erschließt die Reinheit, die jeder von euch in sich trägt! Wenn dies passiert, erblüht Glaube, der Glaube an seine eigenen Empfindungen. Der Mensch muss lediglich die Reinheit seiner kindlichen Seele entdecken. Ihr seid mit dieser Reinheit geboren – keiner kann sie euch nehmen!
Das Erleben selbst ist jener unglaubliche Lehrer in eurem Inneren. Lernt, von ihm zu lernen. Die Wahrheit liegt in euch! Auch das Feuer tragen wir verborgen, es wartet, um aufzulodern. Wie entstehen Brände in der Natur? Wenn die Voraussetzungen dafür gegeben sind,

wenn während der Sommerhitze die Bedingungen dafür geschaffen wurden. So verhält es sich auch mit dem menschlichen Bewusstsein. Einmal in mehreren hundert Leben flammt das Feuer von allein auf. Wir können es aber auch selbst entfachen. Dabei möchte ich euch zur Seite stehen, dies ist eine meiner Aufgaben hier.
Seht ihr, wie wichtig unser bewusstes Streben nach dem Feuer ist? Es wird in jedem von euch erscheinen und wartet nur darauf, dass ihr die Türen öffnet, um Einheit mit der Ganzheit erfahren zu können.
Ihr wollt SAMADHI – bitte sehr! Ihr wollt Nirvana – na gut, dann kommt! Die Welt des Nirvana erwartet jeden. Jeder wird ankommen. Ob über den langen oder den kurzen Weg – bestimmt jeder für sich selbst. Von euch hängt es ab, WANN.

Frage: Mir kommt eine paradoxe Frage in den Sinn...
(Ein Blitz schlägt draußen im Hof ein)

Zanko: Das Feuer kommt. Es kommt gleich herein.
(Holt mit der Hand aus und zeigt auf den Boden, im selben Augenblick schlägt ein zweiter Blitz mit gewaltigem Donner ein.)

Zanko: Es kommt immer näher.

Antwort: Es scheint, die Fragen werden von anderen gestellt...

Zanko: Dann lasst uns die Antworten abwarten.
(Ein heftiger Platzregen setzt ein.)

Zanko: Seht ihr – Feuer und Wasser wirken gleichzeitig. Wie lautet nun deine paradoxe Frage?

Über Formen und Formlosigkeit

Wir leben in einer Welt der Formen. Obwohl wir uns in diesem Raum von Formen mehr oder weniger gut eingerichtet haben, kommt irgendwann ein Zeitpunkt, in dem uns dieser zu eng wird. Nicht nur der Raum als Form selbst, sondern auch die darin vorhandenen Formen fangen an, uns einzugrenzen, uns regelrecht zu behindern. Dieser Moment kommt immer – muss kommen – er ist Ausdruck von Wachstum.

Wir selbst stellen eine Form dar, doch oft haben wir das absurde Gefühl, dass gerade diese uns einengt! Nicht nur die eigene, sondern Form als solche. Form trägt sehr viel Information, doch sie existiert nur auf dieser Ebene des Lebens, einschließlich dessen, was ausschließt, in Form geschehen zu können, nämlich so genannte „Formen von Beziehungen".

Bis zu einem gewissen Zeitpunkt in der Entwicklung unserer Kreativität können uns Vorlagen nützlich sein, doch es kann keine Form für Beziehungen, für Gefühle oder Empfindungen geben, auch wenn die Menschheit, eingeschränkt durch die Form des Verstandes, auf dem besten Wege dahin ist, auch dafür Schablonen entwickeln zu wollen. Unbestreitbar ist, dass die Welt, in der wir leben, nicht ohne Formen auskommt. Unser Bewusstsein formatieren und einengen zu wollen, wäre jedoch das größte Verbrechen, das wir uns antun könnten. Wir alle durchlaufen die Welt der Formen, doch ob wir darin verweilen oder fortschreiten in unserem Entwicklungsprozess, hängt ganz von uns selbst ab – von jedem Einzelnen.

Die Welt der festen Strukturen bietet viele Möglichkeiten – im gewissen Sinne ist sie sogar grenzenlos. Was das Erschaffen neuer Formen betrifft, ist sie auf diesem Niveau grenzenlos, doch bezüglich höherer

Ebenen gerade wegen dieser Einengung von und in Form, sehr begrenzt. Die Eingrenzungen und Beschränkungen in der Formenwelt, so wie wir sie kennen und zu erkennen in der Lage sind, liegen in deren Dreidimensionalität begründet.

Genau diese Dreidimensionalität hindert uns, in die vierte Dimension einzutreten. Um zum vierten Stock zu gelangen, muss man den dritten durchschreiten. Das heißt, wir müssen unsere Art von Bewusstsein aus der dreidimensionalen Form des Verstandes befreien, um unser Denken und Empfinden in die Weite des formlosen Raumes entlassen zu können. Sind unsere Formen auch noch so schön, sie bleiben im Entwicklungsprozess auf dem Niveau eines Käfigs für die Vogelwelt.

Es gibt viele Merkmale, welche die Wachheit unseres Bewusstseins erkennen lassen. Eines davon ist, dass ein bewusster Mensch aus der Ebene des dreidimensionalen Erlebens, der dreidimensionalen Wahrnehmung und dem linearen Denken heraustreten kann.

Jeder von euch kennt Sagen, Legenden, Erzählungen und Mythen. Hinsichtlich der Wahrnehmung kann der Unterschied zweier Menschen, die ein und denselben Mythos hören, kolossal sein. Für denjenigen, der glaubt, im Sinne einer tieferen Erkenntnis, wird die Legende augenblicklich zur Wahrheit. Einzig die lebende Legende in euch kann euch auf Flügeln tragen. Für denjenigen, der nicht glaubt, bringt sie nichts weiter als Zweifel und Qualen. So wird das brennende Feuer des Mythos zu Asche und zugleich mit deren Wahrheit äschert er auch sich selbst ein. Ein uns allen bekannter Weiser hat deshalb nicht umsonst gesagt: „Glaube und du wirst erfahren."

Wunder sind allgegenwärtig. Sie sind so nah, dass wir sie nicht sehen können. Ihr sucht sie irgendwo in der Ferne, dabei sind sie HIER. Das Leben an sich stellt das größte Wunder dar. Ihm entspringen alle anderen. Der Mensch jedoch ist zu klein und seine Möglichkeiten

der Wahrnehmung sehr begrenzt, deshalb erscheinen ihm Wunder zu groß und unerreichbar.
Vielleicht kennt ihr die Legende vom „Lebendigen Wasser”, das niemals eine Form fand, worin es hätte fließen können, da Form und Lebendigkeit sich ausschließen. Ist nicht ein jedes Wasser lebendig? Es ist etwas scheinbar so Einfaches – eigentlich nur zwei Elemente – doch erschaffen können wir es nicht. Keinem einzigen Labor auf dieser Welt ist es gelungen, „Lebendiges Wasser” – Leben zu kreieren. Könnt ihr das Wunder erkennen?
Leben lässt sich nicht erschaffen, weder mit Verstand noch mit Händen, auch wenn wir die Elemente kennen. Wir sind unfähig, Leben zu erschaffen, da Lebendigkeit an sich nicht in Formen geschieht. Die Macht über den Lebensfunken – den Hauch Gottes – liegt nicht in unseren Händen. Dennoch achten wir das Leben in allen seinen Formen so wenig – einschließlich unseres eigenen. Fortwährend zeigen wir unsere Respektlosigkeit dem Leben gegenüber!
Es wird behauptet, die Welt sei aus vier Elementen erschaffen worden. Feuer, Wasser, Luft und Erde – und einem fünften, welches alles verbindet. Keines dieser Elemente besitzt eine bestimmte Form. Die Welt wiederum wird in vier Richtungen eingeteilt und einen Punkt, der sie verbindet.
Gehen wir etwas weiter, erkennen wir, dass sowohl die Elemente als auch die Richtungen ein gemeinsames Zentrum, einen gemeinsamen Sammelpunkt und einen gemeinsamen Bezugspunkt besitzen. Alles ist untereinander verwoben.
So enthält zum Beispiel der Tierkreis ebenfalls vier Richtungen, beziehungsweise Gruppen, jeweils bestehend aus drei Symbolen. Die Gruppen entsprechen den vier Elementen, die Symbole den jeweiligen Temperamenten. Die schönste Form, in der dieses Wissen zum Ausdruck kommt, ist wohl das Gemälde von Leonardo da Vinci mit

dem Titel „Das Heilige Abendmahl". Entsprechend den zwölf Temperamenten symbolisieren zwölf Jünger die zwölf Symbole des Tierkreises, zusammengehalten vom fünften Element, dem göttlichen, was in Jesus Christus selbst zum Ausdruck kommt – der göttlichen Liebe, welche alles verbindet.

Für unseren formatierten Verstand ist es sehr schwer, die Form zu verlassen. Die einfachste Möglichkeit ist der Weg des Lebendigen Wassers. Wir leben in der Durchgangsphase zur Ära des Wassermanns – die heißeste Zeit für Umwälzungen und Dynamik – was für eine Provokation! Der Übergang vom Wasser zur Luft.

Die Verkündigung des Anfangs der Ära der Fische, ist mit der Proklamation von Johannes dem Täufer geschehen. Die Phase einer zweitausend Jahre währenden Wasserära hatte begonnen. Einer Einweihung folgend, begann er im Ritual der Taufe dem Menschen das „Heilige Wasser" zu reichen als Symbol der Vereinigung des Menschen mit diesem Element.

Für die Entwicklung des Bewusstseins der Menschheit hat dieser Akt eine besondere Bedeutung. Nur in einer Wasserära kann der Mensch eine Verbindung zum Wasser aufnehmen – eine tiefere, über das Ritual des Trinkens und Waschens hinaus. Eine Wasserära stellt immer eine fruchtbare Phase in der Entwicklung der Menschheit dar. Die Menschheit ist von ungefähr fünfzehn Millionen auf fast sieben Milliarden angewachsen!

In der Geschichte ist die bewusste Vereinigung mit jedem der Elemente immens wichtig für die Entwicklung der Menschheit. Bisher gelang es dem Menschen jedoch nicht, über die oberflächliche Untersuchung und Analyse hinaus, sich mit einem der Elemente verbinden zu können und deshalb hat sich noch keines der Elemente für uns eröffnet. Das Wissen darüber ist der Menschheit bislang nicht bekannt, weil die Forschungswege ausschließlich auf der Basis eines wackeligen Verstandes begründet sind. Auf dieser Basis können auch nur ganz eingeschränkte Fortschritte erzielt werden – fernab von Einsichten in die Mysterien des Lebens.

Jedes Element verbirgt seine eigenen Geheimnisse und Kräfte, doch die Türen für die Menschheit, dort hineinblicken zu können, sind noch geschlossen. Wir benutzen zwar alle Elemente, doch haben wir keinen Zugang zum Spektrum ihrer uns verborgen gebliebenen eigentlichen Qualitäten.

Ihr wisst, alles Leben auf diesem Planeten wurde im Wasser geboren – wir selbst bestehen zu fast achtzig Prozent aus Wasser. Alle lebendigen Prozesse in uns sind nur durch die Fähigkeit des Wassers, fließen zu können, möglich geworden. Nur die diesem Element innewohnende Energie ermöglicht Fließprozesse.

Unsere eigene Lebensenergie im Prozess des Älterwerdens ist abhängig von der in uns gespeicherten Wasserenergie. Auch Flora und Fauna unterliegen diesem Gesetz – sowie unser Planet selbst.

Das Mysterium des Lebens liegt hinter den Geheimnissen der Elemente verborgen, denn jedes der Elemente ist im wahrsten Sinne des Wortes LEBENDIG. Für Leben schlechthin sind zwar alle Elemente nötig, der Ausdruck einer Realisation in organisierter Form bezüglich des Lebensflusses ist aber am leichtesten durch das Element Wasser nachzuvollziehen.

Viele von euch wurden mit Wasser getauft, denn Wasser symbolisiert am augenscheinlichsten den Übergang von einer Form in die andere, es stellt symbolisch den ersten Schritt, die erste Einweihung im Umgang mit diesem Element dar. Unser ständiger „innerer Durst" macht uns die Notwendigkeit dieser Verbindung, dem Durst nach der Energie dieses Elementes, deutlich. Stumm schreit ein jeder von uns nach der Fähigkeit des „Fließenkönnens" – einem Prozess der Verschmelzung gleichbedeutend. Wer oder was könnte sich der

Energie des Wassers entgegenstellen? Nicht einmal der härteste Fels hält stand! Die drei Aggregatzustände des Wassers sollten euch nur als kleines Beispiel für das Spektrum dieser Energie dienen!
Es gibt vier Arten von Taufen: Die Feuer-, Wasser-, Luft- und Erdentaufe. Das eigentliche Mysterium liegt nicht im Ritual, es befindet sich im Element selbst. Das Ritual ist lediglich eine Tür. Genau an dieser zarten Schwelle, in diesem winzigen Augenblick, kann die Legende zum Leben erwachen. Euer Bewusstsein muss bereit sein, sich auf diese Flügel schwingen zu können, das aber heißt, bereit dafür, die Form zu verlassen.
Die Form ist etwas Wunderbares, aber sie ist nur eine vorübergehende Stufe auf der Leiter unserer Entwicklung. Unsere Art von Verständnis im Sinne von Verstehen kommt über das Einordnen in bekannte Schemen, Muster, Strukturen und Formen nicht weit hinaus. Genau das aber ist einer der gravierendsten Mängel unseres Verstandes. Jeder von uns hat Unzulänglichkeiten. Diese sollten in Zulänglichkeiten transformiert und nicht in andere Defizite eingetauscht werden.
Durchschaue dieses Missgeschick, stelle es auf den Kopf, so verwandelt sich dessen Qualität. Auf diese Weise hast du im wahrsten Sinne aus Fehlern gelernt, dich weiterentwickelt – hast dem Kuhhandel mit Defiziten eine Absage erteilt.
Erst, wenn wir diese Zusammenhänge erkennen, die Formen unserer Wahrnehmung und unseres Denkens aufbrechen, fangen diese an, uns zu dienen. Ansonsten werden wir immer nur Sklaven unserer Formen bleiben. Zuweilen mögen euch meine Ausführungen sehr abstrakt vorkommen. Ich weiß, der konservative Verstand ist nicht nur bezüglich seiner Aufnahmemöglichkeiten sehr begrenzt. Versucht euch jedoch, auf diese Flügel zu schwingen. Immer dann, wenn ein Mensch sich diese Freiheit erlaubt, entführen ihn ihre Flügel weit

hinaus über die Strecke, die er zu Fuß hätte erreichen können. Viele Gipfel werden für unsere Füße unerreichbar bleiben, doch wie ein junger Vogel mit dem Mut seines ersten Flügelschlages steigst du empor in den Himmel.
Nahezu unser ganzes Leben vergeht im Erschaffen von Formen. Doch wie auch immer sie ausfallen werden, sie rauben uns den Lebensraum. Es ist, als rückten die Wände unserer Häuser jeden Tag um einen Millimeter zusammen – am Ende werden sie uns erdrücken. Auch Vorstellungen sind formelle Strukturen. Fast jeder hat hierfür schon viel bezahlt – die meisten zahlen noch immer.
Formen saugen uns langsam aber sicher aus. Sie kompensieren immer nur die Defizite des Inhalts! Für leere Inhalte werden immer neue Formen erschaffen. Doch alles, was dreidimensional ist, bleibt zu eng für Herz und Seele. Wahre Freiheit ist nur in der vierten Dimension zu finden – sie aber befindet sich jenseits der Trennlinie.
Irgendwann wird jeder zur vierten Dimension gelangen. Wie wunderbar wäre es, wenn ihr bewusst sowohl in der dritten als auch in der vierten Dimension SEIN könntet.

Frage: Warum lebt der Mensch hier auf diesem Planeten und warum sehen wir so aus, wie wir aussehen?

Zanko: Unsere Lebensform und Lebensart sind ein Spiegelbild unseres Bewusstseins. Die biologischen Antworten bezüglich der Evolution sind nicht vollständig.
Wir selbst haben die Bedingungen geschaffen. Es besteht ein Fließgleichgewicht im Prozess des Schöpfens. Unser Planet und unsere Lebensform haben genau die Dichte, die für den Erkenntnisprozess des Menschen notwendig ist. Unter diesen Bedingungen können wir Karma bearbeiten und uns erkennen. Unsere Bedingungen stellen

gleichzeitig Notwendigkeiten und Bedürfnisse dar im Erschaffen eines höheren Bewusstseins. Auf anderer Bewusstseinsstufe sähen die Gegebenheiten auch ganz anders aus. Nur hier auf der Erde können wir uns unserem Bewusstsein entsprechend weiterentwickeln. Die Dichte der Materie entspricht der unseres Bewusstseins bezüglich der Möglichkeit des Erkenntnisprozesses. Diese beiden Energieformen bedingen sich und erschaffen wieder neue.
Unser Planet ist ein Paradies. Wir haben die göttliche Gnade und die Liebe als Geschenk bekommen. Was wir daraus machen, liegt allein in unseren Händen. Es wird Zeit, Verantwortung zu übernehmen.

Frage: Warum spielt sich unser Leben in der Dreidimensionalität ab? Hat das einen Grund?

Zanko: Nur in diesem kleinen Rahmen können wir die Freude, Gnade und die Liebe erkennen. Die Dimension ist ebenfalls genau unserer Bewusstseinsstufe angepasst. Die zweite Dimension wäre zu eng. Die vierte ist noch zu „ungreifbar". Die dritte Dimension ist eine Zwischenstation – ein Sprungbrett für höhere.
Unser Reifeprozess hinsichtlich des ERFAHREN-, ERKENNEN- und FÜHLEN-KÖNNENS ist der Schwingung und der Dichte der dritten Dimension angepasst. Für mehr Feinstofflichkeit ist weiteres Wachstum notwendig.

Frage: Umfasst der Begriff „vierte Dimension" die drei Dimensionen, in denen wir leben?

Zanko: Ja, sie umfasst diese und erweitert sie in einem erheblichen Rahmen – gleichsam rahmenlos. Wir stehen hier, um unseren Sprung in die vierte Dimension vorzubereiten. Die vierte Dimension ist allerdings nicht mit der „Zeit" zu verwechseln. Die vierte Dimension ist zeit- und formfrei.

Die Zeit stellt nur ein Phänomen im Prozess der Überwindung von Dichte dar. Genau, wie die Form nur eine Bedingung für das Erkennen auf einer bestimmten Bewusstseinsstufe darstellt, ist die Zeit nur eine zeitweilige Voraussetzung, um über die Erkenntnis in die Zeitlosigkeit springen zu können. Die Form des Verstandes ist mit dem Phänomen Zeit gekoppelt.

Frage: Wie kann ich lernen, das Wesentliche zu erkennen? Wie mich von den Formen befreien?

Zanko: Dies ist nicht über Worte zu vermitteln. Das musst du selbst erfahren. In der Form gibt es Freude und Leid. Hieraus allein kannst du das Wesentliche erkennen. Triff deine Entscheidung. Trenne dich vom Leid und verschmelze durch die Freude mit dem SEIN.

Gerade die Form gibt dir durch ihre Gegenpole die Möglichkeit zur Erkenntnis. Durch beide Pole kannst du erfahren und erkennen. Du solltest jedoch eine Entscheidung treffen. Du hast die Wahl.

Luft

Zanko: Gibt es Fragen von eurer Seite? Brennt euch etwas auf der Seele? Habt ihr Wünsche?

Antwort: Niemand von uns ist wunschlos. Wir haben versucht, den Weg des LEBENDIGEN WASSERS nachzuvollziehen, doch das Ergebnis war viel Luft in unseren Köpfen.

Zanko: Das ist gut so, je mehr Luft darin ist, desto schneller verpufft diese Illusion.

Frage: Hätten wir heute damit nicht schon ein gutes Thema? Wie wäre es mit der Luft?

Zanko: Mit der Luft in euren Köpfen, oder der Luft als Element?

Antwort: Da die Luft in unseren Köpfen nur eine Imagination des Verstandes ist, schlage ich die Luft als Element vor.

Zanko: Gut, dann macht eurem Herzen mal Luft, was wollt ihr denn wissen?

Antwort: Wir dachten, du erzählst uns etwas, worüber wir noch nicht viel wissen.

Zanko: Woher soll ich wissen, was ihr darüber wisst?

Antwort: Wir haben die Erfahrung gemacht, dass wir gar nichts mehr wissen. Und je mehr wir meinen zu wissen, desto weniger glauben wir noch an das, was wir wissen, wussten, beziehungsweise meinten, je gewusst zu haben – oder so ähnlich.

Also, ich weiß jedenfalls gar nichts mehr – noch schlimmer, ich glaube mittlerweile, nie irgendwann einmal überhaupt je etwas richtig gewusst zu haben. Ich bin absolut leer – so leer, wie die Flasche ausgetrunkenen Mineralwassers vor mir.

Zanko: Wasser ist zwar nicht mehr in der Flasche – doch was befindet sich noch in ihr?

Antwort: Luft!?

Zanko: Na siehst du, dann steht jetzt in diesem Augenblick ein Mensch namens Luft vor uns. (Lachen)

Antwort: Im Moment bin ich alles, was „leer" ist.

Zanko: Du magst leer sein – das ist ausgezeichnet. So sollte sich jeder nach ein paar Tagen hier fühlen. Leer von alten Vorstellungen. Das ist wirklich gut! Doch die Luft ist nicht leer.
Im Moment stehen wir, wie ich schon gesagt habe, im Übergang vom Zeitalter des Wassers unter dem Sternzeichen der Fische zum Zeitalter der Luft im Zeichen des Wassermannes. Im letzten Luftzeitalter wurden die Veden geschrieben. Diese sind die einzig wichtige niedergeschriebene Übermittlung dieser Ära vor ungefähr sieben- bis achttausend Jahren. Bis heute weiß niemand, wie sie auf die Erde gekommen sind. Sie scheinen uns „durch die Luft" übermittelt worden zu sein. Das Luftzeitalter war immer ein Zeitalter geistiger Höhenflüge und geistiger Inspirationen, weit über die eigentliche menschliche Evolutionsgeschichte hinaus. Wie von „Außerirdischen" unterstützt, scheint die Menschheit in höhere Dimensionen Einblicke zu bekommen.
Die Luft stellt das feinstofflichste und empfindlichste Element dar. Elementar ist sie aus den einfachsten Stoffen zusammengesetzt.

Diese Grundlage bildet die beste Voraussetzung, etwas übertragen zu können. Je „leerer" du bist, desto besser kannst du Medium, bzw. Vehikel sein. – Stimmt' s?

Antwort: Medium bin ich zwar noch nicht, aber ganz schön leer. Vielleicht als Vehikel zu gebrauchen. Was nicht ist, kann ja noch werden. Mal sehen.

Zanko: Wir werden sehen, ob du dich „in Luft auflösen" wirst. Auf jeden Fall findet in dir durch die Luft ein Übertragungs- und Auflösungsprozess statt. Die Luft ist wirklich ein Geschenk Gottes – das „leere Bambusrohr" ist etwas Wunderbares. Vom ersten bis zum letzten Atemzug haben wir engen und notwendigen Kontakt mit diesem Element. Fehlt uns die Luft, merken wir dies augenblicklich, so eng stehen wir mit diesem Element in Verbindung. Das Leben beginnt mit dem ersten Einatmen und endet mit der letzten Ausatmen. Wir sind allseits umgeben von Luft – in jeder Sekunde. Jeder Atemzug ist eine Einweihung in dieses Element. Gottes Gnade wird durch die Luft in jeder Sekunde offenbart.
Dieses Element hat, wie alle anderen Elemente auch, sein eigenes Leben, seine ihm eigenen Kräfte, Energien und Potenziale. Es ist ein phantastisches Medium für Reaktionen – hochgradig sensibel ist es und genauso sensibel stehen wir der Luft gegenüber.
In der Luft spiegelt sich unsere Abhängigkeit von den Elementen am deutlichsten wider. Drei bis vier Tage kommen wir ohne Wasser aus, doch nur ungefähr drei Minuten ohne Luft. Sei froh, dass du Luft hast – wo immer sie auch sein mag!

Antwort: Ich habe sie dankbar angenommen, auch wenn sie mir den Kopf vernebelt.

Zanko: Die Nebel sind die Schleier der Gedanken. Lüfte mal gut durch, dann wird die Luft wieder klar. Alle menschlichen Empfindungen und Sensibilitäten sind den Flügeln der Luft zu verdanken. Auf ihren feinen Schwingen werden die zartesten Schwingungen übertragen.
Nicht nur unsere Sensibilität, auch unsere menschliche Spiritualität ist diesem Element zugeschrieben. Unser Geist wurde durch die Luft eingeweiht. So gelangte er zu uns, so bleibt er in uns und so wird er uns wieder verlassen und sich aus der Luft wieder in die Luft übertragen. Die gesamte menschliche Kommunikation ist nur durch die Energie der Luft möglich.

Frage: Deshalb sagt man bei uns: „Da liegt etwas in der Luft?"

Zanko: Nicht nur in diesem Land liegt etwas in der Luft – es ist auf der ganzen Welt so.

Antwort: Also, mir platzt gleich der Kopf.

Zanko: Dann lass ihn doch platzen!

Frage: Und dann?

Zanko: Du solltest es darauf ankommen lassen – frag nicht immer!

Auch das „Lebendige Prana" erhalten wir über die Luft. Gott hat uns „seinen Atem eingehaucht". Sehr zart ist dieses Element, doch respektlos verschmutzen wir aus Unbewusstheit diese Gnade Gottes zusehends. Die Leichtigkeit und Freude der Luftenergie wird durch unsere Stimmen, den Gesang und die Musik besonders deutlich. Nur über den engen Kontakt mit der Luft als Berührungspunkt ist die Verschmelzung mit der Existenz möglich. Nur die Luft vermag uns die Möglichkeit zu verschaffen, durch jeden Atemzug ins SEIN zu gelangen – eine Verbindung, die die meisten Menschen nicht sehen können. Das Gefühl für die Weite des Raumes ist für dich nur in diesem Element möglich. Sie ist die direkteste Brücke für die vierte Dimension, weil du diese durch dieses Element sehr leicht erkennen kannst. Durch dieses Element haben wir ständig Flügel, die uns direkt zu Gott tragen können.

Nicht nur unsere Intelligenz, unser Intellekt, unsere Gedanken und Gefühle, sondern auch das gesamte spirituelle Potenzial nebst der Intuition ist diesem Element zuzuordnen. Die Luft steht ständig vor unseren Augen, doch scheint sie für uns nicht sichtbar zu sein. Das gesamte schöpferische Potenzial des Menschen unterliegt diesem Element. Das Leben wird über dieses Element in uns projiziert und wir projizieren uns selbst in dieses Element als Ausdruck einer Möglichkeit – als Aspekt.

Im Vergleich zu den anderen Elementen besitzt die Luft die geringste Dichte, doch gerade deshalb ist sie sehr dicht an Information. Sie erlaubt geistige und seelische Höhenflüge. Das letzte Zeitalter der Luft auf dieser Erde beherbergte die größte Anzahl von Erleuchteten – nicht nur im Verhältnis zur Anzahl der übrigen Bevölkerung. Sie drückten sich jedoch nur verhalten aus, sehr leise, schweigend oder zart flüsternd, ab und zu singend.

Einer der Verkünder unserer neuen Ära, des bevorstehenden Zeitalters der Luft, war Osho. Er hat das menschliche Bewusstsein als Reformator wachgeklingelt. Fast zweitausend Jahre hat zumindest die westliche Welt im Tiefschlaf verbracht. Hoffen wir, dass es mit der Luft jetzt wieder aufwärts gehen wird.

Auf dass jetzt viele Menschen ERWACHEN mögen. Die frische Luft wird dazu bestimmt beitragen. Das wünsche ich mir von Herzen für die ganze Menschheit. Wir werden sehen, wohin uns die Luft tragen wird. Um SEIN erfahren zu können reicht es, wenn du jeden Atemzug voller Freude begehst.

Zanko: Fragen?

Antwort: Für heute haben wir genug „Luft" eingeatmet. Wir müssen erst einmal ausatmen!

Zanko: Dann tut das aus Freude, in Freude und mit Freude bei jedem Atemzug.

Frage: Auch während wir schlafen?

Zanko: Gerade im Schlaf, denn sonst wirst du wieder zu träumen beginnen!

Erde

Wie geht es euch heute, wie fühlt ihr euch? Ihr scheint mir so nachdenklich... Bevor wir anfangen, lasst uns etwas Stille atmen. Ich möchte mit euch noch ein wenig über die Elemente sprechen. Ihr seht hier das vierte Element (hält eine Hand voll Erde hoch).

Ungefähr viertausend bis zweitausend Jahre vor Christus befand sich die Menschheit in der so genannten Erdenära unter dem Sternzeichen des Stiers. Propheten dieser Zeit waren unter anderem Gilgamesch, Mahavira und Moses. Letzterer hat nach dem Erhalt der Zehn Gebote mit Erde getauft, nachdem er selbst von Gott in dieses Element eingeweiht worden war. Er küsste die Erde – fortan ist es bis heute ein Brauch, dem Mutterboden Respekt zu zollen. Auch die Ägypter vollzogen schon Rituale mit dem Schlamm des Nils – als Zeichen der Fruchtbarkeit der Erde.

Von allen Elementen ist die Erde das dichteste. Wir stehen in ununterbrochenem Kontakt mit ihr. Die Erde ist unser Mutterschoß. Wir kommen aus ihr, entwachsen zeitweilig und werden wieder in sie eingehen. So verhält es sich mit allen materiellen Formen – Asche zu Asche, Staub zu Staub.

Mit diesem Element zu kommunizieren, fällt uns am schwersten. Der Mensch steht in ständigem Widerspruch mit irdischen Dingen, stellt sich allem entgegen, was irdisch ist. Er kämpft fortwährend – nicht nur gegen Mutter Erde.

Auch ich war vor Jahren, als ich dieses Land verließ, so dumm, mich umzudrehen und auf Mutter Erde zu spucken. Viele Jahre hat mich diese Respektlosigkeit beschäftigt. Die erste Handlung bei meiner Rückkehr bestand darin, mich in ihre Arme zu werfen, sie zu küssen und um Vergebung zu bitten.

Alle irdischen Früchte des Lebens entstammen der Erde. Wir selbst sind Teil dieses Staubes und werden wieder zu Staub. So ist das Leben, man kann es nicht ändern – warum auch? Es ist gar nicht nötig. Nur ein wenig Verstehen ist notwendig, dann wird Annahme möglich. Die Menschheit hat die Erde respektlos beschmutzt mit all ihren Leidenschaften, ihrer Unzufriedenheit und ihren Beschränkungen. Das ist wirklich ein Verbrechen. Mutter Erde aber nimmt geduldig alles auf...

Der Mensch sät Unrat, speit Müll, erwartet jedoch Frucht. Ständig kollidiert er mit seinem eigenen Unverständnis. Deshalb fällt es ihm auch so schwer, seinen Weg zu gehen – den Weg der Vervollkommnung. Die Erde gibt uns Leben, beschenkt uns mit ihrer Güte, doch wir entheiligen erbarmungslos alles! Wir erobern, konsumieren und zerstören. Fortwährend überschütten wir sie mit allem, dessen wir uns entledigen wollen – mit unserem Haushaltsmüll, Industriemüll, persönlichem Müll, seelischem Müll. Die gute Mutter aber hört nicht auf, uns zu beschenken...

Ist auch nur einem von euch jemals eingefallen, dieses Füllhorn zu küssen? Wir kennen kein Erbarmen – nicht mit ihr, nicht mit uns – mit niemandem! Was ist uns heilig geblieben? Als Eroberer und Herrscher stürmen wir durch das Leben, dabei haben wir ganz vergessen, was Ehrerbietung, Respekt und Demut bedeuten.

Konsum heißt unser einziges Prinzip; es geht nicht mehr nur darum, uns beschenken zu lassen – der Mensch rafft einfach alles habgierig an sich. Unsere Anwesenheit hier ist diejenige von Besatzern! Wir kommen und rauben, was nur geht – dann machen wir uns davon. Was uns auch immer in die Hände fällt, wir quetschen es bis zum letzten Tropfen aus und werfen es dann weg.

Wir sind Ungläubige, ständig im Versuch, uns gegenseitig bestätigen zu wollen, wir seien gläubig. Könnt ihr die Art unserer Gottesfürchtigkeit erkennen? Seht ihr den eigenen Verrat und das Jammern, was daraus resultiert? Der Mensch reißt sich den eigenen Boden unter den Füßen weg. Hieran könnt ihr den Prozess des Einschlafens im menschlichen Bewusstsein erkennen. So erschaffen wir uns Leid auf Erden. Die menschliche Geschichte zeigt dies nur allzu deutlich. Der Kreis ist leicht durchschaubar und hat sich längst geschlossen. Die Ernte dafür drückt sich in Nichterkenntnis aus. Mit jeder verpassten Einsicht und Erkenntnis werden wir automatisch in die Illusion des Leids gezogen – jedem das Seine. Ich füge hinzu: „Du hast dir alles selbst gewählt." Erkennt diese Gesetzmäßigkeit!

In der Gesellschaft existieren zu viele sich widersprechende Interessen, denn allesamt werden sie geschaffen von einem zu leidenschaftlichen Verstand mit zu niedrigem Bewusstsein.

Die Welt ist bereits jetzt eine Kloake mit verstopftem Abfluss. Dieser Prozess jagt gnadenlos dahin und ist vielleicht schon nicht mehr umkehrbar. Das Ende ist nicht vorhersagbar. Ich frage mich, was wir der nächsten Generation hinterlassen werden. Auf jeden Fall wird es eine große Bürde sein – das Erbe unserer Blindheit.

Wir leben im Zustand eines unglaublichen Paradoxons. Der Mensch kann nicht ohne Erde sein, kann sie aber auch nicht annehmen. Diese Diskrepanz schafft große Spannungen in unserem Dasein. Wir missachten alle Lebensformen auf dieser Erde und leben als deren Feind. Das ganze Elend, welches wir erschaffen, wird jedoch auf uns zurückfallen. Es ist ein Kreislauf – das Gesetz des Kreises schlechthin. Der Mensch denkt bruchstückhaft, lebt bruchstückhaft und auch seine Freude ist nur bruchstückhaft – doch sein Leid ist total.

Das Element Erde ist so vielfältig geschichtet, dass wir ihr Ausmaß und ihre Tiefe nicht ermessen können. In den ältesten spirituellen Traditionen gibt es die verschiedensten Techniken, dieses Element erfahren zu können. Zuerst muss sich das menschliche Bewusstsein

von ihm abgrenzen, danach muss es sich richtig integrieren. So wie wir jetzt mit diesem Element umgehen – weder verbunden noch ungebunden – können wir nicht anders als verantwortungslos handeln. Verantwortungslosigkeit ist jedoch ein schweres Hindernis für unser Bewusstsein auf dem Weg des Wachstumsprozesses. Deshalb müssen wir uns unserer Zugehörigkeit bewusst werden.
Die Erde ist ein lebender Organismus – eine warme, nährende Brust. Sie lebt, atmet, pulsiert, trägt Leben, schenkt Leben und integriert alles Lebendige. Sie besitzt ein eigenes Bewusstsein... Dieses ist unserem Planeten so immanent, dass Menschen sie seit uralten Zeiten bis heute als Gottheit erfahren und verehren. Gäa, Astera, Bhumata – viele Namen trägt die Göttin Erde...
Allein auf der Erde existieren über eine Milliarde verschiedener Lebensformen. Jede einzelne hat ihre Daseinsberechtigung und ihr eigenes Bewusstsein! Darüber hinaus ein eigenes Kollektivbewusstsein. Zwischen allen Formen besteht ein ausgedehntes Geflecht von Kommunikation und Interaktion. Sie kommunizieren über ihr Bewusstsein sowohl untereinander, als auch über ihr Kollektivbewusstsein mit dem Kosmos.
Doch ein Milliardstel dieser Vielfalt maßt sich an, Krönung der Schöpfung zu sein, meint, Kreativität zu entfalten und das Leben belehren zu können! Ständig erschafft es neue Formen – entleert, kastriert und entweiht. In menschlicher Sprache heißt dieses Wort: Evolution, Fortschritt, Weiterentwicklung, Errungenschaft...
Jede Lebensform muss sich über Jahrmillionen vervollkommnen und behaupten, bis zu ihrem Gipfelpunkt. – und dann passiert das so genannte Wunder: Es kommt ein Milliardstel „Krönung" und mischt die Karten neu: Zerstört, mordet, schlachtet ab und setzt dagegen – WAS? Kunststoff und Computer? – Kunststoff, Computer und noch mehr Instrumente zum Kasteien und Kastrieren! Ist das alles gewe-

sen? Können wir damit zufrieden sein? Wie viele Arten hat der Mensch bereits vernichtet, wie sehr das Gleichgewicht zerstört? Er ist der einzige Feind der Natur, der einzige Feind seiner Umwelt – er ist das einzige lebende Paradoxon!

Unzählbar werden die Anlässe, endlich innezuhalten, umzukehren und hinzusehen... Doch stattdessen hetzt er, besessen von seinem Ego, von einer Leidenschaft zum nächsten Interesse. Zu breit ist die Spur der Zerstörung, die ihm wie ein Schatten folgt. Er ist zum Egoisten mutiert, der sich ausschließlich für persönlichen Konsum und Bereicherung interessiert. Wir sperren uns selbst in einen Kerker – in ein Gefängnis unserer ureigensten grundfalschen Vorstellungen und trügerischen Wahrnehmungen.

Egoismus verkrüppelt das Bewusstsein! Dadurch wird Selbstvernichtung zwingend. Die Prioritäten wurden falsch gesetzt. Die menschlichen Vorstellungen müssen sterben, damit Gott in unseren Herzen wiedergeboren werden kann.

Der Mensch scheint viel erreicht zu haben, doch was hat er auf diesem Weg verloren? Jeder sollte sich selbst die Antwort auf diese Frage geben. Auf diese Weise kann er sich erkennen, wählen und seine eigenen Prioritäten setzen.

Frage: Nach welchen Kriterien sollte man mit der Erde und den anderen Lebensformen kommunizieren und wie könnte man beurteilen, was schädlich ist?

Zanko: Der springende Punkt in der Beurteilung sämtlicher Kriterien liegt einerseits in der verbleibenden Fähigkeit zur Regeneration und andererseits in deiner Einstellung, deinem Verständnis sowie deiner Verantwortung, Leben nicht kontrollieren zu wollen. Lass das Leben Leben sein – kontrolliere dich selbst! Die Natur ist immer offen für uns – doch wie lange noch...? Wie lange kann Mutter Erde unseren Müll noch schlucken? Wann wird unser Bewusstsein an die Stelle des Egos treten, um die Prozesse zu lenken?

Frage: Warum verhält sich der Mensch auf dieser Erde so unangemessen...?

Zanko: Warum lebt der Mensch seinen eigenen kleinen Flohmarkt namens: „Meine Scheiße ist Honig!?" – Ich habe das Gefühl, Homo sapiens hätte frühestens am achten oder neunten Tag erschaffen werden sollen...

Das fünfte Element

Heute möchte ich etwas zum fünften Element sagen. Zwar trifft der Begriff „Element" nicht den Kern, aber es gibt keinen passenderen – wie so oft hat die Sprache die Grenzen ihres Ausdrucksvermögens erreicht. Das fünfte Element ist jenes, welches die vier anderen – Feuer, Wasser, Luft und Erde – verbindet und damit zugleich deren Energien potenziert. Darüber hinaus schafft es aber überhaupt erst die Voraussetzungen für deren Existenz.

Inwiefern verbindet es? Es verwirklicht den Prozess von Wechselwirkung und Gegenseitigkeit und erlaubt ihnen somit, eins im anderen existieren zu können. So kann alles in allem anwesend sein. Ohne das fünfte Element wäre Geschehen nicht möglich, es ist der Schlüssel zu den Prozessen in und zwischen den Elementen, der Funke, der Odem. Es ist da und doch kann seine Existenz nicht bewiesen werden. Für die anderen vier benötigt niemand Beweise, sie sind überall, in uns, um uns – offenbar und überall. Gerade das fünfte Element aber bildet die grundlegende Voraussetzung für Kommunikation! Nicht nur für alles auf diesem Planeten, sondern für Leben an sich. Hierin liegt das Urwunder verborgen – die Elemente erwachen zum Leben, klonen sich, verbinden sich untereinander und erschaffen neue Lebens- und Bewusstseinsformen. Es gibt noch unzählige Schichten, die das menschliche Bewusstsein bisher nicht eröffnen, erschließen und ergründen konnte, da es nicht in der Lage ist, Ganzheit wahrnehmen zu können – es vermag nicht zur gleichen Zeit parallel im Mikro- und Makrokosmos anwesend zu sein.

Damit ewiges Leben erkannt werden kann, muss sich unser Bewusstsein vervollkommnen, um mit allen Formen von Leben kommunizieren zu können. Wenn unser Bewusstsein fähig wird, Einheit

in der Vielfalt zu erfahren, wird es erkennen, dass wir in allem und alles in uns ist.
Obwohl ihr mich jetzt hört, bin ich nicht überzeugt, dass ihr mich auch versteht – dass ein jeder diese Erkenntnis jetzt in sich eindringen lässt. Irgendwann werdet ihr jedoch sowieso von selbst zu dieser gelangen. Wenn nicht jetzt, dann irgendwann später. Für die Existenz ist unsere Erkenntnis nicht wichtig. Das SEIN ist immer da. Für uns selbst aber ist Bewusstheit ein unendlicher Schatz – der Schlüssel für viele noch verschlossene Türen!
Leider bewerten wir alle Wahrheiten, die uns berühren könnten und verhindern durch dieses Verhalten, dass diese uns wahrhaftig berühren können. Alles wird durch den Verstand gefiltert, einen absurden Zeugen, der wie eine Glasscheibe zwischen uns und der Wahrheit steht. Du magst sie erahnen, doch du kannst nicht in sie eintauchen. Unser linearer Denkprozess hindert die Wahrheiten, in uns lebendig werden zu können, Teil unserer selbst zu werden.
Ein Prophet jedoch ist jemand, der im Zustand des Göttlichen lebt. Nicht zufällig äußern sich Propheten oft wie folgt: „Wahrheit künde ich."... Ihre Sprache ist vom Verstand befreit – sie sprechen ohne diesen tückischen Vermittler – aus direkter Erkenntnis. Ihre Sprache ist nicht länger Akt des Egos, sondern eine sehr feine Inspiration für das Selbst, seine Tore zur Wahrheit zu öffnen. Wer seine Tore zu öffnen vermag, integriert sich in das Sein. Er wird heil – ganz.
Rein spirituell könnte man das fünfte Element mit dem „Glauben" gleichsetzen, der eigentlich nichts anderes darstellen sollte, als totales Vertrauen in die Existenz.
Beginnt der Mensch zu glauben – nicht vom Kopf her, sondern vom Herzen – öffnet sich seine Seele und alles in ihm „potenziert" sich. Glaubt er jedoch nicht und ist von Wut, Neid, Zorn, Hass, Zweifel oder Leid beherrscht, verschließt sich sein Inneres. Die Genialität

der Vorsehung allen Seins liegt in des Menschen Hand. Nicht nur im übertragenden Sinne, sondern ganz konkret in der entgegengesetzten Stellung seines fünften Fingers.
Nicht umsonst spricht man vom göttlichen Funken in uns. Damit ist jener Teil in uns gemeint, der göttlichen Ursprungs ist. Physiologisch wird der Mensch in eine rechte und linke Hälfte geteilt. Die eigentliche Teilung aber verläuft in obere und untere Hälfte, mit der Nabelschnur als Grenzlinie. Die Wahl liegt bei dir, von welcher dieser Hälften du dominiert wirst.
Göttlich ist alles – und dennoch: Es verbleibt ein Teil, den der Mensch ganz bewusst zum Göttlichen transformieren muss. Die Wandlung eines zerrissenen Wesens in ein homogenes Ganzes. Bis zu welcher Stufe, bestimmt jeder für sich allein. Der Schlüssel zu dieser Wandlung ist uns bereits gegeben. Er liegt in der Essenz unserer Gene. Der Odem dieses Codes, jener göttliche Funke, jenes Essenzielle, ist das fünfte Element – der Äther. Es sind dies die Prozesse von Implosion und Explosion in unserem Inneren, wie auch im Kosmos selbst.
Alles, was wir unter dem Einfluss des Negativen erschaffen, wie Vorurteile, Misstrauen, Angst, Eifersucht, verschließt uns. Verschlossenheit aber bedeutet Tod, denn Leben ist ein Prozess des Öffnens. Alle uns bekannten Lebensformen und auch diejenigen, welche uns noch nicht bekannt sind, sind mit diesem Öffnungsprozess verbunden, mit dem Gebären von Leben. Das Öffnen des Herzens, das Öffnen der Seele ist Leben – ist Geburt. So verbindet der Mensch sich mit der Ganzheit des Lebens, integriert sich in ihr. Dadurch lässt er bewusst die Magie des Lebens in sich eindringen, nicht nur biologisch. In unserem Inneren befinden sich verborgene Welten. Es existiert nicht nur das, was wir sehen, anfassen und von dessen Existenz wir uns durch Sinne oder Verstand überzeugen können. Entdecken

wir diese inneren Welten, so werden sie augenblicklich zu Offenbarungen – warum also warten? Wollt ihr weiter im Dienste des Zweifels stehen? Dieses Verhalten ist sinnlos, unnatürlich und bedauernswert, denn dies wäre fast so, als würden wir den Bäumen im Frühjahr sagen: „Bitte, blüht nicht, denn wir zweifeln daran!" Wir können das Leben nicht anhalten. Wir zweifeln lediglich deshalb an ihm, weil wir uns noch nicht gestattet haben, es tief genug zu fühlen – zu blühen – wir sind noch getrennt.

Versucht herauszufinden, wie weit ihr euch für die Magie – das Mysterium des Lebens – für das Göttliche geöffnet habt. Wie weit ihr euch wahrhaftig geöffnet habt, denn auch, wenn ihr hundertmal am Tag Gebete ausführt, ist dies keine Garantie. Das Gebet ist ein Ritual, geschaffen, uns zu erwecken – uns für den Prozess des Öffnens anzustoßen. Es ist das Glöckchen für unser Bewusstsein, uns dem Leben, der Freude, der Liebe zu öffnen. Geschieht dies wahrhaftig, nenne ich es wirklich „Öffnen" – die Garantie dafür, dass der Vorgang stattfindet. Ich weiß, dass ihr das schaffen könnt, denn ich sehe euer Potenzial! Jeder von uns trägt in seinem Inneren Helfer und Feinde – nutzt jene, die euch wirklich positive Resultate einbringen.

Die Essenz der Zehn Gebote ist in den heiligen Büchern niedergeschrieben. Doch das, was in vielen Fällen Angst bei Nichteinhalten der göttlichen Gesetze indoktriniert, ist ein heimtückischer Inspirationsversuch! Es gibt Millionen von Menschen auf dieser Welt, welche Gebote aus und mit Angst einhalten, doch sie befolgen diese lediglich – das ist der einzige Effekt. Wie unverzeihlich wenig für ein ganzes Leben!

Geht tiefer – die Essenz liegt in euch verborgen. Der Mensch muss den Anspruch haben, ein paar Schritte weitergehen zu wollen. Einige Schritte hinter das zu sehen, was er selbst sehen kann und was ihn gelehrt wurde. Er sollte versuchen, Weisheit zu erfahren. Sie ist in

allem – das Problem liegt bei den Weisheitsaspiranten und nicht in der Weisheit selbst.
Hinter der Weisheit verbirgt sich das ganze Mysterium. Dieses ist über – über – groß, selbst für alle Weisen, die je gelebt haben... Immer gibt es noch mehr, geht es noch weiter und weiter, tiefer und tiefer. Es hört nie auf! Die Weisheit und das Mysterium des Lebens sind unendlich. Der Mensch jedoch ist in seinem Bewusstsein begrenzt – deshalb sind ihm stoffliche Körper und Bedürfnisse gegeben. Ihr könnt sie getrost bedienen, eure Zeit aber für etwas Wesentlicheres aufsparen. Nicht nur für den Prozess der Nahrungsverarbeitung! Jede Zelle unseres Körpers besitzt Weisheit, die Existenz besitzt Weisheit, die Liebe besitzt Weisheit. Weisheit fehlt jedoch in den sinnlosen Leidenschaften und Passionen. Gerade sie führen uns ein ganzes Leben an der Nase herum, denn sie entfernen uns vom SEIN, von uns selbst...
Im fünften Element ist auch die Liebe Gottes verkörpert, ohne sie könnte es uns nicht geben. Allein die Tatsache, dass „ALLES" seine Berechtigung hat, ist weit mehr als ihr erkennen könnt. In allem können wir die sanfte, hauchfeine Anwesenheit Gottes spüren. Wir müssen lediglich das nötige Bewusstsein und die entsprechende Sensibilität dafür aufbringen – dann geschieht Offenbarung.
Je mehr wir uns der Präsenz Gottes und der Existenz des SEINS bewusst werden, umso mehr stimmen wir unsere Feineinstellung auf diese Frequenz ab – desto mehr öffnet sich unser Bewusstsein für das Ganze. In dieser Eröffnung liegt das Geheimnis der Glückseligkeit.
In der Liebe und in der Freude kann der Mensch seine Seele für Gott sehr leicht öffnen. Unsere ganze intellektuelle Equilibristik ist keinen Deut wert ohne einen Augenblick echter Glückseligkeit. Es heißt, ein ganzes Fuhrwerk an Wissen könne nicht an nur ein einziges Gramm Erfahren oder Erleben heranreichen. Gott ist nur ein

Augenblick und doch Ewigkeit... Gestattet euch, den Augenblick zu leben! Ihr werdet euch so leichter mit der Ewigkeit verbinden. Auf bewusst-mentaler Ebene gibt es keinen direkten Kontakt zum Ewigen. Das Größte wie auch das Kleinste sind ineinander verwoben. Alles ist in allem – das Prinzip des Mikro- im Makrokosmos. Wird man sich dessen bewusst, hat man bereits einen langen Teil des Weges hinter sich.

Ich meine bewusst nicht, dass man es irgendwo gehört oder gelesen haben sollte. Der Prozess sollte dir ein innerlicher Bedarf sein – die Motivation muss deiner eigenen Quelle entspringen. Euren Verstand könnt ihr überlisten, doch euer SEIN in Gott lässt sich nicht täuschen. Hört auf mit diesem Spiel! Erkennt! Habt genau jetzt den Mut, einfach hinzusehen. Es ist wirklich leicht. Ihr macht euch das Erwachen selbst schwer!

Gott ist dort, wo ihr ihn am wenigsten erwartet und ihr nicht einmal auf die Idee kämt, ihn zu suchen. Sucht ihn nicht mit euren Sinnen, nicht mit dem Verstand! Sucht ihn mit der Seele und mit dem Herzen! Mit Sicherheit werdet ihr Ihn finden!

Gottes Anwesenheit in allem, das ist das fünfte Element, welches alles verbindet! Euer Urpunkt zum gesamten Universum liegt in euren Herzen. Ein jeder ist sein eigenes Zentrum. Tretet ein. Folgt nicht nur meinen Worten, sondern der Essenz des Gesagten! Vieles wird euch auf diese Weise zugeflüstert, angedeutet und offenbart werden... Eure Sinne und euer Verstand dienen dazu, sich im Leben mit den Gegebenheiten zurechtzufinden, doch lassen sie euch Gott nicht entdecken. Es sind die falschen Instrumente. Seit der Mensch zum Menschen geworden ist, hat er das Bedürfnis, in Gott zu sein und ihn zu entdecken. Sucht ihn, wo ihr nur könnt, doch mit anderen Augen und Ohren. Sucht ihn in eurer Quelle! Niemals gibt es nur einen Weg, nur eine Art, wie du Gott in dir entdecken kannst – wie

du deiner inneren Wahrhaftigkeit begegnen kannst. Unzählige Mittel sind euch gegeben – und was mich am meisten freut ist, dass ich jeden Tag neue Herzen sehe, die sich zu öffnen beginnen...
Das Öffnen ist eines der wesentlichsten Schritte im Leben des Menschen. Es ist eine Geburt, eine Wiedergeburt deines Selbst in dir selbst! Dein Leben ändert sich von Grund auf, du lebst eine neue Qualität. Alles, was Gottes ist, wird Teil von dir. Allmählich verwischt der Unterschied...
Aus deiner tiefen Unsicherheit, Verwirrung und Angst erwächst wahre Tiefe – Gottvertrauen – in dir. Dieses ist der größte Beweis, dass du den Punkt – diese zarte Schwelle – erreicht hast.

Zanko: Wie fühlt ihr euch jetzt? – Irgendwie „anders"?

Antwort: Ja, irgendwie... – irgendwie in uns...

Zanko: Und warum...? Hmm...? – Weil eure innere Freiheit euch berühren konnte und ihr zuließt, ein wenig fließen zu können, etwas zu träumen, ein klein wenig unseriös zu sein.
Ihr habt den Zustand „Verstand" ein kleines bisschen hinter euch gelassen. Der Verstand ist eine „Seriosität", die euch einmauert und fesselt. Euer Selbst jedoch, euer wahres SEIN, ist verspielt, verträumt, lebendig – ein wenig „unseriös"... Wenn ihr ES zulasst zu sein, lasst ihr Licht, Freude und Liebe in eure Herzen. Ihr werdet einfach wie Kinder. Eure innere Wahrheit kann euch dann berühren, verwandelt euch in sich, verwandelt sich in euch. Wie unglaublich einfach ist alles, wie unglaublich nah! Es ist alles in euch!

Leere Vorstellungen

Der Tag, an dem unsere Treffen in völliger Stille stattfinden werden, ist nicht mehr sehr fern. Doch bis dahin gibt es noch ein paar Worte zu sagen.

Wodurch werden wir gezwungen, immer mehr Karma bearbeiten zu müssen? Könnt ihr mir eine Antwort geben? – Den fruchtbarsten Boden für Karmawachstum erschaffen wir selbst, mit und durch unsere leeren Vorstellungen. Warum nenne ich diese leer? Weil ihnen die Authentizität des Erlebens fehlt. Genau diese Lücke füllt der Mensch mit immer neuen Vorstellungen.

An dieser Stelle sollte jeder von uns zurückgehen und sich erinnern, wie oft er fehlendes Erleben mit Vorstellungen gefüllt hat – egal, ob fremden oder eigenen. Es ist, als würde man den Zug der Vögel am Himmel verfolgen und glauben, auf diese Weise den Weg finden zu können. Ihr könnt sicher sein, er führt euch überall hin, nur nicht nach Hause.

Leider sind die meisten Menschen schon von Kindesbeinen an mit zu vielen Defiziten aufgewachsen – Defizite bezüglich Liebe, Achtung, Aufmerksamkeit und liebevollem Umgang. Diese Tatsache stellt ein ernsthaftes Problem in der modernen Gesellschaft dar. Auf Grund dieser elementaren Defizite benötigt der Mensch Vorstellungen. So werden Bedürfnisse nach Leidenschaften, Ambitionen, sogar nach Fanatismus und Sucht geweckt. Ein gefährliches Spiel mit dem Feuer!

Ich wollte hiermit lediglich eure Aufmerksamkeit auf einen Teil der Defizite lenken, die ihr durch diese Gesellschaft angehäuft habt und umgekehrt. Ein gegenseitiger Austausch und Handel mit Defiziten. Mir ist klar, dass es schmerzt zu erkennen, dennoch wäre es unfair

von mir, diese Zusammenhänge nicht aufzuzeigen, da uns dieses Spiel zerreißt. Indem wir diesen Mechanismus erkennen, haben wir die Chance, ihn überwinden zu können.
Das Gleiche gilt auch für den Aufbau sozialer Strukturen – das Spiel im Kleinen wird auf höheren Ebenen fortgesetzt. Jegliches Bestreben nach einer guten Position in sozialen Gruppierungen kann nicht das rechte Maß der Dinge sein. Dieses Verhalten, bestehend aus tausenden von kleinen Kompromissen, sollte nicht die Grundlage der Einstellung und des Verhältnisses zu uns selbst bilden. Oft deuten vermehrtes Integrationsbestreben und erhöhter Leistungsanspruch auf fehlende innere Qualitäten hin, im Sinne eines äußeren Kompensationsversuches.
Jeder von euch hat Freunde und Feinde. Die einen schmeicheln uns, die anderen verurteilen uns, Dritte beachten uns nicht. Diese ganze Bandbreite an Reflektionen von außen tragen wir in unserem Inneren, aber nicht der äußere Wi(e)derschein ist wichtig, sondern auch das innere Empfinden.
Leider fehlt vielen jedoch noch die nötige Routine im Umgang mit inneren Empfindungen, so dass diese durch Vorstellungen ersetzt wurden. Der größte Teil kann seinen eigenen Anspruch an sich selbst nicht erfüllen, verlangt aber von anderen, seinen Erwartungshaltungen zu entsprechen.
Auf diesem Weg kann niemand zu seinem inneren Wesen vorstoßen, geschweige denn zum Wesen derjenigen, die uns umgeben. Wir gleiten lediglich auf einer Oberfläche, die uns immer weiter von der Existenz des SEINS – unserem inneren Wesen – entfernt. Auf diese Weise dreht sich unsere Entwicklung in einem Teufelskreis. So wie uns ein Rettungsring am Tauchen hindert, genauso wird es für uns unmöglich, zu den Tiefen des SEINS vorzustoßen, wenn wir uns nicht von unseren Vorstellungen befreien – im Gegenteil, so werden

wir wie Korken auf der Oberfläche umherschwimmen. Um in unserer Entwicklung wachsen zu können, müssen wir unsere eigenen Tiefen durchwandern und von dort den Anlauf nehmen. Alle Versuche werden natürlich Ergebnisse zeigen. Aber solange der Mensch nicht tief in sich vordringt, werden diese nur oberflächlich bleiben – nie bedeutsam. Der Mensch benötigt viel Kraft und innere Moral, um aus diesem hinterhältigen Spiel mit sich selbst aussteigen zu können. Zuerst muss er sich von seinen Vorstellungen befreien, die ihn an der Oberfläche halten.

Für jeden von uns rückt der Moment der Selbstrechenschaft immer näher, wie sehr ihr ihn auch aufschieben wollt. Das Versteckspiel wird nicht ewig weitergehen können. Besonders wichtig ist es, vorbereitet zu sein. In einem kritischen Augenblick ist Selbsterkenntnis besonders schmerzvoll. Nach diesem Schmerz versinkt der Mensch in solchen Fällen für gewöhnlich in seinem eigenen Sumpf und wählt den Weg der Resignation.

Das Leben bietet uns so viele Möglichkeiten, hinter denen man sich verstecken kann, dass sie gut und gern für mehrere Leben ausreichen würden. Gelänge jeder von uns selbst zu diesen Erkenntnissen, würde jeder auch selbst wählen können.

Ich möchte jedoch, dass ihr eines wisst: Eine der größten Selbstlügen ist es, „Spirituelle Entwicklung" spielen zu wollen. Lasst dieses Versteckspiel auf keinen Fall zu – wenigstens in dieser Beziehung seid hundertprozentig ehrlich! Wetteifert nicht und vergleicht euch nicht mit anderen. Der Wettbewerb ist eine eisglatte, tückische Rutschbahn. Rutscht ihr einmal aus, gibt es keinen Halt mehr!

Das spirituelle Ego ist das grausamste. Benutzen wir an dieser Stelle die alten christlichen Vorstellungen über Himmel und Hölle, so ist der heißeste Kessel der Hölle angefüllt mit denjenigen Menschen, die vom Gipfel ihres spirituellen Egos geradewegs dort hineingefallen sind. Viel ehrbarer ist es, klein zu sein, anstatt groß zu spielen. Wäre der Mensch in der Lage, seinen persönlichen Weg zu durchschauen, würde er das Ausmaß von Unzufriedenheit und Leid – das Gefühl der Leere erkennen, welches ihm dieses auf Vorstellungen aufgebaute Leben eingebracht hat.

Verzweifelt nicht, versucht vielmehr jene Defizite, die mit Vorstellungen angefüllt sind, in euch ausfindig zu machen und sie mit eurer ureigensten, gelebten Erfahrung zu füllen. Ihr könnt alles in euch selbst finden, euch ist alles gegeben! Findet zu euch selbst und ihr werdet Besänftigung erfahren – anfangen, das Leben zu verehren – das Leben in eurem Inneren und das Leben um euch herum.

Teilt nicht immer nach Interessen auf – dies interessiert mich, jenes nicht. Versteckt euch nicht hinter diesem Klischee und lauft nicht nur euren eigenen Interessen hinterher. Noch nie habe ich jemanden gesehen, der auf diesem Weg zu innerem Frieden gelangt wäre, höchstens zu vorübergehender Befriedigung.

Unser Verhalten spiegelt immer unser Bewusstseinsniveau wider – dies bestimmt die persönliche Vibrationsfrequenz. Wohin ihr auch gehen mögt, wohinter ihr euch auch immer zu verstecken sucht, wird sie euch augenblicklich verraten. Nichts anderes als diese persönliche Oszillation bestimmt euer Lebensgefühl. Versucht zu sehen, wie sich die Kette von Schuld und Sühne selbst erschafft! Weder Richter noch Gerichtshof sind notwendig – alles wird zu dir zurückkommen. Das menschliche Bewusstsein jedoch ist zu träge – zu linear, um diese schnellen und globalen Prozesse erkennen zu können.

Wie entwickelt sich dieses Bild in der Zukunft, wenn erst einmal das falsche Schema indoktriniert wurde – dies sowohl bezüglich der Anschauungen als auch hinsichtlich der Beziehungspraktiken? Schon weit im Voraus haben wir selbst für uns entschieden, suchen aber später Schuldige. Warum muss es überhaupt einen Schuldigen geben? Die Suche nach Schuld ist eine Form der Aggression und Dummheit. Solange diese Verhalten auf der Tagesordnung steht, ist es unmöglich, zur Glückseligkeit des Lebens zu gelangen. Es bedarf sehr wenig, den Schritt in Richtung Glückseligkeit zu vollziehen, denn sie umgibt uns in allem. Ihr müsst sie lediglich hineinlassen – und wenn dies geschieht, werdet ihr euch eine wirkliche Wohltat getan haben.

Die Sufis sagen: „Auch wenn du nur einen einzigen Menschen auf den wahren Weg zu führen vermochtest, hat deine Geburt ihren Sinn erfüllt." Eine Bedingung gibt es allerdings – eine sehr wesentliche sogar – der Erste, den du auf diesen Weg führen musst, bist du selbst! Ihr könnt niemanden anderen weiterführen, als bis zu dem Punkt, an dem ihr selbst steht. Ein jeder muss deshalb bei sich selbst anfangen. Jeder sollte aufhören, sinnlos zu kritisieren und anderen seine Vorstellungen aufzwingen zu wollen. Dies ist eine Form von Manipulation – bewusst oder unbewusst.

Die meisten der hier Anwesenden sind Eltern, die ihre Kinder erziehen. Könnt ihr ihnen mehr geben, als ihr besitzt? Ihr könnt nur durch euer persönliches Beispiel erziehen. Aus diesem Grund schlagen wir nach unseren Eltern und unsere Kinder nach uns – schaut genau hin! Wir haben kein Recht von anderen etwas zu verlangen, was wir selbst nicht leisten oder realisieren können. Wir sprechen hier über tiefe ethische Kategorien!

Mit unserem Erscheinungsbild spiegeln wir immer nur unsere eigenen Vorstellungen wider – sie verfolgen viele sogar im Traum. Darum plaudert der Mensch auch unentwegt und nimmt nicht einmal wahr, was er sagt. Es ist die Art und Weise, wie wir uns selbst zum Ausdruck bringen... Einzig im Gebet und in der Meditation – im Zustand der Leere und Stille, sind wir in der Lage, unseren Vorstellungen für kurze Zeit entfliehen zu können. Hier gewinnen wir

Kraft, Anmut, Schönheit und Ausstrahlung. Deshalb kommunizieren die Weisen, die Demut erlangt haben, in Stille und versuchen so, ihr Wesen auszudrücken – das göttliche nämlich, das nur erfahren werden kann – nicht das menschliche, welches plappernd auf leeren Vorstellungen herumreitet.
Fühlt euch durch meine Worte bitte nicht angegriffen. Versucht, hinter meine Worte zu schauen und ehrlich mit euch selbst zu sein. Jeder von euch kann das und wir alle sind uns diese Rechenschaft selbst schuldig. Niemand ist besser oder schlechter als der andere. Jeder von uns hat genug eigenen Müll vor der Haustür. Doch wir sollten ihn anschauen und sortieren, bevor er anfängt zu stinken.
Lasst uns unsere leeren Vorstellungen in die Mülltonne werfen. Die Welt wäre etwas sauberer ohne diesen Müll.

Frage: Im Bestreben, unsere Defizite ausfüllen zu wollen, fallen wir immer wieder selbst auf uns herein. Wie können wir uns warnen vor dieser Gewohnheit?

Zanko: Um die Spreu vom Weizen trennen zu können, muss man den Mut haben, sich selbst anzuschauen. Eine rosarote Brille hilft dir gar nichts, dann spielst du nur dein altes Spiel mit neuem Spielzeug. Verlasse die Ebene des Spiels, dann ist auch das Spielzeug uninteressant. Du selbst musst dich stoppen in dieser Gewohnheit. Werde bewusster und spring heraus aus dieser Mühle. Solange du noch nicht WACH bist, kommt da etwas „Arbeit" auf dich zu! Die Mühe lohnt sich jedoch im Gegensatz zu den Spielchen! Es ist genug, wenn du erkennst. Dann kannst du wählen.

Frage: Bedeutet das, ich sollte mich total zurückziehen in die Einsamkeit?

Zanko: Wer hat das gesagt? Du kannst überall allein sein – ob im Himalaja oder in New York. Äußerlichkeiten sind ohne Bedeutung. Die meisten Menschen fühlen sich einsam und spielen sich ständig etwas vor. Es reicht, wenn du deinen inneren Tempel betrittst – in Stille. Dieser ist immer dort, wo auch du bist – ob am Nordpol oder auf dem Basar. Dein innerer Tempel ist immer genau HIER. Frage dich selbst, wer hier spielt.

Frage: Wie können wir mit den Bewertungen der anderen besser umgehen?

Zanko: Jede Bewertung ist nur eine Meinung, aufgebaut aus haltlosen Vorstellungen. Keine Meinung ohne Bewusstheit besitzt eine Wurzel, denn jede Vorstellung ist veränderlich. Befreie dich aus diesen Zügeln. Um jede Meinung baut sich eine Herde auf. Doch weder die Vorstellungen noch die Herde sind der Rede wert. Versuche herauszufinden, was wirklich WERT hat.

In Zweifel verstrickt

Heute möchte ich mit euch über das Thema Zweifel sprechen. Einleitend eine kleine Geschichte, die an diese Weste geknüpft ist, die mir M. kürzlich schenkte. Meine Dankbarkeit bezieht sich nicht nur auf die Weste, sondern vielmehr auf die Geschichte dahinter: M. erzählte mir, sie habe sie mit der Hand genäht, als Maß hätte ihr eine Umarmung gedient.

Etwas später fügte sie einen Satz hinzu. Es war die Geschichte ihres Lebens in einem einzigen Satz. Während sie genäht habe, seien ihr Zweifel gekommen... Hier beginnt die Geschichte eines jeden von uns, die Geschichte eines jeden Menschen. Stellt euch ein makellos weißes Tuch vor, welches in einem Kamin aufgehängt wurde. Wie mag es hinterher aussehen? Es wird nicht mehr dasselbe sein – so schwarz und mit Ruß befleckt.

Genauso sieht das Schicksal von allem aus, was durch den Verstand gefiltert wurde. Wie kristallklar etwas zuvor auch gewesen sein mag, sobald es durch die Mühle der Zweifel und Bewertungen gewandert ist, erscheint es voller Ruß – es ist nicht mehr dasselbe. Das, was übrig bleibt, ist lediglich jenes, was wir zugelassen haben. Bevor wir es überhaupt annahmen, haben wir es bereits durch unseren Verstand gesiebt – durch unsere Zweifel ist es schon halb zunichte gemacht worden. Absolut jede Art von Bewertung – ohne Ausnahme – verzerrt den Blickwinkel!

Warum bewertet der Mensch eigentlich ständig, was ist das für ein Phänomen? Hmm...? Der Mechanismus heißt Zweifel. Wir zweifeln ununterbrochen. Alles wird in Zweifel gezogen. Im Leben eines Menschen gibt es nichts, woran er nicht schon gezweifelt hätte. Sogar an dem, wovon er behauptet, zu glauben. Echter, tiefer Glaube ist groß, er entspringt jedoch der Erkenntnis! Der gewöhnliche Glaube ist lediglich Ausdruck von Zweifel. – Wodurch aber ist das Bedürfnis zu glauben entstanden? Es ist einzig und allein der Versuch, auf diese Weise das ewige Misstrauen zu bändigen – pure Kompensation! Mit wahrem Glauben hat dieses Prinzip nichts zu tun, denn es ist nichts anderes als Analphabetentum des Bewusstseins! Daraus resultiert auch die ständige Suche nach Sicherheiten. Was bietet der Mensch im Austausch an? – Unsicherheit. Die Menschheit verwandelt sich unmerklich in Dealer – Händler im Tempel – Münzwechsler der Handelsware Sicherheit gegen Unsicherheit! Wer gab uns die Lizenz dafür? So erschaffen wir uns selbst eine unsichere Welt – einen Basar im Austausch von Zweifeln.

Wir leben im Dunst der Substanz, die wir selbst verströmen. Leider ist dieser dick und stinkt. Wir warten darauf, dass das Leben uns etwas bieten möge – warum? Weil wir nicht zufrieden sind, mit dem, was uns das Leben bietet. Immer erwartet der Mensch mehr, als er selbst zu geben bereit ist.

Seht ihr, wie lang die Geschichte einer kurzen Weste sein kann? Ein ganzes Leben... Es spielt keine Rolle, wer sie erzählt. Zufällig bin ich jetzt hier, morgen ist es vielleicht jemand anderes. Vertraut eurer Intuition und nicht dem Gebrabbel des Verstandes. Er wird euch immer in Zweifel ziehen!

Jede Erscheinung ist mindestens zweigerichtet – wie nach außen, so auch nach innen. Indem ihr nach außen in die Welt sendet, öffnet ihr gleichzeitig die Tür zu eurem Inneren, wo sich alles niederschlägt, doch so weit vermögen wir meist nicht zu sehen.

Nur zu gut sehe ich die menschlichen Schwächen – angefangen von fehlendem Vertrauen, über Zweifel und Unsicherheit bis hin zu fehlender Standhaftigkeit. Ich leide nicht darunter, dass ihr mir zuweilen nicht glaubt oder mich nicht versteht. Ich leide, weil ihr nicht an das Leben, an die Existenz und ihre Prinzipien glaubt. Man muss sich seine Schwächen sehr genau ansehen, ansonsten wird man ein ganzes Leben über sie stolpern. Nichts ist schwerer als sich selbst treu zu sein und nichts leichter als dieses Selbst zu verkaufen! Spaltet euch nicht fortwährend, denn nur allzu unmerklich verkauft sich eine zerrissene Seele – Stück für Stück, bis nichts mehr übrig bleibt. Seid wach! Vertreibt die Wechsler aus dem Tempel!

Frage: Wann wird der Mensch von seinen Zweifeln erlöst und damit von der scheinbaren Alternative, glauben zu müssen?

Zanko: Erst wenn er es schafft, aus der Ursache zu springen. Der Drahtzieher bleibt der Verstand mit seinen Vorstellungen. Der Mensch muss sich als Ganzheit wiederfinden. Er sollte sich bestärken auf der Suche nach anderen Möglichkeiten, anstatt sich auf den Verstand zu reduzieren. Solange der Mensch nur versucht, seinen Verstand zu bestätigen, wird er auch immer nur seine Ängste, Vorstellungen, Zweifel und Grenzen bestätigen. Das Auflösen dieser Hirngespinste geschieht auf dem Weg über das Vertrauen, der Erkenntnis, der Bewusstheit und dem anschließenden Verschmelzungsprozess.
Die Illusionen der dritten Dimension werden in der vierten aufgelöst. In der zweiten Dimension existieren nur sehr begrenzte Möglichkeiten, den Raum erfahren zu können. Alles bleibt nur Zweifel oder Spekulation – bis in der dritten Dimension erfahren werden kann – die Trennung ist durch den Sprung in die nächste Dimension aufgehoben worden. Nicht einmal die Frage ist noch geblieben, geschweige denn Zweifel. Die Illusion ist einfach „verpufft".

Seid gnädig zu euch selbst

Eine alte Weisheit besagt, du wirst ernten, was du gesät hast. Dieses Prinzip gilt für alle menschlichen Unternehmungen, ganz besonders sind davon jedoch unsere wechselseitigen Beziehungen betroffen, die wir auf allen Ebenen eingehen – angefangen vom Pförtner, dem wir nur „Guten Tag" sagen, bis hin zu den tiefsten innerlichen Beziehungen zu denen, die uns am nächsten stehen.
Unsere innere Reife und Stärke bestimmt die Qualität unserer Bindungen. Ich kenne niemanden, der von sich behaupten könnte, er habe ein wunderbares Verhältnis mit seinen Nächsten. Unsere Beziehungsverhältnisse sind Ergebnis unserer Saat, die wir gehegt und gepflegt haben und die am Ende als Ausdruck unserer Ernte in Erscheinung tritt. Wir erhalten genau den Anteil in Qualität und Quantität, den wir gesät haben, allerdings mehrfach potenziert.
Sehr häufig höre ich Klagen darüber, dass ihr euch unverstanden fühlt – hier meine ich nicht unbedingt die vielen kleinen Reibereien im Alltag. Wovon ich spreche, sind jene Beziehungen, die ihr selbst erschafft und in Wirklichkeit doch nicht schafft. Ihr beginnt, es entwickelt sich mehr schlecht als recht bis zu einem bestimmten Punkt weiter und dann lasst ihr alles brachliegen – weder sauber abgeschlossen noch beendet im weitesten Sinne. In dieser Art von Beziehungen positioniert ihr euch entsprechend eurer eigenen Vorstellungen – die Vorstellung von dem, was ihr meint zu sein und die Vorstellung von dem, was ihr für euer Anrecht haltet. Was für Chimären! Unser Heimkino im Kopf ist eine der größten Banalitäten, in die wir verfallen – das Absurdum irgendeiner Vorstellung, die wir entweder selbst oder fremdüberlagert geschaffen haben. Wie sieht nun das Ergebnis aus? – Zum Heulen... Beziehungen zwischen Einzelgän-

gern, die vorgeben ein Team zu sein und sich am Ende zerfleischen. Sie lügen, betrügen, verleumden und intrigieren – alles unter Deckmänteln von Teamwork, Familie oder Liebe.
Welche Ernte könnten wir von faulem Samen erwarten? Jeder weiß nur zu gut, was er für sich gesät hat! Viele kommen zu mir, um sich den Schmerz von der Seele zu reden, aber nie habe ich den Satz vernommen: „Ich habe einen Fehler begangen, wie kann ich ihn wieder gutmachen?" Mit bewusster Reue kam noch nie jemand zu mir. Deshalb fällt es mir sehr schwer, Menschen Ratschläge zu geben, die sich selbst nicht erkennen möchten und nicht bereit sind, ihr wahres Gesicht sehen zu wollen, die sich verstecken, rechtfertigen, ständig mit sich selbst handeln und die Schuld bei anderen suchen.
Es fällt dem Menschen deshalb so schwer, sich erkennen zu können, weil er den Blick nach außen und nicht nach innen richtet. Ständig guckt man außen umher, sucht dort nach etwas, was man innen nicht gefunden hat. Reine Kompensation! Besonders gravierend ist die Annahme des Glaubens, etwas geben zu können, im gleichzeitigen Festhalten an Erwartungshaltungen. Sie sind da, auch wenn wir sie nicht aussprechen.
Der niedrige Grad an Bewusstheit kommerzialisiert unsere Beziehungen! Bestürzend ist, dass die Kinder schon so erzogen werden. Man verwandelt ihre unschuldigen Seelen in merkantile Beziehungsagenten. Das ganze Leben wird entwertet, indem mit Beziehungen Handel getrieben wird.
Unabhängig davon, wie viel Wissen und Erfolge wir im Leben erworben haben, an absolut erster Stelle steht, sich eine tiefe innere Anständigkeit im Umgang mit Beziehungen zu erarbeiten. Dies ist eine bewusste Entscheidung! Nur aus ihr kann sich Toleranz entwickeln. Wir selbst bestimmen die Kraft, mit der wir den Boomerang auswerfen. Er wird genau dorthin zurückkommen, von wo er ausgeworfen

wurde – nur wird die dahintersteckende Energie um ein Vielfaches potenziert sein. Bevor wir ihn also auswerfen, sollten wir uns über zwei Fragen im Klaren sein: Wissen wir, was wir tun und sind wir bereit, den Gegenschlag zu ertragen?

Es ist wirklich eine Strafe, im Fuhrwerk von verlogenen Beziehungen eingespannt zu sein. Dies gleicht einer Beziehungstragödie mit unabsehbaren Folgen, weil man nicht ohne weiteres aufhören kann. Wie finden wir einen Ausweg? Ratschläge will ich niemandem erteilen, ich kann nur so viel sagen: Es erfordert ungeheuren Mut und unglaublich viel innere Stärke, diesem Versteckspiel zu entkommen, vorausgesetzt, man erkennt dies überhaupt.

In unserer kommerziellen Zeit – in der echte Werte zu einer Seltenheit geworden sind, einer Zeit der freien Marktwirtschaft, des Geldes, der Ausbeutung und des Konsums – ist die Matrize des Wahnsinns erbarmungslos. Täglich erscheinen neue Kopien auf den Markt. Ohne Besinnung und ohne Stopp vor dem eigenen Sog in diesem Strudel wird man inadäquat und verliert sich – bis man eines Tages erkennen muss, dass man sich selbst zu einer Raubkopie entwickelt hat! Sich beizeiten stoppen zu können, ist ein wesentlicher Teil der Wachheit: Wenn niemand da ist, dich zu stoppen, tue es selbst! Ohne Wachheit kann es keine echte Entwicklung geben.

Jeder sollte aufhören, dritte Personen in ungeklärte Situationen einzubeziehen. Wir müssen unsere eingebrockte Suppe selbst bis zum Ende auslöffeln! Seid gnädig und tolerant zu euch, rennt nicht ständig euren Vorstellungen, Leidenschaften und Wünschen hinterher. Lebt in innerem Frieden mit euch selbst und schafft Frieden mit allen anderen Lebewesen.

Andere Wege erzeugen nur Karma. Das heißt, ihr werdet irgendwann zu dieser Stelle zurückkommen müssen, wo ihr versäumt habt, dies bewusst zu erkennen. Am Morgen erkennt man den Tag, die menschlichen Beziehungen jedoch erkennt man schon am Abend zuvor. Man sagt, so wie du gelebt hast, wirst du am Ende auch sterben. Wer als Taugenichts gelebt hat, wird als Taugenichts sterben, wer als Heiliger gelebt hat, stirbt als Heiliger. Seid deshalb sehr wachsam... Seid gnädig zu euch selbst!

Frage: Wenn wir uns in einer Beziehung nicht verstanden fühlen, sondern verletzt und eingesperrt, sollten wir dann die Beziehung abbrechen?

Zanko: Die Menschen gehen Beziehungen ein und trennen sich auch wieder aus den unterschiedlichsten Gründen. Wenn eine Beziehung nicht schön ist, versuche zumindest die Trennung angenehm zu gestalten, auch sie ist Teil der Beziehung. In einer toten Beziehung gibt es kein Leben mehr. Warum daran festhalten? Was vorbei ist, ist vorbei. Vielleicht war auch nie da, was angenommen wurde? Ohne Freude ist auch keine Beziehung sinnvoll. Jeder muss ganz individuell seinen Weg finden. Ratschläge wären hier fehl am Platz. Jede Beziehung ist auch immer eine Möglichkeit für einen Lernprozess. Lernen in Freude macht mehr Spaß als mit dem Stock. Entscheide selbst und versuche, deine Beweggründe zu erkennen.

Frage: Warum fällt es uns schwer, in Freundschaft auseinander zu gehen und weshalb können wir ein kaputtes Beziehungsverhältnis nicht sauber abschließen?

Zanko: Das waren gleich zwei Fragen auf einmal. Ich stelle fest, dass der Mensch lieber in Agonie lebt, als etwas erkennen zu wollen. Es ist fast so, als liebe er sein eigenes Leid. Eine Beziehung zwischen Mann und Frau hat ohne Liebe keine Schönheit. Alle Schwierigkeiten entstammen mangelnder Liebe. Die Tiefe der Liebe bestimmt die Qualität einer Beziehung. Es ist so einfach, du brauchst nur ein wenig Mut, die Dinge so zu erkennen wie sie sind.

Frage: Das hieße aber, ich müsste allein bleiben. Vor Einsamkeit habe ich jedoch Angst

Zanko: Zwei Einsame unter einem Dach werden immer einsam bleiben. Deine Illusion nimmt dir die Chance, jemals wahre Liebe erfahren zu dürfen.

Frage: Wie kann ich mich von meinen Abhängigkeiten befreien?

Zanko: Jede Art von Abhängigkeit ist eine Kompensation mangelnden SEINS. Je größer diese ist, desto tiefer musst du in dich selbst hineinschauen. Die Liebe selbst kann nie eine Abhängigkeit sein. Sie ist ein gegenseitiger Durst und auf diesem Niveau vollkommen unabhängig – frei von Erwartungen und Bedingungen. Liebe wird nur in Freiheit geboren. Sie selbst bedeutet Freiheit. Wer Liebe IST, ist frei.

Ein bisschen verrückt ist schön

Seid ihr euch bewusst, dass es draußen gerade regnet? Wahrscheinlich habt ihr euch darauf vorbereitet, jetzt ruhig zu werden – in Stille zu sein. Doch darüber solltet ihr gar nicht nachdenken. Da gibt es nichts zu tun. Solange ihr eure innere Stille nicht entdeckt habt, erwartet keine Ruhe von mir.

Im Zustand einer scheinbaren äußeren Ruhe, ohne innerlichen Frieden, versucht ihr, euch selbst nur fortwährend unter einem Schirm zu verstecken. Deshalb werden wir es jetzt umgekehrt versuchen. Eine offensichtliche äußere Unruhe sollte uns zu innerer Stille verhelfen. Wisst ihr, wie ich diesen Zustand nenne? – Verrücktheit.

Einige behaupten, Bescheidenheit mache den Menschen schön. An dieser Stelle möchte ich hinzufügen, eine gewisse Verrücktheit macht den Menschen anziehend. Jede Art von Bescheidenheit ist mehr oder weniger betont gespielt, vorgetäuscht, oder im Sinne von „Tun" gemacht, wenn sie nicht der Demut entspringt... Wird Bescheidenheit als Mittel zum Zweck benutzt, kann als Resultat keine echte innere Stille erwartet werden. Es verhält sich genau umgekehrt. Nur aus innerer Stille heraus kann echte Bescheidenheit geboren werden.

In jedem von euch liegt ein Zustand von natürlicher Verrücktheit verborgen. Ich spreche hier jedoch nicht von der Art von Verrücktheit, die „gemacht" wird. Vielmehr meine ich einen Zustand, der in uns anwesend ist und sich entfalten möchte. Es handelt sich hier um ein unverfälschtes Gefühl, was in jedem Menschen verborgen liegt, tief innen. Doch der Wunsch nach dessen Ausleben wird ständig gedeckelt und in Rahmen gepresst.

Dieser innere Zustand von natürlicher Verrücktheit im Sinne von Entzücken möchte in euch wie aus einer Quelle heraus nach oben sprudeln. Habt ihr beobachtet, wie eine Flasche Sekt entkorkt wird? Der Korken explodiert nach oben, so gibt er der inneren Kraft nach. Nicht umgekehrt.

Die Verrücktheit ist einer der natürlichen Zustände unseres Wesens. Ein Zustand von ungezügelter Spontaneität, nur durch unsere Vorstellungen zur Verrücktheit abgewertet. Im Ausleben der akzeptierten Vergnügungen, die sich Menschen erlauben, wie im Zelebrieren des Essens und Trinkens, versucht der Mensch, diese innere Spontaneität zu öffnen. Doch warum sollten wir uns nur über Mittel, Anlässe und zu bestimmten Momenten Eintritt zu unserer inneren Quelle erlauben?

Alles, was wir uns selbst oder anderen erlauben, ist abhängig von der Frage des Status und gleichzeitig verbunden mit einem tiefen inneren Ehrgefühl. Im Spiel mit der Erlaubnis gilt es, eine innere und eine äußere unterscheiden zu können. Eure innere Erlaubnis wird jedoch einer äußeren unterstellt. Sie wird abhängig gemacht von äußeren Rahmenbedingungen und unterwirft sich somit einer doppelten Begrenzung. Diese Welt ist durch ihre eigenen Ein- und Beschränkungen künstlich verrückt geworden. Die wahre innere Freiheit steht jedoch weit abseits von Rahmenbedingungen.

Aus diesen Gründen schlage ich euch jetzt eine von meinen „verrückten" Lieblingsmeditationen vor, um euch zu erlauben, eure innere Verrücktheit frei entfalten zu können. Spontaneität ist ein Schlüssel zu eurem Wesen. Über die Spontaneität könnt ihr mit eurer eigenen inneren, intimen Freude in Berührung kommen.

Der Mensch sollte ein „innerer Rebell" sein, nur so kann er seinen Wunsch nach Freiheit zum Ausdruck bringen, diesen erfahren und bestätigen. Die Menschheit hat jedoch große Angst vor Verrücktheit. Mit allem, was sie bisher zuließ, hat sie sich wirklich in eine verrückte Welt verwandelt – im Sinne von krank. Für alles gibt es Schub-

laden und vorgezeichnete Schablonen. Die Kriterien sind geradezu auf den Kopf gestellt, umgedreht, paradox. Freiheit bezeichnet sie als Verrücktheit.
Vergesst eines nie: Allgemeines Sklaventum ist immer und überall möglich – allgemeine Freiheit nie. Echte Freiheit kannst du immer nur persönlich erreichen. In deinen Händen liegt es, frei zu sein. Die innere Freiheit ist einfach SEIN – ein Tanz mit der Existenz.

Süße, göttliche Magie

Zanko: Wie fühlt ihr euch?

Antwort: Wir fühlen uns noch.

Zanko: „Ihr fühlt euch noch?" Ich denke, ihr fangt gerade erst an, euch zu fühlen. Jetzt möchte ich euch etwas fragen, worüber ihr wahrscheinlich noch nicht nachgedacht habt: Wo gibt es in dieser Galaxie die meisten Begrenzungen?

Antwort: In der Materie selbst.

Antwort: Im menschlichen Verstand.

Antwort: Im Menschen an sich.

Zanko: Die meisten künstlichen Begrenzungen existieren in der menschlichen Welt. Diese Tatsache anzuerkennen wäre ein wirklicher Fortschritt! Genau durch diesen Mangel an Freiheit schwingt der Mensch so viele Reden über die Freiheit, träumt von ihr und führt sogar Kriege in ihrem Namen. In Wahrheit aber imitiert er die Freiheit nur und nicht nur diese – eigentlich imitiert er alles.
An dieser Stelle eine kleine Geschichte, in der ich selbst Teilnehmer war. Im Alter von fünfzehn Jahren gehörte ich einer Musikband an. Wir haben in dieser Zeit versucht, die Beatles zu imitieren. Viele Vorbereitungen hinsichtlich des Outfits waren notwendig. Sogar eine kleine runde Brille, wie Paul McCartney sie trug, hatte ich mir zugelegt. In unserer Besessenheit, die Beatles so perfekt wie möglich

nachzuahmen, ruinierten wir unzählige Schallplatten, Plattenspieler und auch unsere Stimmen, die ohnehin sehr wackelig waren zu dieser Zeit. Diese Art von Musik in Form von Imitation hat uns sehr viel Kraft gekostet, doch ich möchte euch etwas beichten: Wir sind immer nur Imitatoren geblieben! Nie haben wir es geschafft, dem Original nahe zu kommen.

Obwohl wir das Maximum aus uns herausgeholt hatten, blieben wir nur eine billige Kopie, weil wir die Rahmenbedingungen der Imitation nie verlassen konnten. Jeglicher Schöpfungsprozess blieb in der Schublade des Nachahmens stecken. Kopie bleibt Kopie, darum sind wir auch auf die Nase gefallen. Wahrscheinlich habt auch ihr in diesem Alter Idole gehabt und versucht, den einen oder anderen in einer bestimmten Art und Weise zu kopieren.

Eine solche Erfahrung ist nicht schlecht in diesem Alter. Doch es ist geradezu pervers, wenn das ganze Leben zu einer Imitation degradiert wird! In einem Programm kann nichts Neues geschehen. Die Menschen haben sich verirrt, weil sie die Kriterien bezüglich des Lebens und seiner Imitation verloren haben. Sie können das eine vom anderen nicht mehr unterscheiden. Dieses Nachahmen zeigt sich besonders gut im Ausleben des Gefühls unserer so genannten Freiheit.

Frage: Wie können wir wahre Freiheit in der Gesellschaft verwirklichen, wenn die Gesellschaft uns so sehr für sich eingenommen hat und uns gefangen hält?

Zanko: Auf der einen Seite bist du in die Gesellschaft integriert, doch auf der anderen Seite bist du dir selbst aber auch verantwortlich. Die Frage scheint logisch, doch warum sollten wir den Tag von der Nacht abgrenzen? Beides ist vorhanden, dass kann sogar ein Blinder sehen. Wir fließen von der einen Seite in die andere. An dieser Stelle möchte ich eine Botschaft von Jesus zitieren: „Gebt Gott das Göttliche und dem Kaiser, was des Kaisers ist.” Dies jedoch müsst ihr für euch klar definieren. Genau darin liegt der eigentliche schöpferische Prozess verborgen, den ihr entdecken solltet.

Seid Schöpfer – nicht Imitatoren! Imitation erzeugt Leid. Im Schöpfen findet Berührung mit der inneren Freude statt, die euch das ganze Leben begleiten kann. Die Imitation kann nichts gebären. Sie ist nicht lebendig, schon tot geboren. In ihr ist keine Entwicklung möglich, kein Wachstum, da kein Potenzial vorhanden ist. Lebendig ist einzig der Schöpfungsprozess. So hat Gott die Welt erschaffen, jedoch hat er sie nicht kopiert.

Die Schöpfung selbst erschafft und hat uns durch und in uns einen Schöpfer geschenkt. Im Inneren des eigenen Schöpfers liegt unendliche Freude verborgen. Die Freude des Lebens selbst. Das Gewahrwerden der inneren Freiheit geschieht im Schöpfungsprozess. Jeder Buddha ist ein Schöpfer.

Was ist Samadhi? Was ist Erleuchtung? Sie sind das Anknüpfen an die Quelle – die Schöpfung selbst, die kein Ende hat und ewig lebt. Das Verschmelzen mit der Schöpfungsquelle, mit ihr eins zu SEIN, das ist Nirvana.

Dieser Schöpfungsprozess kommt in jeder Lebensform, zu jedem Zeitpunkt und in jeder Sphäre des Lebens zum Ausdruck. Egal, was du bist, ob Tischler, Maler, Handwerker oder Bettler, jeder kann ein Schöpfer sein. Wichtig ist nicht, was du tust, wichtig ist es, Schöpfer zu sein. In der menschlichen Entwicklung ist es normal, durch verschiedene Etappen der Nachahmung zu gehen. Doch auf diesem Level zu verharren, bedeutet, das Schöpferpotenzial zu töten – du degradierst dich zur Funktion. Entdeckt ihr jedoch euren eigenen Schöpfer in euch, werdet ihr euch selbst genug sein. Die meisten eurer Defizite werden sich auflösen wie Schnee von gestern. Im

Nachahmen von Modellen bleiben wir lebendig begraben. In der Matrix gibt es kein LEBEN. Wie auch immer nach außen die Matrix verziert ist, sie bleibt eine Matrize – als Kopie geboren.
Jedes vorgefertigte Muster macht uns abhängig auf Kosten der Freiheit. Auch auf dem spirituellen Weg, in der Esoterik schlechthin, gibt es billige Kopien, Imitationen und Nachahmungen. Es gibt sogar „Meisterkopien". Fast jeder fängt einmal so an, doch sollte niemand am Anfang stehen bleiben. Die so genannte Spiritualität ist auch nur ein Aspekt der Vielfalt des Lebens. Ein etwas feinerer vielleicht als viele andere, die man anfassen könnte, doch bleibt auch sie lediglich ein kleiner Ausschnitt.
Die Art der Täuschung und Selbsttäuschung durchdringt schon das gesamte Leben des Menschen, doch liegt es an uns, den Grad eines jeden Aspektes zu ergründen. Solange wir unser ureigenes schöpferisches Potenzial nicht entdecken können und uns nur in spirituellen Schablonen bewegen, werden wir uns im Kreis drehen und uns lebendig begraben. Es existiert ein großer Unterschied zwischen Folgen und Nachahmen. Versucht selbst, ihn zu ergründen. Somit verweise ich lediglich auf die Existenz eines solchen, die Essenz solltet ihr selbst schmecken.
Das größte Potenzial an Möglichkeiten für das Schöpfen selbst wie auch dessen Schatten, das Nachahmen, ist in der Gesellschaft selbst zu finden. Leider liegt hier meistens die Betonung auf Matrix, selten sind die Lücken geworden, in denen Freiraum für persönliches Schöpfen entdeckt werden könnte.
Versteht mich richtig, ich bin kein Feind der Gesellschaft, genauso wie ihr bin ich in dieser geboren und auch deren Produkt. Das Ei kann nicht Feind des grauen Huhnes sein, doch aus ihm kann ein schillernder Hahn schlüpfen. Sucht den inneren Schöpfer in euch, so werdet ihr nicht nur eine Matrize sein. Jeder Nachahmungsprozess

macht uns gesichtslos. Erst wenn wir selbst zum Schöpfer geworden sind, können wir Gott das Göttliche und dem Kaiser das Seine geben. Seid deshalb wachsam auf eurem Weg, denn auch auf der spirituellen Suche können wir zu einer Matrix degenerieren. Die Gefahren lauern überall, doch wisset: Ohne je eine Kirche betreten zu haben, kannst du näher bei Gott sein als diejenigen, die jeden Sonntag als Matrize das „Gotteshaus" besuchen.

Frage: Jedes Kind wächst als Imitator auf. Niemand hat uns jemals gelehrt, Schöpfer zu sein. Fast alle Schöpfer der Gesellschaft blieben unverstanden und unglücklich. Wie kann der Mensch diesem Schema entrinnen und selbst ein Schöpfer werden?

Zanko: Wenn du nicht herauskommst aus diesem Schema, wirst du in diesem Schema sterben und aus dir selbst Torf machen! Sei wenigstens etwas, sonst wirst du als Nichts in Nichterkenntnis sterben. Dann warst du nicht mehr als ein Samenspender auf diesem Planeten. Die Matrix nicht zu erkennen, wäre wirklich traurig, so verdammst du dich selbst. Aus diesem Grund sind Retreat und Stille so wichtig. Hier kannst du dich erinnern, dein Schöpfer liegt in dir verborgen. Du musst dich deiner selbst erinnern, um diesem Teufelskreis entkommen zu können. Nur Selbsterkenntnis wird dir helfen, das Spiel zu durchschauen. Dies erfordert Kraft und Mut, doch sonst kommst du sowieso „auf die Rolle".
Worauf also warten? Du selbst kannst wählen zwischen Original und Kopie – zwischen Sarg und ewigem Leben. Es ist eine Frage deines Durstes und deiner inneren Motivation.

Frage: Welche schöpferische Rolle liegt in der Gesellschaft verborgen? Hat sie einen Sinn?

Zanko: Die Gesellschaft stellt eine Fabrik von Herausforderungen dar. Indem du diese annimmst, kannst du deinen eigenen Schöpfungsprozess entdecken.

Frage: Wie können wir uns von der Imitation in die Liebe verwandeln? Wo liegt der Schlüssel?

Zanko: Mit dem Feuer eines Vulkans und dem Herzen einer Maria. Lasst eure Herzen sprechen. Das Herz macht niemals Fehler. Doch seid bedacht, das Herz stammt nicht aus der Fabrik des Egos!

Frage: Jemand soll Michelangelo einmal gefragt haben, wie er in der Lage sei, so wunderschöne Statuen zu erschaffen. Seine Antwort sei gewesen, Gott habe sie bereits erschaffen, er habe lediglich den Stein um sie herum weggemeißelt. Wie können wir diesem Beispiel im Leben folgen?

Zanko: Eine schöne Frage. Michelangelos Antwort war ebenso schön. So solltest du ähnlich einem Bildhauer nur das Wesen, welches Gott in dir selbst erschaffen hat, erkennen und dich befreien von deinem äußeren Stein. Befreie dich von allen Lasten, allem Unnötigen, allem Staub und allen Matrizen!

Frage: Es gibt wenig große Taten, doch viele kleine, die mit sehr viel Liebe vollbracht wurden. Ist die Liebe eine Notwendigkeit für den Schöpfungsprozess?

Zanko: Es kann keinen schöpferischen Prozess ohne Liebe geben! Die Sonne scheint – das ist Liebe. Die Liebe ist wie ein Hauch. Sie ist da oder nicht. Als Zustand können wir sie bestätigen, doch ihr

Mysterium kennen wir nicht – so wird es immer verborgen bleiben.
Die Liebe ist die süße Magie Gottes – eine Nabelschnur, durch die Gott in uns eindringt. Der größte schöpferische Prozess einer jeden Seele ist die Entdeckung der Liebe Gottes in sich selbst. Diese Eröffnung für die Liebe in Liebe durch Gottes Liebe in Liebe zu verschmelzen, ist der größte Schöpfungsprozess.
So hat Gott in dir den Weg eröffnet, selbst Liebe zu werden – zu SEIN. Du musst diesen Weg lediglich vom Staub befreien – alles ist schon in dir.

Unser inneres Haus

Warum versucht der Mensch ständig, das Pferd hinter den Karren zu spannen, wo es doch nach vorn gehört? Wisst ihr, wie ein Vulkan ausbricht? Zuerst kommen die Steine zum Vorschein. Auch ihr habt viel geweint, bis ihr anfingt zu singen. Da gibt es nicht viel zu sagen, es fließt durch euch hindurch – ihr erlebt es.
Ich werde versuchen, euch ein beliebtes menschliches Schema durch ein Beispiel aufzuzeigen: Viele von euch haben bei der Renovierung unserer neuen Räumlichkeiten mitgeholfen und wissen, wie sie am Anfang aussahen. Dort musste zuerst alles Alte und Morsche herausgerissen werden. Dazu kam jeder noch mit seinen eigenen Geschichten, die ebenfalls zusammen mit den Bergen von Unrat ins Gewicht fielen. Mit jedem alten Gebäude, welches renoviert werden muss, verhält es sich ähnlich.
Meine Nachbarn renovierten erst kürzlich ihr Haus. Sie wechselten die Tapeten, schmierten hier und da Farbe an die Wände und waren sehr stolz, ihre Arbeit so schnell erledigt zu haben. Nach einigen Monaten kamen die alten Flecken durch die neuen Tapeten zum Vorschein. Jetzt sind sie wieder am Renovieren. Damit ein altes Haus tatsächlich wieder ansehnlich wird, muss es gründlich erneuert werden. Das Beste wäre, es neu zu errichten.Dies ist nur ein äußeres Beispiel, welches ihr versuchen solltet, auf euer Inneres zu übertragen. Deutlich genug?
Jeder trägt in seinem Inneren sein altes Haus mit sich herum und kann es nach freier Wahl aufarbeiten. Es hängt ganz von seinen Bedürfnissen und seiner persönlichen Motivation ab. Bis die Entscheidung über den besten Platz für die Möbel getroffen wird, hat jeder schon einen langen Weg zurückgelegt. Alles nimmt seine Zeit

in Anspruch. Die Dreckarbeit muss sauber abgeschlossen werden, erst dann kann man sich am Einrichten erfreuen.
Wisst ihr, wie alt die inneren Häuser sind, in denen wir leben? Sicherlich älter als die ägyptischen Pyramiden, die so viele versteckte Winkel haben – so viele dunkle Ecken. Könnt ihr euch vorstellen, wie dringlich eine Instandsetzung ist? Andernfalls werden die alten Pyramiden irgendwann über unseren Köpfen zusammenbrechen. Oft werde ich gefragt, wann dieser Instandsetzungsprozess aufhören wird. Wie kann ich sagen, wann er aufhört, wenn ihr noch gar nicht begonnen habt? Der innere Renovierungsprozess wird euch das ganze Leben begleiten. Er hört nie auf. Genauso muss es auch sein. Andernfalls wäre mir, als sollte ich sagen, wann das Leben aufhören würde. Wer beschlossen hat, eine Grunderneuerung seines inneren Hauses durchführen zu wollen, muss entschlossen die Ärmel hochkrempeln, sehr motiviert sein und innere Stärke zeigen, um nicht vorzeitig aufzugeben. Keine Arbeit geschieht umsonst. Ohne Motivation wird das Haus jedoch keinesfalls schön.
Aus jedem anderen Haus kann man ausziehen – aus seinem inneren niemals. Man kann es nicht verlassen oder verkaufen. Von Zeit zu Zeit kann ich mich im Keller verstecken, könnte ich, wenn es klingelt, einfach nicht aufmachen. Doch so würde ich die Chance verpassen, etwas Schönes hereinzulassen.
Wisst ihr, wie vielen Menschen und ungeahnten Möglichkeiten wir schon die Tür zugeknallt haben? – Keiner weiß es. Es könnte der scheinbar unerwünschteste Gast sein, der das hellste Licht in unser Haus brächte. So viele Fragen gibt es, die man sich hinterher stellen könnte, doch solange die Handlung läuft, wird das Wesentliche verpasst. Der Mensch kann leider nur für kurze Augenblicke bewusst bleiben. Der einzelne Moment kommt jedoch nur einmal, danach ist er unwiederbringlich vorbei. Seid deshalb aufmerksam und wach.

Ein verpasster Augenblick ist für immer verloren. Erlebt ihr ihn jedoch bewusst, wird er euch erfüllen und bereichern. Verpasst ihr ihn, bleibt nur das Bedauern über das Versäumte. Wie kommt es zum Verpassen? Hmm...?

Es passiert, weil das menschliche Bewusstsein linear ausgerichtet ist. Das gewöhnliche Bewusstsein arbeitet linear, es ist nicht räumlich orientiert. Wenn wir dem Verstand erlauben, uns nach seinem Gutdünken zu führen, bleiben wir ganz wehrlos in diesem Prozess – mit leeren Händen hilflos an der Front. Später fragen wir uns dann, warum unsere Köpfe eingeschlagen sind...

Wachsamkeit – der Zustand von Wachheit – ist seinem Wesen nach eine Art erweiterte räumliche Aufnahmefähigkeit. Würdet ihr einen breiteren Ausschnitt erfassen können, so wäret ihr in vielen Prozessen gleichzeitig parallel bewusst. Gleitet ihr aber in das Spiel des linearen Verstandes ab, so versäumt ihr spielend tausende von Augenblicken und es fällt euch nicht einmal auf, ja ihr kommt nicht auf die Idee, dass es Augenblicke gibt.

Oft spürt ihr, dass euch etwas fehlt und ihr fangt an, es Gott weiß wo zu suchen. Ihr denkt euch sogar Methoden aus, durch die ihr es leichter zu finden hofft – doch hier beginnt bereits ein neues Spiel. Wieder werdet ihr selbst die Betrogenen sein.

Das erweiterte Bewusstsein ist kein Privileg, sondern ein zurückgelegter Weg. Es könnte ausgebaut werden, jedoch lebt die Menschheit zu steinzeitlich primitiv. Hier bestimmt das gewöhnliche Bewusstsein den Bezug zu eurer eigenen Position, präsentiert eure Einstellung zum Leben. Das menschliche Bewusstsein ist nicht in der Lage, das erweiterte Bewusstsein zu akzeptieren oder zu ermessen, geschweige denn, es zu verstehen! Dies kommt einem Dilemma gleich, denn es verhält sich fast so, als wolle man versuchen, einem Säufer das Bouquet französischer Weine verständlich zu machen. Versucht,

in den Genuss der Essenz des Weines zu gelangen, denn wir legen unser Schicksal selbst fest und bestimmen die Qualität unseres Lebens und unseres Erlebens. Wir allein bestimmen unsere eigene Hutgröße. Es gilt, sich dessen bewusst zu werden!
Seht ihr, wie lang der Weg ist, den wir in unserem Inneren zurücklegen müssen? Unser ganzes Leben ist uns für diese Reise gegeben. Je länger die Strecke wird, die wir in uns gemeistert haben, desto mehr wird sich die Qualität unserer Wahrnehmung und Wertung verändern. Viele Sachverhalte, über die wir hier sprechen, mögen sich zuweilen abstrakt für euch anhören. Ihr vernehmt meine Worte, seid aber nicht anwesend. Dabei ist alles hier, jetzt – es ist alles gegeben! Wenn ihr es heute noch nicht erkennen könnt, werdet ihr es morgen irgendwo versteckt entdecken.
Ich weiß, dass ich eure Seele tief berühre, genau dort, wo ihr euch noch nie getraut habt, hineinzusehen. Manchmal nervt das ungemein, manchmal tut es auch sehr weh – sehr, sehr weh! Doch ohne eine gründliche Vollsanierung des inneren Hauses gibt es keinen Platz für Neues! Es kann kein Licht hineinströmen, so wird sich nichts Schönes ereignen können. Nehmt es als menschliches Schicksal dankbar entgegen, ständig das innere Haus instand halten zu müssen und wach zu bleiben. Dies ist eine Chance und keine Verdammnis! Nehmt diese Herausforderung an und beginnt mit einer Vollsanierung! Gleich jetzt!

Frage: Was renovieren wir eigentlich, was ist die Basis, mit der wir auf diesen Planeten kommen?

Zanko: Jeder kommt mit einem viel zu engen Haus, erstickt fast daran und weiß nicht, warum. Hervorzuheben ist dabei besonders der seelische Unrat, der angehäuft wurde. Er hat sich in vielen Lagen aufgeschichtet und ihr müsst, mit der obersten beginnend, Schicht für Schicht wieder abtragen. Bis ihr den Grund erreicht habt, vergeht manchmal ein langer Weg. Es ist ein sehr umfassender Prozess, der viel Mut und Wachheit erfordert. Je wacher, desto kürzer der Weg!

Frage: Wie kann man mehr Konzentration im Alltag erreichen, wie schafft der Mensch es, wacher zu leben?

Zanko: Wachheit ist eine Art zu leben, sie ist ein Zustand. Es gibt zwei grundlegende Wege, diesen zu erreichen: Einen inneren und einen äußeren. Manche versuchen es mit einem Rosenkranz, andere mit Niederwerfungen, Dritte mit Schweigen, wieder andere mit Kasteiungen. Wer nicht von selbst erwacht, sollte sich einen passenden Wecker suchen.

Frage: Bist du unser Wecker, Meister?

Zanko: Ich ticke zwar noch nicht, aber wer weiß...

Über Narren und Könige

Wisst ihr, welches der schwerste und zugleich seltenste Beruf im Mittelalter war? Es war der Beruf des Narren. Wenige nur hatten das Potenzial, diesen Beruf ausüben zu können, denn auf seinem Fuße folgten Schatten. Nur die weisesten Könige besaßen die innere Kraft für einen Narren am Hof – sich dieses schwierige Vergnügen leisten zu können, zeugte von Mut und Stärke.
Wir besitzen zwei Augen, die immer nach vorn blicken, nie zurück. Immerzu tun wir etwas, sehen aber nicht das, was unser Schatten tut. Man sagt, Weise seien darum weise, weil sie Augen auch nach hinten besäßen. Wir sehen die Gestik unserer Hände, die Schritte unserer Füße, zuweilen auch das, was der Verstand uns sagt, doch selten bis nie erkennen wir das Nichtsichtbare dahinter. Der Fluss des Lebens fließt immer in mindestens zwei Ebenen zugleich! Die eine ist sichtbar, die andere nicht. Leider sind dem Menschen für die zweite nur ganz selten Augen gegeben.
Das Schicksal des Narren war tatsächlich prekär, weil es mit dem Unsichtbaren eng verwoben war. Indem er diese Rolle annahm, balancierte er nicht nur auf des Messers Schneide, sondern auf dessen Spitze. Fast immer kam ein Tag, an dem er ausrutschte und die Spitze seinen Kopf durchbohrte. Für einen Kanten Brot oder für ein warmes Hemd – den Preis des eigenen Lebens! Ein wirklich seltener Beruf – es gab mehr Könige als Narren! Jeder König, der sich einen solchen Spiegel zu halten wusste, erhielt die größte Weisheit weder von seinen Ratgebern, noch von seinen Höflingen, noch von seinem Zahlmeister – sie kam von seinem Narren.
Es gibt eine Redewendung, die mir sehr gefällt: „Zu schnell setzt unser Herz Rost an." – Leider auch unser Bewusstsein. Gerade der Narr war es, der das Bewusstsein seines Herren wach hielt. Häufig

hing genau daran das Schicksal eines ganzen Königtums und die Zukunft eines ganzen Volkes. Für den König selbst war es oft eine Frage auf Leben und Tod.
Die Ebene der Schatten – das Verborgen-Unsichtbare zu lenken, ist ungleich schwerer, als die Ebene des Vordergründigen zu regieren. Gerade dort, auf der Ebene des Verborgenen, geschieht Inspiration. Dort erwacht Bewusstsein – es öffnet und verwandelt sich. Manchmal reicht ein Zeichen für ein ganzes Leben. In vielen Fällen bestimmt es augenblicklich den weiteren Lebensweg. Doch die Augen werden zu schnell blind, auch die Sinne stumpfen allmählich ab, viel mehr noch der Scharfblick...
Unsere Welt besteht aus zwei grundlegenden Phänomenen. Die Essenz des Lichts und die der Schatten. Nicht umsonst sind die menschlichen Sinne in die Lichtessenz eingebettet. Sie gewähren uns Einblicke in das, was sich auf dieser Ebene zu manifestieren vermag. Für Dunkelheit ist uns kein Sinn gegeben.
Diese zwei Essenzen von Licht und Dunkelheit fließen ineinander. Doch die Leuchtkraft des eigenen Lichtes im Menschen ist noch zu schwach – so kann er den Schatten, den seine eigenen Sinne werfen, nicht wahrnehmen. Er lebt ihn, zu sehen vermag er ihn jedoch nicht. Im universellen Sinne ist die Form von Leben, welches sich in Homo sapiens auszudrücken vermag, eine vielschichtige, in fortwährender Entwicklung begriffene Dynamik, die ihre Lebensnotwendigkeit nach Licht offenbart – eine Offenbarung von Licht, des äußeren im inneren.
Wenn der Mensch sich tatsächlich entwickeln will, muss er sich ergründen! Zuerst sich selbst, danach sein Licht und seinen Schatten – doch in Demut. Ergebenst habe ich zu danken, dass ihr mir erlaubtet, Narr in eurem Königreich spielen zu dürfen.

Frage: Sich auf Messers Schneide zu bewegen – einfach so für gar nichts? Einfach nur mutig zu sein, ich glaube, das reicht nicht. Wie geht das? Warum tust du das?

Zanko: Ich habe es selbst gewählt. Allzu deutlich bin ich mir der Provokation bewusst, die ich in euch bewirke. Es verwirrt euren Verstand. Doch nur ein unruhiger Geist, der ganz gezielt in einen Zustand von Unsicherheit überführt wird, kann zur Blüte gebracht werden. Ich liebe den Frühling!

Frage: Ist es möglich, dass der Mensch sich selbst zugleich Narr und König ist?

Zanko: Ja, doch es ist nicht leicht. Geschieht dies, erfährt der Mensch Ganzheit. Diese seltene Gabe drückt Gewahrsein von Einheit aus – Gewahrsein von Licht und Schatten zugleich. Trennung löst sich hier auf.
Die Tiefe der Erkenntnis ist abhängig von der Stufe des Bewusstseins. Zuerst allerdings musst du die Bereitschaft haben, überhaupt etwas erkennen zu wollen. Hierin liegt der Schlüssel verborgen. Dein innerer Freiraum liegt im Spielraum zwischen der Tiefe der Erkenntnis und der Höhe des Bewusstseins.
Insofern drückt jede Frage auch gleichzeitig eure Zweifel aus – eure Stufe der Bereitschaft. Buddha ließ seine Schüler immer erst zwei Jahre neben sich sitzen mit der Bedingung, keine Fragen stellen zu dürfen. Nach zwei Jahren hatten diese sich dann in Luft aufgelöst. Es hatte einfach „Klick” gemacht.

Frage: Gestern lief mir eine Ameise über den Fuß und ich versuchte, ihr mitzuteilen, dass sie doch lieber den Baum direkt vor ihren Augen suchen sollte. Dabei fiel mir ein, dass sie diesen ja gar nicht zu erkennen in der Lage war. Sie lebt einfach in einer anderen Dimension. Fühlst du dich im Umgang mit uns auch so hilflos, uns etwas vermitteln zu wollen, was wir nicht erkennen können, obwohl es direkt vor unseren Augen ist?

Zanko: Im Vergleich zu dir und deiner Situation habe ich wesentlich mehr Hoffnung.

„Ja Opa”

Zanko: Guten Abend.

Antwort: Guten Morgen.

Frage: Weiß hier noch jemand, ob Tag oder Nacht ist?

Antwort: Ich glaube, das ist uns sowieso schon egal.

Antwort: Dann ist die Zeit wohl nicht so wichtig.

Zanko: Wichtig sind eure gemischten Gefühle, darum erzähle ich euch jetzt eine zeitlose Geschichte. Sie trägt den Namen: „Pferd gegen Huhn”.

Es war einmal vor langer Zeit. Da lebten eine Oma und ein Opa. Sie waren sehr arm. Doch sie lebten zusammen in Frieden, Eintracht, Harmonie und Liebe. Ihr einziger Reichtum war ein Pferd, das sie eines Tages verkaufen mussten, um weiter überleben zu können. So ging der Opa auf den Marktplatz, um das Pferd zu verkaufen. Den ganzen Tag über hat er gewartet, ohne dass ein Käufer erschien, ihm ein Angebot zu machen. Als die Sonne sich neigte, kam ein Mann des Weges entlang und bot ihm seinen Esel gegen das alte Pferd. „Mein Esel wird dir bessere Dienste tun als dein klappriges Pferd”, bekundete der Händler. So willigte der Opa ein und tauschte das Pferd gegen den Esel.
Auf dem Weg nach Hause wollte er noch etwas zu essen besorgen, da Oma sicherlich Hunger hatte. So tauschte er den Esel gegen eine

Ziege, die ihm jemand anpries, da sie sichtlich gute Milch versprach. „Doch was kann ich der Oma mitbringen für den Tisch?", fragte sich der Opa, denn Geld hatte er auch nicht. So entschied er sich, sein Glück noch einmal zu versuchen. Er tauschte die Ziege gegen ein Huhn. So hätten sie jeden Tag wenigstens ein Ei.
Es war nun schon dunkel und er merkte, dass es sowieso nicht entscheidend war, WAS er nach Hause brächte. So nahm er sein Huhn unter die Arme und begrüßte die Oma noch an der Haustür mit folgenden Worten: „Oma, ich habe dir viel Freude gebracht, ich habe unser Pferd gegen ein Huhn eingetauscht." Und die Oma erwiderte mit fröhlichem Lachen: „Ja Opa, das hast du gut gemacht."

Zanko: Wenn jemand möchte, kann er jetzt etwas sagen.

Antwort: Ich denke darüber nach, wie eine dumme Oma so einen dummen Opa lieben kann.

Frage: Wie kann sie sich bei so viel Dummheit freuen?

Antwort: Für mich ist dies wahre Liebe.

Zanko: Ich bin sicher, jeder von euch könnte an dieser Stelle einen Kommentar abgeben. Nicht umsonst habe ich euch diese Geschichte erzählt. An ihr könnt ihr erkennen, was es heißt, sich zu ergeben. Es ist möglich, jemanden so stark zu lieben, dass du bereit bist, dich ihm zu ergeben, unabhängig von seinen Qualitäten als Mensch.
Manche Menschen leben aus dem Herzen, andere aus dem Kopf. Der leichteste und kürzeste Weg verläuft mitten durch das Herz. Was bedeutet Ergebung eigentlich? Hmm...? Weiß einer von euch wirklich, was dieses Phänomen beinhaltet? Hat einer von euch diese

Erfahrung jemals gemacht? Nein? – Nun, sich zu ergeben heißt: „Du existierst nicht mehr. Dich gibt es nicht mehr – du bist einfach weg, gestorben ist dein ICH.” Sich ergeben stellt keine deklarierte Aktion dar. Es ist ein Dauerzustand – eine fortwährende Ausstrahlung. Diesen Zustand kann man in den Augen derjenigen, die sich ergeben haben, erkennen. Er strahlt aus ihren Herzen. Alles, was wesentlich ist, auch das Ergeben an sich, geschieht ohne Worte – jenseits des Verstandes. Wisst ihr, wie viel mehr der Mensch in den vielen „kleinen Dingen” des Lebens über sich selbst aussagt, als er in Worte angesichts seiner „großen Taten” auszudrücken in der Lage ist? In den meistens unbewussten „kleinen Momenten” des Lebens zeigt der Mensch sein wahres Gesicht. Fast unmerklich, wie zwischendurch, beweist er so pausenlos seine bravourösen Qualitäten. Jenseits aller Worte kann ich euch lesen wie ein offenes Buch.
Sich zu ergeben, beziehungsweise sich ergeben zu können ist eine riesengroße Chance auf unserem Weg. Dies ist das größte Geschenk, das du dir selbst machen könntest – „machen” jedoch nicht im herkömmlichen Sinne gemeint. Es wäre eine große Erleichterung für dich. Du verlierst sämtliche innerer Spannungen. Dein Herz wird frei und offen. Dabei bedienst du nur dich selbst, nicht den, dem du dich ergeben hast.
Sich ergeben stellt eine tiefe Kommunikation mit sich selbst dar. Diese Einheit wäre der erste große Sprung für deine Seele, ein zweiter wäre die Erleuchtung. Dies, was ich unter Sprung verstehe, ist demnach eine Nichttätigkeit ohne Selbstbestätigung. Ein Sprung ist immer eine Art von Auflösung der eigenen Grenzen – eine Eröffnung für neue Dimensionen.
Jede Deklaration hingegen ist Ausdruck des Egos. Jede Art des Ausdrucks einer Deklaration kann deshalb auch nie Kriterium sein. Wofür denn auch? Es gibt viele äußere und innere Faktoren, welche

die Instabilität unserer Deklarationen und Bestätigungen bedingen und beeinflussen. Gibt es jemanden hier, der nie geschwankt wäre, nie je gezweifelt hätte?
Solange wir im Verstand anwesend sind, werden wir wackelig bleiben, immer schwankend. Der Verstand produziert Gedanken, Zweifel, Fragen und Vorstellungen, die alle auf morschem Fundament gebaut sind. Wie könnte uns der Verstand ein Fels in der Brandung sein? So haben wir doch immer schon im Verstand gelogen, doch wie sollte er das selbst erkennen können?
Wir rennen lediglich unserem Verstand hinterher. Deshalb steht alles, was wir erschaffen, auch auf wackeligem Boden und jede einzelne Bestätigung ist ein weiterer Stein auf schlammigem Grund. Beständig währt nur das, was unmittelbar aus der Quelle sprudelt. Das Herz kann lieben oder leiden, doch niemals verurteilen.
Wisst ihr, warum unser Verstand so unruhig ist? Was benötigt er eigentlich? Hmm...? Nichts! Er saugt uns nur aus und pausenlos versuchen wir, ihn zu befriedigen. Anstatt unsere Seele und unser Herz zu nähren, speisen wir fortlaufend nur unseren Verstand.
Wir füllen ständig Wasser auf ein Mühlrad, derweil unsere Seelen und unsere Herzen verdursten. Niemals fällt uns ein, frisches Wasser in die andere Rinne zu gießen. In diesem Verhalten zeigt sich unser Niveau von Bewusstheit sehr deutlich. Dieser Prozess zeichnet jeden von uns aus.
Lasst uns etwas in die menschliche Geschichte zurückblicken. Warum war es notwendig, dass ein Mensch wie Jesus auf der Bildfläche erschien? Habt ihr euch jemals diese Frage gestellt? Jesus kam, um die Seelen des Gesindels zu erwecken und die Herzen der Barbaren zu öffnen. Es waren Menschen wie wir, doch noch ein klein wenig unausgeschlafener. Alles Leute auf niedrigem Niveau des Bewusstseins. Danach kam Mohammed. Warum?

Wisst ihr es nun? Hmm...? Das Gesindel hat ihn gebraucht. Viel früher noch war ein Buddha gekommen, genau aus demselben Grund. Auch in der Zukunft werden Erleuchtete kommen, weil die Menschheit sie braucht. Das muss die Gesellschaft erkennen, anstatt die Erwachten ans Kreuz zu schlagen! Zuerst werden sie nicht erkannt, dann wird ihnen nicht geglaubt. Danach werden sie getötet und zum Schluss, nach ihrem Tod, küsst man ihre Füße und setzt ihnen Denkmäler. Dieses Procedere ist ein wunderschönes Beispiel für den Grad der Bewusstheit der so genannten „Krönung der Schöpfung."
Immer waren die größten Weisen Bettler oder Verdammte. Was wiederum nicht heißen soll, jeder Bettler sei weise.

Bevor der Mensch einen nennenswerten Sprung in seiner spirituellen Entwicklung machen kann, sollte er zuerst den Sprung aus dem Gesindel vollbringen. Der Weise braucht keine Denkmäler, er wird immer in bewussten Suchern weiterleben. Solange das Bewusstsein der Gesindelkategorie angehört, wird sich der Mensch im Kreis drehen und sein Tun nicht erkennen können. Jegliche Art von Engstirnigkeit und Fanatismus liegt in den Händen des Gesindels.

Jeder Mensch bestimmt für sich allein seinen Bedarf im Leben. Das Schema ist ganz einfach zu verstehen und immer dasselbe: Je stärker du mit deinem Verstand verhaftet bist, desto mehr entfernst du dich von deinem Wesen. Zwischen deinem Wesen und Gott steht nur dein Verstand – zwischen deinem Herzen und Gott nur dein Ego. Der größte Stein auf deinem Weg liegt in deinem Kopf.

Somit beende ich das Treffen für heute mit dem folgenden Fazit: „Nach manchen Worten sollte man einfach nur schweigen." Da gibt es keine Fragen und auch nichts mehr zu sagen. So wünsche ich euch allen jetzt einen „Guten Morgen" oder eine „Gute Nacht" – wie ihr wollt. Wir können schlafen gehen, oder ERWACHEN, jeder nach seinem Bedarf.

Reden ist Silber – Schweigen ist Gold

Das meiste von dem, was wir aussprechen, müsste nicht gesagt werden. In der Mehrzahl der Fälle spricht der Mensch, um sich selbst zuzuhören, indem er die anderen zwingt, ihn anzuhören, um sich selbst bestätigen zu können.
Wir besitzen überhaupt keine Kontrolle, keinen Funken Bewusstheit bezüglich unseres leeren Schwafelns. Fällt euch auf, wie viel Blödsinn ausgesprochen wird, ohne auch nur darüber nachgedacht zu haben? Fortwährend wird geplappert, immerzu – frei von der Leber weg, aber was wird eigentlich gesagt? Entweder wird über andere hergezogen oder es werden Klagelieder gesungen.
Wir gleiten auf der Oberfläche des Schwätzens dahin und sind schon ganz trunken vom Zuhören – verstrickt in Leidenschaften, Hoffnungen und Pläne. Immerzu in etwas, was nie passieren wird. Eigentlich weiß jeder genau über seine Illusionen Bescheid – es wird nur so dahin geplappert. Was drückt der Mensch eigentlich aus? – Sein ureigenstes Chaos! Er hört nicht einmal selbst, was er sagt und verlangt von anderen nicht nur Gehör, sondern auch noch Anerkennung und Bestätigung. Ist es nicht so?
Wisst ihr eigentlich, wie viele Worte ihr an einem einzigen Tag aussprecht? Anstatt sie zu zählen, schlage ich euch vor, zwei Listen zu erstellen. In die eine tragt den Unsinn ein, in die andere die Weisheiten. Könnt ihr euch das Ergebnis vorstellen? Das ist einer der Gründe, weshalb klügere Menschen Schweigegelübde ablegen.
Unser Geist und unser Wesen haben das Bedürfnis sich auszudrücken, doch aus dem Munde kommen mehr Torheiten als Worte der Weisheit. Damit demütigt der Mensch sich selbst und entwertet alles um sich herum. Die Welt wird ihrer Schönheit beraubt, ihre Erha-

benheit wird zerstört – alles verliert seinen Zauber. Zorn, Grimm, Wut, Neid – sie alle kommen aus dem Mund. Wie viel Kraft kostet das – wie viel Lebenskraft! Wenn euch während der Fahrt das Benzin ausgeht, was macht ihr dann? Ihr lasst das Auto stehen, die Fahrt ist vorbei. Wie kann man ohne Treibstoff reisen? Der Mensch aber verpulvert ganz wahllos seine Energie – er verpulvert sich selbst! Wie oft wäre es doch besser, nichts zu sagen!

Ich will euch eine Frage stellen: Wer von euch hat sich schon einmal ganz bewusst als Ziel gesetzt, eine Zeit lang in Stille und Schweigen zu verbleiben? Ist es überhaupt schon jemandem eingefallen und wenn ja, wie lange konnte er durchhalten?

Um Verständnis zu gewinnen für das, was ich sage, sollte ein jeder zumindest ein paar Wochen in Stille verbracht haben, erst dann fängt man an zu verstehen. Verständnis ohne Erfahrung ist kein Verstehen. Es wird nur überall geschwätzt, am Tisch, bei der Arbeit und selbst in den Pausen. Immerzu und ständig wird geplappert. Ist niemand anwesend, den der Mensch vollbrabbeln könnte, brabbelt er sich selbst voll. Er pflastert sein Leben mit Illusionen zu.

Auf niedrigem Niveau wird so versucht, eine Art von Kontrolle zu installieren, in heimtückisch anmutender Zufriedenheit. Das Leben jedoch geht weiter und schert sich nicht um unsere Illusionen und Vorstellungen. Jede Selbstzufriedenheit zieht uns ein Stück tiefer in den eigenen Illusionssumpf. Stück für Stück stoßen uns die kleinen Befriedigungen fast unmerklich tiefer in einen faulen Kompromiss – den Kompromiss mit uns selbst.

Mit großen Hoffnungen wird gestartet und danach müssen wir uns mit Krümeln zufrieden geben. Das ist die Art, wie alle menschlichen Beziehungen aufgebaut sind – die gesellschaftlichen, die zwischenmenschlichen, auch die familiären. Sie werden aus Scham und Angst vor uns selbst aufrechterhalten und danach sind wir dann erstaunt, wenn sie zusammenbrechen. Kennt ihr das Märchen von den drei Schweinchen und ihren Häusern? Eine Strohhütte bleibt eine Strohhütte, sie wird immer zusammenfallen. Hier stellt sich die Frage: „Wer kann seine Hütte erkennen?"

Es heißt, am Anfang war der Logos – das Wort. Gott gab es uns, es behutsam zu gebrauchen, vor allem aber zur Lobpreisung. Nicht irgendjemanden zu loben, sondern das Göttliche in allem zu preisen. ES ist in jedem und in allem, aber nur allzu leicht benutzt der Mensch das Wort zur Schmähung. Er missbraucht es fortwährend aus innerer Verwirrung und Zerrissenheit. Deshalb sollte jeder wenigstens einmal im Leben geloben zu schweigen. Zuerst werdet ihr so die Spreu vom Weizen trennen können, danach müsst ihr euch dessen bewusst werden.

Manche Zusammenhänge übertreibe ich absichtlich, damit ihr sic besser durchschauen könnt. Meine Worte sind für Leute mit breitem räumlichem Denkvermögen und nicht für Buchstabenfresser, die mich immer falsch verstehen würden und müssen. Das Wort ist eine komplizierte Substanz, es ist hyperdimensional und der Mensch muss sich über das Beziehungsverhältnis der verschiedenen Ebenen dieser Substanz in seinem Inneren bewusst werden. Er sollte sich des Wortes in sich gewahr werden und sich im Wort entdecken. Indem das Wort selbst zur Tür geworden ist, kann die Tür zum kosmischen Logos geöffnet werden.

In uralten Zeiten haben die Weisen das Wort gesungen. Jedes erfüllte Wort fließt wie Musik, wie Poesie, wie ein Märchen. So fließt es zu uns wie ein Reigen von Glückseligkeit. Die bedeutendsten Rhetoriker auf dieser Welt haben so ihre Worte vergossen, dass jene, die es hörten, wie Durstende zur Quelle eilten. Diese Meister haben tatsächlich Trunkenheit mit ihrem Wort gesät, haben uns in Glückseligkeit ertränkt.

Es ist sehr schwer, über das Wort recht zu verfügen, da es eine Gabe Gottes ist. Kaum jemand verfügt über das Wort im eigentlichen Sinne und zollt ihm gebührenden Respekt.
Behütet dieses Geschenk Gottes und verschwendet es nicht an die Torheit. Bis ihr gelernt habt, damit umzugehen, haltet diese Energie bei euch, ihr werdet sie brauchen. Benutzt das Wort nicht als Waffe im Zweikampf, um euer Ego zu beweisen, um Unwahrheit zu sprechen und versteckt nicht eure Dummheit hinter ihm.
Kleidet eure Schwächen, Taten und Leidenschaften nicht in schöne Worte – das käme einer Sünde gleich. Diese Schwätzerei ist Ausdruck von Verwirrung im Inneren – auch das ist Schmähung. Das Wort bewirkt Karma! Geplapper, was aus dem Munde kommt, ist das ofenfrische Brot, gebacken in der Röhre von Dummköpfen.
Vor einigen Jahren gab ich einem Mann eine sehr einfache Aufgabe. Er sollte den ganzen Tag mit einem Diktiergerät herumlaufen und alles, was aus seinem Munde kam, aufzeichnen. Jeden Abend musste er sich dann alles anhören, was er am Tage aufgezeichnet hatte. Nach einer Woche kam er beunruhigt zu mir und bat, ich solle ihn von dieser Aufgabe entbinden. „Ich halte das nicht aus – ich werde wahnsinnig von dieser Torheit, die ich mir jeden Abend anhören muss!", waren seine Worte. Ich entließ ihn mit den Worten: „Sei wach in allem, was du aussprichst!"
Kein Bauer streut den Samen in den Wald oder an den Wegesrand. Er streut ihn auf das sorgsam gepflügte Feld, damit er Früchte tragen kann, die wiederum neues Leben hervorbringen.
Deshalb entscheiden sich jene, die die magische und göttliche Kraft des Wortes erkannt haben, ein wenig zu schweigen. In der Stille, dem Schweigen, in der Einsamkeit findet der Mensch die Quelle dieser Kraft. Warum wird geplappert, anstatt weise zu sprechen? – Weil der Mensch nicht gelernt hat zu schweigen! Das ist die erste

Stufe. Erst wenn wir gelernt haben zu schweigen, können wir lernen zu sprechen – weise zu sprechen! Das Geplapper erlaubt der Weisheit nicht, in uns Platz zu nehmen!
Ich möchte euch eine Geschichte erzählen: Es trafen sich zwei Weise. Schweigend verbrachten sie drei Tage. Zum Abschied sagte der eine: „Wie schön haben wir zusammen geschwiegen!" – „Und sagten uns so viele Dinge", entgegnete der andere.
Das so genannte „stille Sprechen" ist grundverschieden von unseren Begriffen und Vorstellungen. Es stellt eine höhere Kommunikationsebene mit weit umfassenderen Möglichkeiten dar. Lasst es zu! Könnt ihr nun verstehen, warum wir ab morgen schweigen werden? – Jeder solange er kann.

Frage: Sind die Beschädigungen, die wir durch unsere unbewusste Plapperei anrichten, nicht nach innen viel größer als nach außen?

Zanko: Erst im Schweigen können wir die innere Stimme des Logos wahrnehmen. Der Mensch ist einfach zu laut für seine eigene stille Stimme der Weisheit in seinem Inneren. Du schadest dir natürlich genauso wie den anderen.
In jedem Selbstbestätigungsprozess ist man selbst auch Opfer. Doch das ist den meisten nicht bewusst, sonst würde nicht so viel geplappert werden. Erkenne und achte auf deine Wortwahl – in erster Linie für dich selbst, denn wie du richtig erkannt hast, schadest du dir selbst am meisten dabei. Das ist doch wirklich wunderbar – du musst nur erkennen – dann kannst du wählen und bist dir deiner Verantwortung BEWUSST. Den ersten Schritt bist du bereits gegangen – jetzt wage auch den zweiten.

Frage: Besitzen Tiere und Pflanzen auch eine eigene Sprache?

Zanko: Jede Lebensform hat ihre eigene Ausdrucksform und Möglichkeit. Hinter jeder Ausdrucksform, ob für uns wahrnehmbar oder nicht, steht ein Logos. Auch die Berge, die Elemente, selbst der Wind besitzen ihren eigenen Logos. Sogar die unsichtbaren Wesen haben diesen. Jeder Planet entspringt einem eigens für ihn geschaffenen Logos. Ohne die Schwingung des Logos gäbe es keinen Ausdruck. Insofern ist das Wort selbst Ausdruck für Gottes Gnade und sollte demnach gebührend Verwendung finden.

Frage: Kann man die Liebe durch das Wort zum Ausdruck bringen? Ist das möglich?

Zanko: Egal, welches Mittel für Ausdruck gewählt wird, das, was zum Ausdruck gebracht werden soll, muss zuerst in dir geboren sein. Du kannst nur etwas ausdrücken, was du verinnerlicht hast. Wo kein Inhalt ist, wird auch nur Leere zum Ausdruck kommen. Über das Wort kannst du versuchen, einen „Hauch der Liebe" zum Ausdruck zu bringen, ebenso wie auch dein Verlangen. Unbewusst bringt jeder Mensch über das Wort ständig seinen Bedarf und seine Sehnsucht nach Liebe zum Ausdruck. Ist die Liebe da, so wirst du einen „Hauch" der Liebe im Wort finden, ist sie nicht da, kommt der Mangel zum Ausdruck. Das Wort ist eine Brücke – vieles kann man durch das Wort erkennen. Doch bleibt es nur Vermittler. Noch nie hat das Wort genügt, die Liebe zum Ausdruck bringen zu können. Das ist unmöglich.

Das Freudenfest der Stille

Seht euch an! Der Mensch braucht manchmal sehr wenig, um glücklich zu sein. Nur einen einzigen Tag habt ihr geschwiegen – wie fühlt ihr euch jetzt? Im Schweigen habt ihr euch vom Lärm eurer Gedanken befreit. Ihr habt euch mit Energie aufgeladen – Energie durch eure Stille. Diese Energie hat euch erfrischt und lebendig gemacht – man kann es euch ansehen. Ihr strahlt.

Das alltägliche Geplapper könnte um vieles gekürzt werden. Wir verschwenden zu viel Wasser aus unserem kostbaren Brunnen, indem wir uns unaufhaltsam, kaum merklich, wie zufällig immer wieder, mal hier und mal dort, in Gequatsche verlieren. Über den Mund verliert der Mensch zu viel Benzin. Ohne zu wissen, WAS, WIE und WIE VIEL er redet, ist seine Zapfsäule für jede Art von Unterhaltung nonstop geöffnet. Was kommt jedoch heraus? – Zu viel Schrott und leere Worte – viele Luftblasen.

Wir haben zwar unterschiedliche Formen des Ausdrucks erlernt, doch die Qualität dessen, was ausgesagt wird, lässt zu wünschen übrig. Über den Mund saugt der Mensch sich selbst permanent die Lebensfreude ab. Es reicht, nur einen Tag in Schweigen zu verbringen, um erkennen zu können, wie Lebensenergie und Freude wieder ansteigen. Nur so wenig benötigt der Mensch! Dabei muss er gar nicht viel dazu beitragen. Die Freude kommt von ganz allein! Durch unser ständiges Gerede stellen wir uns der Freude jedoch immer in den Weg. Wir selbst werden zu ihrer Barriere durch unsere andauernde Plapperei.

Wisst ihr, wie viele Wörter wir durchschnittlich jeden Tag ausspucken? Immer wieder höre ich als Entschuldigung vorgetragen, es gehe nicht ohne Worte. Im Ausland würdest du sofort erkennen, wie

wenig Worte du eigentlich benötigst. Gerade bezüglich der Wortwahl, ihrer Frequenz und ihres Gehaltes sollte der Mensch sehr bewusst sein. Jedes Wort ist eine Botschaft für andere. Sind wir uns unserer Botschaften jedoch bewusst? Wisst ihr, wie viel Energie der Wortfindungsprozess und sein Ausdruck verschlingen? Jedes Wort hat ein Ziel und durchdringt ungehindert die Weiten des Weltraumes. Der Mensch plappert meistens ziellos drauflos und trunken seiner eigenen Worte, hört er sich gern selbst reden.
Wir reden von Ökologie, sind bestrebt, unsere Umwelt sauber zu halten und uns selbst auch. Im Vergleich mit der Wortverschmutzung ist der andere menschliche Müll jedoch nur eine kleine Abfallgrube. Tausende von Menschen habe ich kennen gelernt, doch selten habe ich jemanden mit sauberem Munde gesehen. Fortwährend reden wir von Beschädigungen, die wir der Umwelt angetan haben. Diese sind offensichtlich leicht zu erkennen. Doch wie viel Müll hat sich aus unseren Mündern bereits entleert? Hierfür gibt es keine Müllcontainer – dieser Abfall entleert sich in unseren Äther!
Bitte wacht sorgfältig über die Qualität und die Anzahl eurer Gespräche. Handelt weniger übereilt und reagiert nicht auf alles augenblicklich. Das Sprechen hindert die Bewusstwerdung. Habt ihr jemals von einem plappernden Buddha gehört? Schweigen stellt keine äußere Bedingung dar, es kann nur aus einem inneren Bedarf heraus echt sein. Schweigen ist ein direkter Weg, an deine innere Quelle zu gelangen. Jeder Prophet, jeder Heilige, jeder Buddha hat aus der Quelle des Schweigens Wasser geschöpft.
Es gibt niemanden, der uns vorschreiben kann, wie viel Freude wir aufnehmen sollten oder könnten. Uns ist das Potenzial zu unendlicher Freude gegeben. Dieses Potenzial gibt es nirgends zu kaufen. Jede käufliche Freude ist in irgendeiner Hinsicht vergiftet. Nur die göttliche Freude aus deiner inneren Quelle ist rein. Nach einem einzigen Schweigetag seid ihr euch dieser Freude in euch bewusst geworden.

Diese Art von Freude ist in ihrer Qualität und Quantität unbegrenzt. Es gibt unendlich viele Steigerungsstufen sowie tausende von Möglichkeiten, diese Freude entdecken und erfahren zu können.
Der Prozess eines Menschen im Aufbau von Kriterien, Worten und Moralvorstellungen nimmt für gewöhnlich einen langen Zeitraum in Anspruch, doch das wichtigste Kriterium in diesem Prozess sollte das Streben nach Unabhängigkeit – innerer Freiheit sein.
Die Klarheit über die eigene Situation sollte in jedem Moment oberstes Gebot sein. Nur im Zustand der Klarheit ist es möglich, dass aus dem Menschen etwas Vernünftiges herauskommt – egal ob in Taten oder in Worten. Bewusstheit ist der Schlüssel!
Ohne Klarheit heißt das Produkt immer nur Salat. Diesen Wortsalat müssen wir dann natürlich wieder essen, um ihn das nächste Mal schmackhafter präsentieren zu können. So wächst das Bewusstsein von der Salatsoße über einen mehr oder weniger langen Erkenntnisprozess, bis es klar und sauber wie reines, frisches Wasser wird.
Das menschliche Geplapper stellt eine immens große Last für unsere Schultern dar, gleichzeitig ist es eine schwere Bürde auf dem Weg der Bewusstwerdung. Es ist fast so, als würdet ihr versuchen, auf einem Esel zu reiten und merkt nicht, dass die Positionen sich längst vertauscht haben. Mit einem Reiter auf den Schultern kommt man nur kriechend voran. Es stellt sich die Frage, wer hier der Esel ist. Ein Mensch sollte sich jedoch von dieser Last befreien können.
Wahre Menschwerdung ist eine Frage von Bewusstheit. Deine innere Freiheit und Unabhängigkeit liegen in deinen Händen. Du allein hast die Zügel in der Hand. Dein Verhalten in und zum Leben ist abhängig von der Einstellung zu dir selbst. Wenn du Reiter sein willst, lass dich nicht reiten. In jedem Augenblick deines Lebens hast du die Möglichkeit, dies zu erkennen. Seid euch bewusst, dass jede Sekunde des Lebens eine Möglichkeit zur Bewusstwerdung darstellt. Bleibt wach und warnt euch selbst vor unbewussten Ketten-

reaktionen. Jede Reaktion ist ein Ausdruck von Unbewusstheit. Versucht, euch bewusst von allen inneren Schwächen, Ängsten und Vorurteilen zu befreien. Zu leicht rutschen wir sonst in die Position des Esels. Versucht, die Hosen anzubehalten.

Jede unbewusste Schwäche zieht uns in den Selbstverrat. Jede bewusste Erkenntnis darüber befreit uns aus dem eigenen Gefängnis. Bewusstheit kann zu einem Dauerzustand werden. Es reicht, einfach die Dummheiten zu eliminieren. Diese kosten nur viel Energie, Kraft und Nerven. Dummheit ist insofern pure Energieverschwendung. Ihr müsst meine Worte nicht wie ein Lehrbuch auswendig lernen. Es kommt alles von allein, wenn ihr euch ab und zu daran erinnert, BEWUSST zu bleiben. Je öfter, desto besser. Es wäre besser, unsere Energie für die Bewusstwerdung zu nutzen, so würden unsere inneren Häuser wieder sauber und rein – ohne Abfall – im Glanze unseres eigenen Lichtes erstrahlen.

Das äußere Haus wird hin und wieder gekehrt – noch wichtiger ist es jedoch, das innere Haus zu säubern. Im Bestreben, das innere Haus bewusst rein halten zu wollen, kann das ERWACHEN in jedem Augenblick geschehen. Ihr müsst da nichts „lernen". So, wie auch plötzlich die Freude aus der ewigen Stille erwacht – doch zuvor musst du die eigene innere Stille gefunden haben. Öffne die Tür, denn das Fest der Freude hat schon begonnen!

An dieser Stelle möchte ich euch etwas von mir selbst verraten. Ich habe nicht nur die Tür aufgetan, sondern gleich die ganze Wand eingerissen! Tanzt in eurer inneren stillen Freude, so wird die Freude der Existenz bald auf eurer Party anklopfen.

Vom Hass zur Liebe

Kann mir jemand von euch sagen, welcher Weg der längste ist? Ich bezweifle, ob jemals ein Mensch in der Lage sein wird, ihn bis zum Ende gehen zu können. Die letzten Schritte werden immer unvollendet bleiben auf dem Weg vom HASS zur LIEBE. Oder hat jemand von euch diese Strecke schon ganz zurückgelegt? Was meint ihr? Wir sind alle auf diesem Weg! Wisst ihr auch, warum es einer der längsten Wege überhaupt ist? Weil der Mensch zu schnell jemanden zu hassen beginnt, den er noch kurz zuvor meinte, zu lieben.

Wir könnten gleich die Probe aufs Exempel machen: Die meisten von euch behaupten, sie liebten mich, doch wenn ich jetzt jedem eine gehörige Kopfnuss gäbe – glaubt mir, sofort erwüchsen sehr gemischte Gefühle – das geschieht ganz schnell. Nun überlegt selbst, wie lange es dauern würde, mich wieder ins Herz zu schließen. Sehr oft den Rest eines ganzen Lebens.

Das Eingeschnapptsein ist lediglich der erste Schritt – man rutscht aus und schon ist man beim zweiten: Feindseligkeit, bittere Wut und Hass. Hat jemand von euch schon einmal versucht, eine Eisrutsche hochzuklettern? Man kommt bis zu einem gewissen Punkt – und schon ist man wieder unten! Genau das geschieht auch im Inneren: Du rutschst in die Tiefe und schöpfst Kraft aus dem Negativen, das du dir selbst erschaffen hast.

Wie oft haben wir uns schon über jemanden geärgert und voller Zorn gedacht: „Dem werd ich's zeigen!"... Und zu wie vielen entsprechenden Taten haben wir uns hinreißen lassen? Was meint ihr – woher schöpft ihr in diesem Augenblick eure Kraft? Ihr habt nur ein begrenztes Reservoir an lebendiger Energie zur Verfügung. Mit diesen Ressourcen speist der Mensch jedoch pausenlos sein Ego. Nichts

bleibt für euch selbst übrig! Das Ego kann dich nicht nähren, höchstens foltern – tragen kann es dich nicht. Es ist lediglich eine Imagination, die dich in Stücke reißt.
Reaktionen, in denen starke Abwehr auf verschiedene Außenreize zum Ausdruck kommt, richten ernsthafte Schäden in eurer Aura, eurem Äther- und Emotionalkörper an. Einmal, zweimal, fünfmal... noch ist nichts zu sehen. Aber im Laufe der Zeit beginnt ihr, die negativen Schwingungen eines Menschen zu spüren. Es ist, als stünde eine Schranke dazwischen, die euch hindert, mit ihnen kommunizieren zu können, was nicht heißen will, ihr wärt nicht offen zu ihnen. Vielmehr wurde so kaum merklich eine störende, unsichtbare Wand aufgebaut.
Wir alle haben die verschiedensten Interessen. Die Spiritualität verbindet uns. Doch Spiritualität und Hass schließen einander aus. Eure Spiritualität hört dort auf, wo Hass beginnt. Hier ist eure Grenze. Der Weg ist kurz und unendlich lang zugleich – es kommt darauf an, von welcher Seite wir ihn beschreiten. Ob bewusst oder unbewusst. Ein jeder hat anderen schon Leid zugefügt oder als Herausforderung gewirkt. Diese Tatsache erfordert entsprechende Vergebung. Vergeben zu können, ist eine sehr hohe, subtile Kunst.
Bevor man anderen tief vergeben kann, muss man zuerst sich selbst vergeben können. Wie einfach schließt sich der Kreis – er ist in uns. Das Schema ist ganz einfach – auch wenn wir oft nicht fähig sind, dies zu erkennen oder es uns einzugestehen – es ist einfach. Jeder Mensch hat verschiedene Lasten und Laster angehäuft – doch warum sollte er sein Leben auf ihnen aufbauen? Sie sind ein morsches Fundament. Oftmals schaffen wir es im Rahmen unseres Lebens nicht, die Leere loszulassen, die wir bereits seit frühester Kindheit mit uns herumtragen. Das wäre der erste Schritt – welcher aber sollte der letzte sein – euren Feinden zu vergeben und sie zu lieben...Die letzten

Worte Jesu. Seht ihr, wie kurz dieser Weg ist und wie unendlich lang zugleich? Schaut auf die Uhr, beobachtet den Weg ihrer Zeiger. Er ist unendlich und trotzdem wartet in jeder Sekunde eine Chance auf uns.Wie viele von euch sind wirklich bereit, Meister ihrer selbst zu werden? Stattdessen sind die meisten einander böse, manchmal auch mir. Jeder folgt seinen eigenen Vorstellungen. Was bleibt, wenn er sie loslässt?
Natürlich bleibt der Sinn dessen, wovon ich spreche, lediglich im Rahmen meiner besten Wünsche an euch. Ich kann nicht verlangen, dass ihr sein solltet, wie ihr nicht sein könnt: Öffnet eure Herzen und lernt Vergebung. Dies ist der erste Schritt vom Hass zur Liebe.

Frage: Was bedeutet es, vergeben zu können?

Zanko: Soeben sagte ich: Öffnet eure Herzen und lernt Vergebung. Lasst euch nicht von eurem Ego beherrschen. Vergebung findet auf mehreren Ebenen statt: Die erste ist, sich selbst zu vergeben, die zweite – denjenigen, die du liebst.
Auf der dritten Ebene versuchst du allen zu vergeben, denen du nicht verbunden bist. Auf der letzten Stufe vergib deinen Feinden. Fang mit der ersten Stufe an! Öffne dich und schau in dein Inneres. Es ist einfach – niemand hat etwas zu verlieren!

Frage: Was sollen wir mit Verrätern machen?

Zanko: Verrat stellt eine große menschliche Schwäche dar. Verräter haben sich lediglich von Freund zu Feind verwandelt. Vergib auch ihnen.

Antwort: Mit der Zeit versuchen wir, irgendwie einander zu vergeben. Aber wie sollen wir uns selbst vergeben?

Irgendetwas entgeht mir da, wird mir nicht klar – was es heißt, sich selbst zu vergeben? Vielleicht kann ich mir nur schwer verzeihen, nicht ich selbst gewesen zu sein. Manchmal beginne ich, mich zu lieben, nur, offenbar ist das auch keine wahre Liebe.

Zanko: Es ist sehr wichtig, schon als Kind geliebt worden zu sein. Dies eröffnet das menschliche Herz und schenkt dem Heranwachsenden die Möglichkeit, sich kennen zu lernen und erfahren zu können. Jedoch lieben die meisten nicht mit dem Herzen, sondern mit dem Verstand! Ist DAS wirklich Liebe? Liebt um der Liebe willen und nicht um eurer Vorstellung willen. Vorstellungen haben mit der Liebe nichts gemeinsam, sie bleiben lediglich Vorstellungen. Die Liebe ist etwas unsagbar viel Größeres – jenseits aller Hirngespinste. Vorstellungen sind eine Schranke auf dem Weg zur Vergebung.
Als Kind bin ich ständig hin und her gerannt. Meine Urgroßmutter pflegte in solchen Augenblicken zu sagen: „Kindlein, komm, lass uns ein wenig beisammen sein." Dann setzten wir uns und waren einfach still beisammen...
Ich spreche von einer hauchfeinen Empfindung: Da zu sein, dich innerlich zu öffnen und dich selbst zu spüren, den Menschen an deiner Seite zu erfühlen, die Umgebung zu erfühlen – so trittst du in dein Zentrum ein. Erst viel später verstand ich – es war ein Ritual: Die Freude ohne Zweck, einfach nur zu SEIN – ein Strömen. Versucht, es zu fühlen! Wir sind alle EINS.

Der Judas in uns

Niemals weiß man, wie ein Treffen beginnt, noch weniger kann man vorwegnehmen, wie es enden könnte und dennoch steht in unseren Augen permanent eine gewisse Erwartung. Ist es ist nicht so? Doch was eigentlich sehen wir mit diesen Augen?
Jede Medaille hat zwei Seiten; ich muss also fragen, wie sie in euren Augen aussieht. Mit großer Genauigkeit kann ich euch sagen, was ihr seht. Sind es nicht eure ureigensten Erwartungen? Nicht nur in diesem Augenblick, sondern stets und ständig?
Was sind Erwartungen? Überlegt jetzt einen Moment – denkt etwas nach und geht nach innen. Ich wünsche mir, wir könnten eines sehen: Den Judas – das Gesicht des Verräters. Nicht der biblische ist hier gemeint – den gibt es schon lange nicht mehr – nein, ich spreche von jenem tief in unserem Inneren, jenem, der stets anwesend ist – immer in Warteposition – in den unterschiedlichsten Tarnungen...
Gewiss hat ihn jeder schon bemerkt, ihn mit innerem Gespür erfasst, denn unsere Welt wäre nicht möglich ohne ihn. Judas ist ein Teil der Schöpfung dieser Welt und er begleitet sie schon lange – lange bevor der biblische geboren war. Solange wie es Trennung gibt, wird er die eine Seite der Medaille sein.
Was treibt uns eigentlich immer wieder in den Verrat? Nicht den Verrat an anderen – nein, es geht um unseren eigenen Verrat, den Verrat des Ich gegen das Selbst. Es ist die tief verinnerlichte Unsicherheit in Bezug auf uns selbst – Misstrauen und Ungläubigkeit, mangelndes Vertrauen zum SEIN, etwas nur Allzumenschliches.
Ich sitze hier keineswegs vor euch, weil es für die Existenz von Bedeutung wäre, dass ihr erwacht. Dies ist ihr egal. Sie wird weiter im SEIN leben. Doch für euch wäre es wichtig, das SEIN bewusst zu

erkennen, denn dann würde dieser Verrat auch aufhören. Judas ist ein Instrument des Schöpfungsaktes! Hätte die Größe Jesu ohne Judas je so deutlich hervortreten können? Er ist jener Katalysator, der Jesus Gestalt herauslöst! Er ist das Trennmittel, welches den Hintergrund einbindet, der nun seinen Kern entblößt.
Der Judas ist allgegenwärtig – zweifellos, doch muss uns dies zu denken geben! Wir sollten versuchen, mit dem eigenen Verrat ins Reine zu kommen, versuchen, ihn in unseren Tiefen zu entlarven. Es ist nicht der Verrat in dieser oder jener Situation, heute Verrat, morgen keiner. Nein, es ist die Art zu leben und die Art unserer Beziehung zu uns selbst und den anderen. Darüber redet man nicht gern, man denkt sogar möglichst nicht daran... vielmehr versucht man zu verstecken, zu verdrängen, zu verdrehen!
Es ist eine Frage des Anstandes, der inneren Ehre, der Moral und der Ehrlichkeit zu uns selbst, den Judas in unserem Inneren zu erkennen und uns in den wesentlichsten Dingen des Lebens nicht von ihm verleiten zu lassen.
Ständig wird der Mensch zwischen den polaren Kräften seiner Stärken und seiner Schwächen zerrissen, fortlaufend schwankt er zwischen Ergebung und Verrat. Judas hat den Sprung in die Ergebung nicht geschafft und allein aus diesem Grund Jesus verraten. „Wer nicht mit mir ist, ist gegen mich..."
Wie unsagbar traurig, dass die Menschen meistens dem Beispiel des Judas folgen – sie bringen die Kraft zur Ergebenheit nicht auf und werden zu Verrätern, verraten jemanden anderen oder sich selbst. Der Mensch steht in fortwährendem Konflikt mit sich und fortwährend verrät der eine Teil seines Selbst den anderen.
Um wie vieles einfacher wäre Ergeben als Verrat! Einzig in ihm hört Widerspruch auf, einzig in ihm gibt es keinen Verrat, denn beide Teile ergeben sich... Falls dieses Bedürfnis in euch heranreifen soll-

te, zögert nicht! Verschiebt es nicht auf später! Sucht nicht nach einem, der eurer Ergebenheit würdig sei! Wichtig ist hierbei, den Schritt zu tun. Er ist es, der euch in eine andere Qualität eurer selbst hinüberführt. Jedes kleine Erwachen, jede Erkenntnis und jeder Sprung erhöhen die Qualität.

Zu beschwerlich und langsam erkennt der Mensch, dass selbstloses Handeln nur ohne innere Erwartungen geschehen kann. Ständig macht er sich etwas vor – bleibt ein Judas. Dabei wäre gerade Erkenntnis ein Sprung in eine andere Qualitätsstufe. Im letzten Augenblick gewinnt immer das Ego – der Judas in uns.

Es mag vielleicht absurd klingen, doch für mich ist das Beispiel des Judas nicht minder kostbar als das Jesu Christi. Sie sind beide ein unteilbares Ganzes. Judas mag den Reigen des Verrats angeführt haben, doch haben alle kräftig mitgetanzt! Er selbst versuchte noch, seine Unschuld zurückzukaufen, wenn dies denn überhaupt möglich gewesen wäre – doch was half es ihm?

Andere haben Jesus dreimal in nur einer Nacht verleugnet, sich versteckt und verkrochen... Doch das ist das Los eines jeden, der das Risiko auf sich nimmt, menschliches Bewusstsein revolutionieren zu wollen – eine Revolution gegen Schwäche, Wankelmut und Schafsköpfigkeit. Erwachte hatten noch nie Riesenanklang im Establishment. Immer mussten sie kämpfen, oft haben sie mit dem Leben bezahlt. Das scheint das Schicksal des höheren Bewusstseins zu sein – Egal, ich sitze hier weiter für euch in der Hoffnung, es möge hier und da einfach „Klick" machen.

Jesus ist nur ein Beispiel und ein jeder dieser zwölf Verräter hat große Verehrung und Liebe zu Jesus empfunden. Ein leuchtendes Wesen – umringt von zwölf liebenden Verrätern! Jeder hat ihn auf seine eigene Weise geliebt und in der ihm eigenen Weise, in der er liebte, Jesus auch verraten. Zu jener Zeit hatten sie das gegeben, was sie zu geben in der Lage waren. Zu mehr waren sie nicht imstande. Dieses vermochten ihre Herzen zu geben, jenes ihre Köpfe zu erkennen, dergestalt äußerte sich ihr Bewusstsein... Wie viel Güte jedoch muss ein Herz besitzen, das seine zwölf Verräter bis zum letzten Atemzug liebt...? Ein solches kann tatsächlich nur in einem Wesen schlagen, welches erfahren hat: Gott ist Liebe und Liebe ist Gott. Jesus hat dies mit seinem Dasein bewiesen.

Nur die Schwachen können Verräter sein und stets verraten uns unsere Schwächen. Die Schwächen sind es, die uns verraten und uns zu Verrätern werden lassen. So oft schon haben sie uns verraten, dass Verrat zur Gewohnheit geworden ist.

Das Resümee des eigenen Lebens erkennt man in seinen letzten Minuten. Der Tod sei hässlich, sagt man...Leider ist es meistens dieses Fazit, welches dem Tod sein Antlitz verleiht. Lebt der Mensch ein ganzes Leben in Verrat, ist es nur zu natürlich, dass er am Ende in Agonie sterben wird. Allerdings gibt es eine weitaus schrecklichere Variante – nämlich in Agonie zu leben! Ich bin hier, um euch aus dieser Agonie zu befreien. Viele waren es schon vor mir – auch in diesem Jahrhundert gab es Reformatoren. Osho, um nur einen beim Namen zu nennen, hat viele Jahrzehnte den Weg zu einem neuen Bewusstsein der Menschheit vorbereitet.

So wie Jesus war auch Buddha ein Reformator des menschlichen Bewusstseins. Die Transformation bezog sich auf eben jenen Feudalismus im Bewusstsein jener Ära und Gesellschaft. Buddha hat nach einer Alternative für sich gesucht, um nicht so leben zu müssen, wie er zu leben gezwungen war. Als diese gefunden war, konnte er sie an andere weitergeben.

Jesus aber war mit einer fertigen Alternative auf der Bildfläche erschienen und bezog sich auf nichts Geringeres als Sklaverei. Sklaverei in ihrer äußeren Form als gesellschaftliche Erscheinung,

die Transformation erfahren sollte durch Befreiung aus den Ketten der inneren Sklaverei. Aus diesem Unterschied heraus war das Bedürfnis und die Notwendigkeit für einen neuen Weg entstanden. Jeder Meister findet unterschiedliche Bedingungen im Fluss des Lebens vor. Es ist der Weg des Feuers. Ein Feuer, welches – einmal entzündet – dich im Innersten verbrennt. Ein Feuer, das deine Konturen und deine Begrenzungen schmelzen lässt wie die Lava den Berg. Ein Feuer, das dich nicht zu Asche, sondern selbst zu Feuer verbrennt. Ich glaube, in unserer Gesellschaft ist es völlig unmöglich, ohne Verrat leben zu können. In jeder Gemeinschaft gibt es Schwache und Starke. Verrat bleibt jedoch eine Priorität der Schwachen.
„Die Wahrheit, Sancho, befindet sich auf der Spitze deiner Lanze", hat Don Quijote in genialer Weise bemerkt. Wenigstens ein einziges Mal solltet ihr euch von ihrer Schärfe durchbohren lassen...

Frage: Kannst du in jedem Menschen den Judas erkennen?

Zanko: Jeder Mensch ist mit seiner Judasschwäche geboren worden. Hierin liegt eine der größten Herausforderungen für jeden Einzelnen. Im Verbrennungsprozess des eigenen Judas kann das Feuer Jesu geboren werden. Wo Judas verschwindet, erscheint Jesus ganz von allein.

Karfreitag

Niemals gibt es neue Wahrheiten. Alle Wahrheiten sind schon uralt. Es gibt nur neue Entdeckungen für den Menschen. Alles war schon von Anfang an. Die Zeit ist gekommen, mit euch eine der traurigsten Wahrheiten zu teilen. Genau am Karfreitag entblößte der Mensch eine seiner traurigsten Wahrheiten über sich selbst. Diese Erkenntnis trat offen ans Licht, doch blieb sie den meisten verborgen.

Warum war es überhaupt notwendig für die Menschheitsgeschichte, dass ein Mensch wie Jesus auf dieser Erde erschien? Es existiert keine Person in der Geschichte, mit der sich der Mensch mehr befasst hätte. Über niemanden wurde mehr geschrieben oder gesprochen als über Jesus.

Mehr als eineinhalb Milliarden Menschen stehen heute als Christen hinter seinem Namen. Die größten menschlichen Gruppierungen stehen hinter einem Namen im Sinne einer Religion oder einer Philosophie. Wozu nun war Jesus gekommen? Wisst ihr es? Hmm...?

Er war gekommen, um uns seine Perlen, seine Weisheit und sein Licht zu geben. Er wollte nur geben, niemals nehmen. Er gab der Menschheit auch seinen Körper, des Spottes der Menschen wohlwissend bewusst. Nichts wollte er für sich behalten.

Er war in vielerlei Hinsicht ein leuchtendes Beispiel, doch was konnten wir daraus entnehmen, was erkennen? Was folgte dem ersten Karfreitag? – Nur eine Wiederholung seiner Verurteilung. Ein großes Theaterstück, tagaus – tagein. Immerzu hat der Mensch gezeigt, dass er nichts aus dieser Geschichte gelernt hat. Er konnte nur Jesu Körper annehmen – anderes zu nehmen war er nicht in der Lage. Wieder wurde das Wesentliche verpasst – Jesus nicht erkannt. Noch heute nicht! Nur von wenigen kann Jesus in seiner Bedeutung und Tiefe erkannt werden. Er kam wie ein Blitz aus der Dunkelheit auf diese Erde. Doch sein Licht haben die Menschen in Schatten verwandelt. Millionen haben versucht, sich hinter diesem Schatten zu verstecken. Abermillionen wurden in seinem Namen geopfert. Sein eigenes Opfer wurde nicht verstanden. Es wurde missbraucht und ins Gegenteil verkehrt.

Könnt ihr Gewalt vertrauen? Könnt ihr im Schüren der Angst Zuflucht und Vertrauen finden? Wer könnte solchen Regeln, Gesetzen und Richtlinien vertrauen? Vertrauen kann man nur dem reinen Herzen – nicht einmal dem Wort – weder aufgeschrieben, mitgeschrieben oder überliefert. Auf diesem Boden entstand eine Institution, in der jeder einen sicheren Platz zu finden versuchte. Eingerahmt in den eigenen Vorstellungen von Machtprinzipien.

Schaut euch den Handel des Menschen genau an. Schon am Kreuz hat er um das Gewand Jesu gestritten. Dieses Pokerspiel läuft bis heute weiter. Jeder versucht, sich seinem Ego entsprechend, gut darzustellen. Dabei wird der Name Jesu fortwährend bespuckt, verraten und verkauft – wie schon damals. Mehr konnte die Menschheit nie begreifen. Das Herz und die Erkenntnis Jesu haben nicht einmal seine Jünger erreichen können – geschweige denn weitere Nachfolger! Könnt ihr mir sagen, was dem Menschen eigentlich heilig geblieben ist? Sein „heiliges Interesse" und seine „heilige Angst"! Wo bleibt der Altar, vor dem wir knien und beten?

Zumindest einmal im Leben sollte der Mensch versuchen, in die Tiefe seiner eigenen Seele zu blicken, um aus dem oberflächlichen Geplätscher seines Lebens herauszukommen – um endlich im Herzen Jesu anwesend sein zu können. Alles andere ist ein fortwährender Kreuzzug, eine Vergewaltigung seines Namens – ein täglicher Karfreitag. Ein Hirte kann seine Schafherde in den Stall sperren, er kann sie aber auch auf eine grüne Wiese führen. Die Rolle eines wahren Propheten erstrahlt im Lichte seiner Freiheit. Ein Prophet versucht seine Schäfchen immer auf eine grüne Wiese zu führen. Dort können auch diese das Licht der Freiheit spüren. Den Schafherden im Stall wird jedoch nur ein kleiner Einblick in die Freiheit gewährt, um sie dann wieder in die scheinbare Sicherheit ihres eigenen Gefängnisses locken zu können.

Vorgezeichnete Wege, feste Rahmen und Gesetze sind vonnöten, sonst könnte versehentlich ein Schaf auf die grüne Wiese gelangen. Kontrolle und Angst stellen sehr wichtige Elemente auf diesem Weg dar, sonst würde kein Schaf freiwillig in seinen Stall zurückkehren wollen. Freiheit ist gefährlich für die Hirten der Stallschafe. Zu schnell könnte ein Schaf verloren gehen. Doch wie groß und luxuriös eine Gesellschaft auch immer ihren Stall herzurichten versteht, ob bunt und abwechselnd, ob in Engelschören einstimmend oder in Ritualen verstrickt – ein Stall bleibt immer ein Stall!

Jesus war gekommen, uns an die Quelle frischen Wassers zu führen. Er hatte einen Kreis von Leuten um sich gesammelt, die versprachen, etwas unabhängiger vom Stall leben zu können. Doch im entscheidenden Augenblick ist die verdammte Angewohnheit des Stalllebens der Menschen wieder durchgebrochen und so hatten sie die Freiheit verraten. Danach fand man eine jammernde Herde, auf vielen Wegen umherirrend – der Weg in die Freiheit jedoch war schon zertreten und bis heute nie wieder gefunden.

Von Herzen wünsche ich euch, den heiligen Weg der Freiheit in euch zu entdecken. Es ist so einfach, ihr müsst nur die Kette des Schafstalls durchtrennen. Die Angewohnheit, an der Kette zu laufen, versperrt euch den Blick auf die grüne Wiese.

Somit stellt die Bergpredigt noch heute die größte Herausforderung für die menschliche Zivilisation dar. Die Abhängigkeit von Ställen und die Angst vor der Freiheit machen mich sehr traurig. Fasst euch

ein Herz und ergreift den Mut, euch laut zu sagen: „Ich möchte meine Freiheit!" Wenigstens einmal im Leben seid so frei, euch selbst Freiheit zu gewähren. Ansonsten bleibt euch nichts anderes übrig als euch im „Namen der Freiheit" hinter Schafställen zu verstecken. Das ist eine der traurigsten Wahrheiten der Menschheitsgeschichte. Schaut hin und versteckt euch nicht selbst wieder hinter der Geschichte. Seht, wie ihr euch jetzt hinter dem Rücken des Nachbarn versteckt, wenn ich in eure Augen blicke!
In jeder Geschichte erkennt sich der einzelne Mensch, denn die Geschichte wird von Menschen geschrieben. Entscheidet selbst, ob ihr der Gruppe von Menschen in Ställen angehören wollt, oder ob ihr hier seid, die Wiese zu finden. Ihr seid so verwirrt, weil ihr euch niemals selbst erlaubt habt, frei zu sein. Darum sind auch alle eure Freuden nur kurzfristig, blass und schnell vergänglich. Nichts kann euch befriedigen, so sucht ihr immer weiter – doch meistens findet ihr nur Ställe – leider!
Befreit euch von der Strafe der Unzufriedenheit! Befreit euch von euren Angewohnheiten, diese führen immer nur ins Stallleben zurück. Sucht neue Wege und werdet endlich frei! Verkauft nie für ein paar Münzen, was man für Geld nicht kaufen kann. Verratet niemals eure Freiheit! Heute ist der Feiertag aller Verräter. Lasst Karfreitag zu einem Fest der Freiheit werden, dann werdet ihr Jesu Namen wirklich gerecht.

Bilanz der Seele

Solange der Mensch in einem Körper lebt, bedarf er zweierlei: Sorge um diesen Körper und Bilanz für die Seele. Für mich selbst habe ich schon oft Bilanz gezogen, so hatte ich Gelegenheit, dasselbe auch für jeden Einzelnen von euch zu tun.
Wisst ihr worin ihr alle euch hier ähnelt? – Ihr seid zu gramvoll! Wie sehr hätte es mich gefreut, wenn auch nur ein Einzelner gekommen wäre mit folgenden Worten: „Wie habe ich nur so leben können? So bekümmert die ganze Zeit über!"
Ist euch schon aufgefallen, dass kaum ein Bereich in eurem Leben frei ist von Kummer und Sorge? Gibt es überhaupt irgendetwas, worüber der Mensch sich keine Sorgen macht? Über das Leben selbst scheint er sich ständig Sorgen zu machen. Alles was das Leben beinhaltet, unterliegt seiner Besorgnis. Was ist eigentlich Gram, was ist das für ein Prozess?

Antwort: Angst

Zanko: Die Erscheinung ist Angst, der Prozess jedoch ist Verschwendung von Lebensenergie – von „CHI". Das gilt nicht nur auf der persönlichen Ebene. Sorgen wir uns zum Beispiel um jemanden, so projizieren wir das Modell unserer Sorge auf diese Person oder Situation. Später kommt dieser Mechanismus erneut zu uns zurück und wir sagen dann voller Stolz: „Wusste ich es doch, das habe ich doch gleich gesagt, es wollte ja keiner hören..."
Toll, nicht? Genauso ist es doch, oder? Tief in seinem Inneren ist der Mensch sehr unsicher. Er ist sich seiner selbst nicht sicher – desorientiert, dezentriert und destabilisiert. Sehr schwer nur kann er den

Schatten der Angst, der ihm folgt, überwinden. Unbewusst projiziert er immerzu Erwartungshaltungen und sorgenvolle Gedanken – günstig für seine Angst, ungünstig für ihn selbst.
Ich bitte euch, dies in diesem Augenblick zu erkennen! Ihr werdet so ein unbewusstes Prinzip durchschauen können. Längst schon hat sich der Mensch in ein soziales Produkt verwandelt. Dieser Wandel aber hat seine Persönlichkeit zutiefst zersplittert und ihn seiner selbst entzweit. Er hat ihn in Diener und Herr gespalten – zwei Polaritäten, zwischen denen sich der Mensch im Kreise dreht. In allen Kontakten, ob familiär oder entfernt sozial, ob intim oder beruflich, ob in tiefen Beziehungen oder verflochtenen Machenschaften – immer kann er nur die Rolle des einen, des anderen oder einer fatalen Mischung aus beiden spielen. Immer dreht er sich in diesem Kreis – zerrissen zwischen trennenden Polaritäten.
Die älteste Währung und Handelsware dieser Welt ist Angst und mit ihr Bedrohung, Unterdrückung, Ausbeutung und Not. Nie aber fällt uns ein, Bilanz zu ziehen und den Preis für dieses Spiel zu hinterfragen, ihn zu berechnen in Lebenskraft, Freude und Glück.
Hinzuschauen und zu erkennen, wie viel an CHI, und Lebenskraft uns dadurch verloren gegangen ist, fällt uns schwer, obwohl dies einer der ständig ablaufenden Prozesse im Leben des Menschen ist. Er begleitet uns stets und überall. Doch menschliches Verhalten ist relativ; es liegt an uns und unserer Kraft, Dummheiten zu stoppen. Es ist zu schaffen, zumindest für den Einzelnen – ihr müsst es nur wollen! Schon viele Menschen traf ich im Herbst ihres Lebens, doch wenige nur, die sich bewusst die Frage stellten: „Warum nur habe ich mein Leben mit so viel Unnötigem vergeudet?"
Sehr vieles könntet ihr euch sparen und ersparen – so manches an unnötigem Leid – was euch an Freude, Kraft und Glück beraubt. Eure Intuition flüstert es euch ständig ein, doch kennt ihr weder ihre

Stimme, noch hört ihr auf sie. Noch weniger vertraut ihr euch ihr an... Stattdessen fahren wir fort, gegen Windmühlen zu kämpfen! Häufig werde ich gefragt: „Warum kann ich den Zustand echten Glücks nicht erlangen? Glücklich bin ich nur in Momenten – diese sind selten und niemals vollkommen."
So wird es auch bleiben, bis ihr nicht jede einzelne eurer Befürchtungen aufgegeben habt! Wie der Wolf im Schafspelz kommen sie daher, befallen eure Köpfe, in denen ich mehr Wölfe sehe, als je eine Herde Schafe zählen könnte. Erlaubt nicht, dass Köpfe wie diese sich in eure Seelen mischen dürfen und veräußert eure Seelen nicht an solche! Es gibt unendlich viel Herrlichkeit in diesem Leben – so viele Türen, die noch nicht geöffnet wurden! Solange ihr jedoch euren Kümmernissen und Ängsten verfallen seid, könnt ihr den göttlichen Segen und die bedingungslose Gnade nicht erblicken. Sie werden verborgen für euch bleiben.
Das Leben ist hässlich, das Leben ist schön – es ist eine Medaille, deren eine Seite die andere bedingt – es sind zwei Seiten, die nur zusammen Medaille sein können. Um Ganzheit erfahren zu können, braucht es nicht viel... lediglich Wachheit und ein glühendes Herz.
Unsere Anwesenheit auf diesem Planeten in diesem Körper bedingt eine Vielzahl von Aufgaben, die wir zu lösen haben. Wozu sie aufschieben, bis unser Leben sich neigt, wozu sie aufsparen für ein nächstes? Die Zeit, in der wir leben, verdichtet sich zusehends. Die Kausalitätsprozesse verlaufen schneller, intensiver und werden in Zukunft immer extremer.
Ich denke, dies ist ein sehr passender Anlass, Bilanz zu ziehen – euch jene Rechenschaft zu geben, die ihr bisher versäumt habt. Auf keinen Fall solltet ihr entmutigt sein und denken, ich sehe nur die schwachen Seiten in euch. Allein der Fakt, dass ich offen über menschliche Schwächen spreche, bedeutet, euch zu schätzen – bedeutet, eurer Fä-

higkeit gewiss zu sein, diese Herausforderung meistern zu können. Niemand sonst kennt eure Zweifel, Kümmernisse und Ängste besser als ihr selbst – schließlich lebt ihr sie Tag für Tag!
Doch einzig, wenn es euch gelingt, sie aus euren Schmuddelecken heraus an das Tageslicht zu ziehen, könnt ihr sie auch überwinden. Was für eine unglaubliche Chance! Verpasst sie nicht! Bilanz bedeutet tiefste Bekennung seiner selbst.

Frage: Wie können wir Defizite wie Lieblosigkeit, Wut, Eifersucht und andere, die noch aus der Kindheit resultieren, überwinden?

Zanko: Zuerst einmal musst du deine Defizite bewusst erkennen und annehmen. Wenn du dann siehst, dass du auf deinem Weg irgendwo etwas verloren hast, solltest du genau an die Stelle des Weges zurückkehren, wo es passiert ist. Ob in der Kindheit, ob vor fünf Jahren oder vor einer Woche – das spielt keine Rolle. So kannst du deine Schwächen selbst bearbeiten nach dem Prinzip des Karmas. Auf diese Weise wirst du Stück für Stück auf deinem Weg vollständiger. So kannst du wachsen!
Deine Intuition kann dir auf diesem Weg sehr nützlich sein. Du kannst geradezu „spüren", wohin du gehen musst. Durch Klarheit und Intuition wird dein schöpferisches Potenzial geweckt.
Als Kind wollte ich unbedingt pfeifen können. Ich fragte die anderen, doch niemand konnte mir sagen, was ich eigentlich tun sollte. So folgte ich meiner Intuition und nach ein paar Tagen brachte ich auch ein paar Töne heraus wie meine Freunde.
Sei dir selbst ein Forscher. Entdecke dich und dein Potenzial. Du trägst so viele ungeahnte Möglichkeiten in dir! Je mehr du dich durch deine Selbstforschungen entdeckst, desto mehr Freude kannst du dir

selbst schenken. Die ganze menschliche Entwicklung stellt eine Selbsterforschung dar.

Frage: Gleichgültigkeit und Ruhe sehen nach außen oft ähnlich aus. Ich bin ein unruhiges Wesen und habe Angst vor Ruhe, aus Angst, gleichgültig zu werden. Wie soll ich damit umgehen?

Zanko: Du bist deinen Zustand der Unruhe schon so sehr gewöhnt, dass du nicht weißt, wohin mit dieser Unruhe, wenn du zur Ruhe kommen möchtest. Dies ist ein sinnloser Kampf. Erkenne deine Unruhe, werde dir ihrer bewusst und gehe hindurch. In deiner eigenen Stille wird sie sich auflösen. Gib ihr nicht immer wieder nach. Die Unruhe ist dein überflüssiger Mitfahrer. In deinem Fall ist die Unruhe Folge mangelnden Selbstvertrauens.
Erkenne einfach dein Schema. Durch Bewusstheit kannst du jetzt wählen und lenken. Deine Lebensqualität wird steigen – deine ganze Freude in dir wird frei werden. Versuche es!

Die vierte Dimension

Heute möchte ich euch erzählen, wie ich das erste Mal in die vierte Dimension „gesprungen" bin. Als Kind war ich immer sehr ungestüm und kaum zu bändigen. Ich hatte zwei besondere Neigungen, die ich ausgiebig auslebte. Die eine bestand im „Einfangen" der Sterne mit meinen Augen. Stundenlang schaute ich in das Himmelszelt und versuchte, mit den Augen auf den Sternen zu landen. Hier auf der Erde war es mir irgendwie zu eng. Diese Erlebnisse blieben so stark in mir, dass ich noch heute, wie jetzt, wenn ich mit euch darüber spreche, augenblicklich in diese Situation versetzt werde.
Immer bat ich meinen Vater, mir über die Sterne zu erzählen. Sie übten eine ungeheure Faszination auf mich aus. Seine Erklärungsversuche reichten mir jedoch nie und die Grenzen seines Wissens bestärkten in mir den Wunsch, mehr über sie erfahren zu wollen.
Meine zweite Besonderheit bestand in der Tatsache, dass ich ständig Musik in meinem Kopf hörte. Zwanzig Jahre lang sollte mich die Musik beschäftigen, weit über das Ausmaß einer bloßen Hobbybeschäftigung hinaus. In allem, was für mich wichtig war, neigte ich zu Extremen. Nicht nur in der Musik, auch im Segelfliegen – im Sport überhaupt – im Kontakt mit der Natur und auch im Umgang mit Menschen. In fast allen Situationen versuchte ich, an die Grenze meiner Leistungsfähigkeit zu gehen.
Der Anfang meiner musikalischen Karriere war sehr hart. Viele Steine lagen auf meinem Weg. Bis zum Erlangen der technischen Routine war ein mühsamer Weg zurückzulegen. Meine eigenen Grenzen haben mich damals sehr geärgert. Es ging mir nicht schnell genug, ich war sehr ungeduldig – nicht nur mit mir selbst. Meinen musikalischen Werdegang hatte ich mir leichter und schneller vorge-

stellt, da half mir meine Musik im Kopf auch nicht viel weiter. Ich musste sie irgendwie zum Ausdruck bringen können und das nahm Jahre in Anspruch. Insofern kam ich nicht nur an meine Leistungsgrenzen, ich überschritt sie sogar freiwillig. Meine damaligen Lehrer unterstützten meinen Ehrgeiz und gossen noch Wasser auf die Mühlen des Größenwahns. Der Erfolg bestätigte mein Ego – ich war immer ganz vorn – meiner Altersklasse weit voraus.
Die erfolgreichen Selbstbestätigungen veranlassten mich, ein wenig nachlässiger in meiner Arbeit an mir selbst zu werden und etwas arroganter zu den anderen. Im Glauben, die ganze Welt gehöre mir, blickte ich etwas „von oben" auf meine Kommilitonen herab. Meinem Omnipotenzgefühl folgend dachte ich, die Realisation meiner Wünsche wäre nur eine Frage der Zeit.
Im zarten Alter von siebzehn Jahren bekam ich dann auch die unglaubliche Chance, in einem Orchester unter der Führung eines weltbekannten Dirigenten mitspielen zu dürfen. Die Stücke des Programms beherrschte ich im Schlaf, so tief waren sie mir in Fleisch und Blut übergegangen. Meine Routine verschaffte mir Sicherheit – angesichts des großen Namens „Karajan".
Gott sei Dank habe ich mir damals das übermächtige Gefühl meines Egos zum letzten Mal in meinem Leben erlaubt. Während der einwöchigen Proben und Vorstellungen habe ich „Meditation live" erlebt. Dieser Dirigent hat aus mir mein ganzes Potenzial herausgekitzelt und mir während des Spielens der Musik Flügel verliehen. Ich ließ die Musik einfach durch mich erklingen und machte einen Sprung in eine andere Dimension. Ich befand mich im Kosmos – war eins mit der Musik und dem Himmel zugleich.
Zum ersten Mal in meinem Leben habe ich gespürt, was es bedeutet, mit der vierten Dimension in Berührung gekommen zu sein, auch wenn ich damals keine Erklärung dafür finden konnte. Es war

ein unglaublicher geistiger Orgasmus, wie eine Kugel aus einer Pistole schoss ich in den Himmel und verschmolz mit ihm. Danach lief ich tagelang trunken durch die Gegend. Ich wusste überhaupt nicht, was mit mir eigentlich los war, zudem noch jenseits der Erfahrung eines körperlichen Orgasmus.
Dieses Erlebnis kam wie ein Blitz aus heiterem Himmel, ohne Vorankündigung und ohne Wissen meinerseits. Es ist einfach passiert – eine Einweihung in Gottes Gnade. Dieses Erlebnis war der Anfang meiner bewussten Suche auf meinem spirituellen Weg.
Die Musik begleitete mich noch ein paar Jahre, war aber nicht die Erfüllung meines Lebens, wie ich später erkennen sollte. Sie bahnte mir jedoch den Weg in die nicht sichtbare Welt – in das Mysterium der Existenz. Sie hatte meine Intuition und Sensibilität geschult, mir innere Türen geöffnet.
Dies war nur ein kleiner Ausschnitt aus meinem Leben – so wie auch ihr sicher einiges zu erzählen wisst. Das Leben an sich ist der größte Lehrmeister – in jeder Sekunde geschieht etwas. Diese Geschichte war nur für mich wichtig, denn im Prozess der Hingabe schmolz meine Arroganz. Fortan gab es für mich wichtigeres als das, was ich zuvor angestrebt hatte. Ich machte mich auf die Suche nach Gott. Darin lag die eigentliche Essenz dieser Erzählung. Jeder von euch mag der Essenz der Geschichte seines eigenen Lebens folgen. Den Zeichen des Himmels könnt ihr jeder Sekunde bewusst folgen. Ihr müsst es nur wollen – dann passiert es.

Frage: Welches Instrument hast du gespielt?

Zanko: Viele Instrumente habe ich ausprobiert. Meine drei Favoriten blieben die Geige, das Klavier und wenig später auch die Querflöte. Dies ist jedoch für dich nicht wichtig. Auch ich spiele heute nur noch zu meinem Vergnügen. Dieser Weg liegt schon weit hinter mir und du wirst ihn nie gehen – suche dein eigenes Instrument! Ich hatte mich der Musik ergeben, nach einem langen Weg ungeheurer Anstrengungen. Doch dafür leide ich heute nicht mehr. Die Musik hat mir unglaublich viel gegeben. Jeder geht seinen eigenen Weg – er ist bereits auf dem Weg, denn das Leben selbst ist der Weg und das Ziel zugleich.

Frage: Was war dein innerer Beweggrund, nach dem Sprung in die vierte Dimension weiterzusuchen?

Zanko: Wenn dich der Himmel einmal geküsst hat, bindet dich das für immer an ihn. Du erkennst etwas, was immer anwesend ist, nur noch nicht erblühen konnte. Den Kuss der Ewigkeit kannst du nicht vergessen. Der Geschmack ist fortan auf deinen Lippen. Du brauchst keine Motivation mehr auf diesem Weg. Der Körper kann viele Erlebnisstufen durchlaufen, der Hauptgrund seiner Existenz liegt jedoch in der Entwicklung seiner Bewusstheit.
Menschliche Bewusstseinsentwicklung bedarf Materie. Nur im Körper können wir die Ewigkeit bewusst erkennen. Haben wir dies geschafft, brauchen wir ihn nicht mehr. Die Intensität des Erlebnisses im Erfahren der vierten Dimension war so gewaltig, dass die spirituelle Suche automatisch weiterging. Das, was ich suchte, war schon in mir, ich musste es nur wiedererkennen. Fortan war ich eben nur ein wenig wacher.

Sag einfach „Ja"!

Wenn ich euch so ansehe, erkenne ich, dass die meisten von euch noch nicht bereit sind, aus dem Verstand zu springen. Die Angst, eure Köpfe zu verlieren, sitzt tief. Ihr sagt euch selbst: „Ob gut oder schlecht, mein Verstand gehört mir, den behalte ich!"

Es ist sehr schwer, etwas zu entbehren, dass man sein Eigen nennt. Etwas hergeben zu müssen, mit dem man sich identifiziert hat, ist noch schwerer. Selten besitzt der Mensch Mut, in Unbekanntes zu springen. Warum haltet ihr so sehr an eurem Verstand fest? Habt ihr euch das schon gefragt? Ihr kennt einfach nichts anderes und deshalb findet ihr nicht den Mut zum Risiko. Der Spatz in der Hand scheint sicherer als die Taube auf dem Dach. Ist es nicht so?

Ein Wagnis einzugehen ohne ersichtliche Alternative ist für viele undenkbar. Dem Prinzip eurer Logik entsprechend, die euch bisher begleitet hat, schlägt eure innere Waage immer zugunsten des Verstandes aus. Sauber wägt man die Vorteile ab und handelt den eigenen Vorstellungen entsprechend. Jedes Wort und jeder Gedanke stellen ein Gewicht auf der Waagschale des Verstandes dar. So kippt die innere Balance immer in Richtung Kopf. Ihr habt es nicht anders gelernt. Ich akzeptiere – doch es hilft euch gar nichts.

Wisst ihr, warum Kopflastigkeit überwiegt? Sie resultiert aus dem vorherigen Abwägen, dem pausenlosen Versuch des Vergleichens, der uns immer wieder in diese Einbahnstraße führt. Dieses Missgeschick im Konkurrenzkampf ständiger Vergleichsbestrebungen verschleiert dem Menschen fast immer den Blick für das Wesentliche. Er lebt in einem pausenlosen Wettkampf, im fortwährenden Wettbewerb seiner eigenen Gedankenspiele. Letztlich ist dies ein Kampf gegen sich selbst, weil sich der Mensch in unendlichen Vorkämpfen

schon selbst k.o. geschlagen hat, bevor das Finale beginnt. Das Ziel ist sogar schon aus den Augen verloren, weil die Ablenkungsmanöver des Verstandes die Oberhand gewonnen haben. Wir verlieren uns ständig in Kleinkriegen, ohne das Wesentliche erkennen zu können. Was aber verstehe ich unter dem Wesentlichen? Habt ihr euch darüber je Gedanken gemacht? Sind die Gedanken selbst nicht schon vergiftet durch die Schiene des Verstandes?
Das wirklich Wesentliche zu erkennen heißt, die Tiefe in euch zu ERFAHREN. Doch eurer SELBST erfahren zu können, hat euch bislang niemand gelehrt. Dieses Angebot stand auf keinerlei Stundenplan oder Wettkampfliste. Ich möchte euch ein Angebot machen, doch über den Verstand könnt ihr dieses nicht annehmen. Er hat nicht gelernt, seinem Muster entspringen zu können.
Die Form des Verstandes zwingt euch, vorab in diesem Schablonendenkprozess verharren zu müssen, solange nichts Besseres greifbar scheint. Der Mensch selbst ist zum Muster seines Verstandes geworden. Er hat sich zu einer Matrize seiner eigenen Gedankenwelt entwickelt – leider. Die Formatierung des Verstandes verläuft über das Schema, der eigenen Erwartungshaltung gerecht zu werden.
So haben wir gelernt, immer auf etwas vorbereitet zu sein, dem Verlangen des Verstandes nach Bestätigung strebend, zu folgen. Dieses Prinzip wiederum beinhaltet, immer „etwas werden zu müssen", beziehungsweise nach „etwas Bestimmtem" Ausschau zu halten. Kaum merklich hat sich der Mensch selbst zum Verstand entwickelt. Der Verstand ist zum Haus und zum Hausherren des Menschen aufgestiegen. Sämtliche Kompetenzen hat er sich zu Eigen gemacht. Wir selbst scheinen zu Sklaven degradiert.
Könnt ihr das nachvollziehen? Merkt ihr nicht auch, dass der Verstand euch regelrecht beherrscht? Gibt es da vielleicht nicht noch etwas anders in uns? Doch jeder Herrscher untersteht wiederum einem oberen Befehlshaber. Der Hausherr wird manipuliert über und

durch feststehende Regeln und Rahmenbedingungen der Gesellschaft. Der Verstand ernährt sich von Erwartungen. Pausenlos erwartet er etwas von dir, doch nie ist er zufrieden. Aus ihm heraus kann es keine Zufriedenheit geben – das liegt nicht in seiner Natur.
Erwartungen erzeugen wiederum Spannungen. Der Verstand kann nur über die Befriedigung seiner Erwartungen zufrieden gestellt werden. Dies ist eine vorübergehende Pseudozufriedenheit durch den Vermittler namens Bestätigung. Morgen wird es neue Erwartungen geben. Entspannung, Ruhe, Frieden und Balance können nicht durch den Verstand erreicht werden. Er selbst ist der größte Feind, die größte Barriere zu innerer Harmonie und Freiheit.
Der Verstand lässt uns in ständiger Zensur leben. Er verhält sich wie eine Zollstation, die über Ein- und Ausfuhr entscheidet. Zudem haben wir auch noch den Preis, den allein er festlegt, zu bezahlen.Ich frage euch: „Warum lasst ihr zu, dass ein Zollbeamter König wird? Er bedient nur seine eigenen Gesetze. Sind dies auch eure?" Ist jemals ein Mensch im Verstand glücklich oder frei geworden? Erkennt, dass euer Verstand nur ein höherer Beamter ist! Er ist nicht in der Lage, seine Form, seine Schiene, sein Muster, seine Schablone und seine Gedanken verlassen zu können.
Auf diese Weise werden wir uns nur weiter auf den Irrwegen des Verstandes – im Wettkampf unserer eigenen Spielchen – verlieren. Der Weg ist noch nie über, durch, oder im Verstand gefunden worden! Einen solchen Weg gibt es nicht.
Ich kann euer Grübeln erkennen, deshalb bin ich so kategorisch... Die Beschränkungen des Verstandes lassen uns keinen Spielraum, der Wahrheit näher kommen zu können und somit entfernt ihr euch auch von mir. Nur jenseits der Diskussion könnt ihr versuchen zu nehmen, was ich euch zu geben vermag.
Alle Erscheinungen und Phänomene haben mehrere Aspekte. Gebt euch nie mit nur dem einen Ausschnitt zufrieden, den ihr zu erkennen

in der Lage seid. Der Verstand hat einen sehr kleinen Blickwinkel. Er versperrt uns die Sicht für die vielen Facetten des Lebens. Im Brennpunkt von Gedankenspielchen ist keine Fokussierung möglich. Lasst euch nicht blenden vom Verstand. Er selbst ist nur eine Facette und kann deshalb auch nur eine erkennen. Mit Worten vermag der Mensch zwar etwas über sich zu erzählen und durch die Art des Ausdrucks kann er kundtun, wie viele Facetten des Verstandes er beherrscht. Doch über WAS berichtet der Mensch eigentlich? – Nur über die Grenzen seines eigenen Verstandes!

Meint ihr jedoch, nicht nur aus Verstand zu bestehen, so frage ich euch noch einmal: „Warum identifiziert ihr euch damit?" Welchen Stellenwert haben eure Gefühle, euer Herz, eure Seele und euer Wesen? Wie kann der begrenzte Verstand sich anmaßen, über Wahrheit sprechen zu wollen? Er ist außerstande, diese zu erkennen, doch plappert er ständig darüber. Ihm sind weder die Mittel noch die Dimension gegeben, das Wesentliche zu erkennen.

Er kann nur vermuten, kann weder ERFAHREN noch ERKENNEN. Dieser Prozess läuft jenseits des Verstandes. Es liegt in der Natur der Sache, denn der Verstand ist zu eng und zu träge. Er stellt keinen Raum dar. Ist nur eine lineare Funktion in einem Raum, doch ihr habt zugelassen, dass er sich zum Raumbewacher nach oben gearbeitet hat. Dabei merkt ihr nicht, dass er euch damit den Zugang zum Raum längst versperrt hat.

Um Wahrheit erkennen zu können, ist mehr Breite – mehr Freiheit notwendig. Eigentlich sollte der Verstand Sklave im Raum sein, doch hat er geschickt die Rollen vertauscht. So kann die Essenz der Wahrheit nicht durchdringen. Der Verstand versperrt euch den Weg in den Himmel. Über das Grübeln findet ihr diesen Weg nicht. Erst wenn sich das Bewusstsein mit dem Raum vereinigt hat, wird es keine Fragen mehr geben. Der Bedarf des Verstandes nach Fragen ent-

springt seiner linearen Form. Alle Antworten auf Fragen entstammen jedoch dem Raum, deshalb gibt es hier auch keine Fragen mehr. Jede Frage ist Ausdruck von „Getrenntsein".
Im SEIN verschwinden Trennung und Frage. Der Verstand hat jedoch Angst vor Auflösung. Er täuscht Trennung vor, um die eigenen Parameter schützen zu können. So bewahrt er den Bedarf nach Fragen und Selbstbestätigung.
Überlegt selbst einmal, wie oft ihr das Wort „Nein" aussprecht. Konkret ein Wort als Ausdruck einer Handlung oder einer Gefühlsgebärde – egal. Wie oft seid ihr mit „Nein" dabei und wie selten sagt ihr einfach „Ja"!?
Könnt ihr erkennen, wie schwer es für den Menschen ist, „Ja" zu sagen? Jedes „Nein" ist eine Art von Einschränkung, Eingrenzung. Mit dem Wort „Nein" werden Türen geschlossen. Es wird für uns allerhöchste Zeit, „Ja" zu sagen – „Ja" zu unserem Wesen!
Doch der Verstand entfernt uns von uns selbst, unserem Wesen und unseren Herzen. Sagt einfach „Ja" und kommt nach Hause! Hört nicht auf euren Verstand. Ob er „Ja" sagt oder „Nein" – es spielt keine Rolle, denn er kann euch sowieso nicht nach Hause führen. Sprecht ein „Ja" aus, aus eurem tiefsten Herzen, aus eurem inneren SEIN. Nur so sagt ihr „Ja" zu Gott, „Ja" zu euch selbst und „Ja" zum ewigen Leben. Ist das kleine Wörtchen „Ja" ein zu großes Risiko für euch? Ihr könnt euch auch zwanzig Jahre vor eine weiße Wand setzen, dann wird „Ja" von allein kommen.

Gleichung mit vielen Unbekannten

Allen einen Guten Morgen! Sicherlich wundert ihr euch, warum ich das ganze Gepäck hier aufgetürmt habe, ganz so als würde jemand verreisen wollen. Reich mir doch bitte jemand diese drei Rucksäcke herüber und seid so nett, mir beim Umhängen behilflich zu sein. So, danke – verteilt sie schön zu allen Seiten! Fertig, danke, danke sehr! Jetzt, wo ich so gut von allen Seiten gepolstert bin, würde ich euch bitten, es mir gleichzutun, danach vorzukommen und zu versuchen, mich zu umarmen.

Geht es nicht? – Versucht es noch einmal! Seht ihr, wie viele Lasten uns behindern? Sie behindern uns sowohl selbst, als auch gegenseitig. Jeder von uns ist ein großes unbekanntes X mit einem Konglomerat von Geflechten.

$$X + (????...) = ?$$

Es ergibt sich eine unlösbare Formel, eine Gleichung mit vielen Unbekannten, die es für jeden von uns zu lösen gilt. Ist jemand dazu in der Lage? – Wohl kaum! Nur ein Buddha könnte sie lösen!

Auf der einen Seite steht unser Wesen X, welches uns gegeben ist, behangen mit allerhand Wirrwarr, das – wie ihr am eigenen Leib erfahren habt – euch nach allen Seiten behindert. Auf der anderen Seite steht ebenfalls eine Unbekannte, hier sogar das große unbekannte Rätsel. Was bin ich? Wer bin ich? Das größte Geheimnis, mit dem wir ständig konfrontiert werden...

Ist man zu sehr mit dem identifiziert, was ich hier gerade aufgebaut habe, sagt man sich schließlich: „Ja genau, – genau das bin ich!" Doch genau das ist weder dieses noch jenes, sondern nur der Teufels-

kreis, in dem wir uns bewegen – ein in sich abgeschlossenes System. Geschlossen wird das System durch das viele Beiwerk, mit dem ihr euch behängt und identifiziert, welches euch jedoch daran hindert, zu euch selbst vorzudringen.
Nur zu gut kann ich verstehen, wenn ihr sagt, es falle euch schwer, zu eurem Wesen vorzudringen. Doch ist euer Wesen mit Sicherheit nicht das, was ihr glaubt, als euer Wesen erkannt zu haben.
Natürlich, wenn ich alle Lasten ablegen würde – sogar meine Kleidung – würde ich mir sehr nackt vorkommen. Dennoch bin ich das, was ich bin – ohne jeglichen Schmuck. Solange ich jedoch mein Beiwerk festhalte und mich weigere, es abzulegen, werde ich mich nie und nimmer so sehen können, wie ich wirklich bin.
Die Rechenaufgabe wäre nur lösbar, indem ich alle Fragezeichen eliminiere, um Klarheit zu schaffen. So wäre Balance möglich, dann würde die Gleichung lauten: X = X. Auf diese Weise hast du eine Chance, X zu ermitteln, so erst können wir „Wer bin ich" ergründen.
Eines aber könnt ihr gewiss sein: Euer und jedermanns Beiwerk ist viel, viel pompöser als die mickrigen Rucksäcke, die ich benutzte, dies zu demonstrieren. Dahinter verbirgt sich über Jahre aufgeschichteter Staub – Schicht um Schicht jenes Unbewusste, welches im Laufe eines ganzen Lebens an euch haften geblieben ist – dem ihr zugelassen habt, festkleben zu dürfen.
Oft habe ich euch Beispiele von Menschen gegeben, die irgendwo und irgendwann auf dieser Welt gelebt haben. Oft führte ich auch Beispiele von mir selbst an, doch sind sie euch mehr oder minder fremd geblieben. Nun jedoch kann ich auch diejenigen unter euch als Beispiel anführen, die Mut genug hatten, sich für eine gewisse Zeit in eine Höhle zurückzuziehen und so frage ich diese: „Konntet ihr in der Stille erkennen, wie groß die Last ist, die ihr tragt und wie unendlich viel sie wiegt?"

Antwort: Ja, sie ist unglaublich groß und in den vielen einsamen Nächten fragte ich mich immer wieder, wie ich mich von ihr befreien könnte. Mit der Zeit begriff ich, dass es nicht so schwer ist.

Antwort: Ich weiß nicht wie ich mein Erlebnis schildern kann. Es ist seltsam, so als wenn es jemandem anderen widerfahren wäre. Dennoch spürte ich diese Last sehr deutlich.

Antwort: Erst jetzt verstehe ich wovon du sprichst, vorher war es mir unmöglich.

Antwort: Jetzt fühle ich mich wesentlich leichter, doch gleichzeitig habe ich auch gesehen, wie viel Arbeit auf mich wartet.

Antwort: Ich habe das Gefühl, dass sich die Qualität meiner Einstellung zu mir selbst geändert hat, ebenso mein Verhältnis zu den anderen.

Zanko: Nicht jeder muss unbedingt in eine abgelegene Höhle, um sich von seiner Last befreien zu können. Man kann sich überall zurückziehen, sogar mitten in einem Stadtzentrum. Durch inneren Rückzug lernst du, distanzierter beobachten zu können. Du wirst höhere Ansprüche an dich selbst bekommen und langsam beginnen, wirklich zu erkennen. Doch anstatt an sich selbst zu arbeiten, verschärft man lieber die Kritik an anderen und applaudiert sich selbst. Der Mensch, beziehungsweise die Gesellschaft, versucht immer, denjenigen vor die Füße zu spucken, welche die Dinge durchschaut haben. Abwehr scheint wesentlich einfacher zu sein als Erkenntnis. Schnell findet man Gleichgesinnte und dann auf in den Kampf! Man muss sich ja schließlich verteidigen! Das ist unser gutes Recht!

Dabei wollten euch Erwachte nie etwas wegnehmen. Was denn eigentlich? Sie wollten der Gesellschaft immer nur zeigen, dass sie gar nichts besitzt. Aus Verlustangst wird jedoch schnell ein Schuldiger gefunden und der muss bluten für das scheinbare Gemeinwohl. Doch was hat der Mensch zu verlieren? An was halten wir so fest? Am Ego – das bedeutet jedoch nur Tod! Das Ego hält euch in Ketten. Der Mensch dreht sich im Kreis und gerät letztendlich doch wieder in seine Fänge. Sicherlich fragt ihr euch, warum ich meinen Finger so tief in eure Wunden bohre. Dies tue ich nur, damit die Unbekannten der Gleichung weniger werden, so kann die Gleichung aufgehen und lösbar werden. Der Weg wird geebnet und frei, falls ihr das Bedürfnis verspürt, ihn gehen zu wollen.
Ein jedes eurer Beiwerke, mit dem ihr verklebt seid, ist die nächste eurer eigenen Fallen, in die ihr tappen werdet. Im Festhalten an schillernden Beilagen wird euer Konglomerat an Geflechten undurchschaubar und unlösbar – ihr quält euch und euer ureigenstes Wesen. Wisst, dass alles, womit ihr euch identifiziert, eines Tages zu Staub zerfallen wird. Alles ist lediglich Schein, Maya, Illusion... Es hat seine natürliche Berechtigung in der Anwesenheit als das große Unbekannte, fällt jedoch später in die Wesenlosigkeit zurück. Welch hohe Steuer zahlt ihr an die eigenen Identifikationen...! Ihr zahlt mit eurem eigenen Leben!
Ein wirklich großes Geschenk könntet ihr euch selbst bereiten, wenn ihr euch Klarheit im Leben verschafft und den Mut aufbrächtet, dem Trugbild eurer Vorstellungen, Skrupel und Gewohnheiten eine Absage zu erteilen. Durchschaut das Programm eures Verstandes – eure eigene Programmierung. Dies würde die größte Gnade sein, die ihr euch gewähren könntet.
Propheten wollten euch niemals etwas wegnehmen. Sie wollten euch etwas geben und mit euch teilen, was ihr bisher nicht finden konntet.

Es ist wesentlich kostbarer als alles euch zuvor Bekannte. Vor kurzem zeigte mir jemand das Foto eines buddhistischen Mönches. Aus diesem Gesicht strahlte so viel Klarheit, Glückseligkeit und Licht. Versucht euch die Frage zu stellen und zu beantworten: „Was strahle ich wohl aus?" Nicht, wie sehe ich äußerlich aus, sondern, was strahle ich von innen aus.

Jeder strahlt genau so viel an Licht aus, wie er sich selbst erlaubt hat, aufzunehmen. Die Ausstrahlung eines Menschen steht in unmittelbarer Abhängigkeit zur Wahrheit, die er erlangt hat und ist in erster Linie eine Frage der persönlichen Gesinnung sowie des Bedürfnisses nach Selbsterkenntnis. Das Bedürfnis nach Wahrheit stellt die Triebfeder eurer Entwicklung dar. Welche geistige Richtung ihr auch immer einschlagen mögt, welcher spirituellen Schule ihr auch folgen wollt, stets wird der Zeitpunkt kommen, in dem das Erkennen des eigenen Selbst unausweichlich wird.

Die Qualität eurer Gedanken und Gefühle, mit denen ihr am Leben teilnehmt, die Art der Beziehungen, die ihr pflegt, bestimmen eure Ausstrahlung. Schaut sie euch deshalb sehr genau und ungeschminkt an. Wir leben in einer Licht-Schattenwelt; entweder bist du Licht oder du wirfst Schatten. Habt ihr das Licht in euch entdeckt, werdet ihr beginnen, dies auszustrahlen und folgende Worte Jesu besser zu verstehen: „Ich bin der Weg, die Wahrheit und das Licht."

Deshalb sage ich euch: Seid, was ihr zu sein vermögt! Doch seid dies bewusst und offenen Auges, damit ihr euch wandeln und transformieren könnt. Bleibt ihr indes für euch selbst verborgen, fügt ihr eurer Lebensgleichung immer neue Fragezeichen hinzu, damit schneidet ihr euch den Lösungsweg ab.

Kannst du diese Rechenaufgabe in eine echte Gleichung verwandeln, verwirklichst du die Wahrheit deines SEINS. Diese Wahrheit lässt sich weder aussprechen noch definieren, sie lässt sich nur

LEBEN. Indem du sie lebst, wirst du Wahrheit. Ihr tragt sie stets in euch, sucht jedoch ständig außerhalb. Wenn euch jemand die Wahrheit vor Augen führt, passt euch das nicht und ihr wendet euch gegen ihn. Doch ob sie euch gefällt oder nicht, ob ihr sie sehen wollt oder sie vor euch versteckt, ob ihr sie bewusst erlebt oder nicht, sie existiert dennoch. Der direkteste Weg zu ihr besteht im Annehmen und Akzeptieren. Eine Unzahl von Anstrengungen bliebe euch erspart, wenn ihr aufhören könntet, sie zu umschleichen, wie die Katze den heißen Brei. Diese Ersparnis könnte das Reservoir euer ungeahnten Potenziale freisetzen.

Der Mensch ist ein dynamisches Wesen und genau darin besteht seine große Chance. Diese unaufhörliche Dynamik ist die elementare Kraft des Lebens, die ihn durchströmt. Warum ergreift ihr sie nicht? Warum schränkt ihr euch dermaßen ein und verschiebt euer Leben auf später? Worauf wartet ihr? Warum kapselt ihr euch durch unnötige Fragezeichen, aufgesetzte Geschäftigkeit und alles hinterfragenden Zweifel ab? Warum schneidet ihr euch selbst vom Fluss des Lebens ab und verwandelt euch so in eure eigenen Scharfrichter? Wird es nicht allerhöchste Zeit für Erkenntnis?

Es gibt keine größere Wahrheit als jene, die wir in uns tragen. Alles ist uns gegeben – wirklich alles! Das ist sehr viel und gleichzeitig auch sehr wenig. Wenig, weil ihr ALLES erst finden müsst. Dies erfordert eine unermüdliche Suche. Viele Unklarheiten müssen überwunden, viele Hürden genommen, viele Tore durchwandert werden... Die Wahrheit ist groß, sie stellt unsere Verbindung zu Gott und der Unendlichkeit dar.

Solange ihr sucht, ist alles zu wenig und zu klein. Sobald ihr es gefunden habt, habt ihr ALLES erlangt. Ihr müsst es erkennen und in eurem Inneren entdecken. Euer Begehren ist auf eine Unzahl von Äußerlichkeiten gerichtet, denn unendlich groß ist eure Unerfüllt-

heit...Alles wurde euch bereits gegeben, doch solange ihr dies nicht zu erkennen in der Lage seid, werdet ihr der eigenen Hölle nicht entrinnen können. Dies ist ein Zustand der Verdammnis, in dem ihr vom SEIN getrennt lebt. Doch das Leben wartet auf euch, erwartet euch von Leben zu Leben. Es wartet auf Erkenntnis, derweil ihr weiter in der Torheit vermeintlicher Allwissenheit verharrt.
So viel Törichtes haben wir vollbracht, so viel unnötig Sinnloses, einfach weil wir uns weigern, der Wahrheit ins Gesicht zu blicken und sie anzunehmen. Ständig suchen wir nach Ausreden und Begründungen. Meist reichen diese nicht aus, so werden immer neue gesucht, doch auch sie werden nicht genügen.
Endlos spielen wir Katz und Maus. Die Wahrheit ist auf der Strecke geblieben, irgendwo verloren gegangen. Habt ihr noch nicht genug von diesem Spiel? Was war das Große in eurem Leben?

Es ist, wie es ist – und doch nicht!

Im Zen gibt es folgenden Koan: „Der Berg ist ein Berg, ein Berg ist nicht Berg, der Berg ist wieder Berg." Im Leben eines jeden gibt es verschiedene Phasen: Wenn ein Berg ein Berg ist, wenn ein Berg nicht Berg ist, und, wenn der Berg erneut Berg ist. Auf die eine oder andere Weise hat jeder schon einmal, wenn auch nur kurz, den Zustand erlebt, wo der Berg Berg war.

Auf diesem Planeten misst das Phänomen Zeit unsere Zeitlichkeit. Diese wird entsprechend unserer eigenen Betrachtungsweise gemessen. Die Zeit kann sowohl nach vorn als auch zurückgerichtet sein. Lediglich die Unfähigkeit unseres Bewusstseins, Ganzheit wahrnehmen zu können, erschafft die Notwendigkeit des Begriffes „Zeit". Doch diese ist nur ein Aspekt der Ewigkeit – ein Aspekt, in welchem wir nur eine einzige Bewegung kennen – die Bewegung nach vorn. Es gibt aber auch eine Bewegung zurück... Wenn wir etwas Schönes kreieren, uns entfalten im Schöpfungsprozess, so sind dies Momente, die unsere Bewegung nach vorn messen. Sie markieren das Vorwärtslaufen der Zeit. Eigentlich könnte so der Lauf unseres gesamten Lebens sein. Nehmen wir aber zum Beispiel diesen Stuhl hier – er ist aus Holz gefertigt. Dieses Holz ist tot, denn es kann sich nicht mehr weiterentwickeln. Im selben Augenblick, in dem wir es töteten, drehte sich sein Lebensrad herum und die Zeit begann, rückwärts zu laufen. Bereits in dem Moment, wo wir Beton ausgießen, um darauf zu bauen, töten wir den Flecken Erde darunter.

Alles, was Hände oder Verstand erschaffen, ist bereits tot geboren, denn auf diese Weise kehren wir die Richtung der Bewegung um und die Schritte der Zeit beginnen, uns rückwärts zu führen...Unser Leben ist erfüllt mit Glückseligkeit. Sie ist euch nicht bewusst. Die

Zeit ist erfüllt mit Augenblicken. In wie vielen von ihnen habt ihr dem Leben dafür, dass ihr lebt, gedankt? Wer denkt eigentlich daran, sich für sein Leben zu bedanken? Vor einem Jahr waren wir zum letzten Mal hier zusammen. In diesem einen Jahr habe ich in jedem Augenblick unsagbar viel erfahren. Es könnte so einfach sein, so schön, wenn wir unser Leben nur bewusst lebten.

Auch in den schlimmsten Augenblicken ist niemals alles nur schlecht. So wie auch im schönsten Augenblick immer etwas zu wünschen übrig bleibt. Jeder hat diese Erfahrung schon gemacht. Immer sind die Dinge miteinander verwoben. Lernt, euch dessen bewusst zu werden, dann erst werdet ihr die Glückseligkeit, die euch gegeben ist, auch spüren können.

Lernt, euer Leben zu schätzen, es um seiner selbst Willen zu leben, denn dafür ist es euch gegeben. Jeder Augenblick ist umhüllt von unendlicher Gnade. Lernt, die Dinge nicht erst dann zu schätzen, wenn ihr sie verloren habt. Macht die Augen auf, öffnet eure Herzen, öffnet eure Seelen, öffnet euer Bewusstsein! Nur so könnt ihr erfahren – dann wird der Berg nicht mehr nur Berg sein.

Wir haben schon über die vier Elemente gesprochen, aus denen das Leben auf diesem Planeten hier erschaffen ist – Feuer, Wasser, Luft und Erde. Sie sind lebendig und wirken erschaffend – sind weich, ohne Form. Für sie fließt die Zeit immer nur nach vorn. Alles aber, was rückwärts läuft, vermodert und wirkt zerstörend.

Die Seele ist eine hauchfeine Substanz. Nur durch sie können wir erschaffen. Wenn unser Körper stirbt, verlässt sie unser Geist, denn sein Verlangen zu bleiben, stirbt. Er kann nicht mehr schaffend wirken, kann sich nicht weiterentwickeln, die Zeit läuft nicht mehr nach vorn...Erneut ist der Berg Berg geworden... Lasst uns etwas meditieren. Eine meiner Lieblingsmeditationen ist das Nadabrahma: Lasst uns danken für die Glückseligkeit, die uns gegeben ist.

Die heilige Zuflucht der Seele

Wisst ihr, was es bedeutet, Zuflucht zu verlangen? Wisst ihr, was es heißt, Zuflucht zu gewähren? Vor einigen Tagen wurde bei mir zu Hause ein kleiner, herrenloser Straßenhund abgegeben. Dieser kleine Hund hat nur gewinselt und ohne zu wissen, Zuflucht gesucht, ohne Ansprüche zu stellen.

Streckst du deine Hand nach Almosen aus, suchst du Zuflucht, indem du das annimmst, was dir gegeben wird. Wenn du Zuflucht suchst, darfst du keine Ansprüche stellen und wenn du Zuflucht gewährst, musst du frei sein von Verlangen. Ansprüche und Verlangen stellen Bedingungen dar, die den Sinn verkehren. In diese höchste moralische Kategorie gelangt ein Mensch nur ganz selten.

Die Liebe ist die höchste Zuflucht für die Seele und das Herz. Warum leiden die Menschen aus Liebe? Warum sterben sie aus Liebe? Sie kommen nicht umhin, immer Schnittmuster aus eigenen Vorstellungen und Bedingungen zu benutzen. Das ist keine Liebe! Zu viele Erwartungen und Ansprüche werden in diese Kategorie gelegt. So wird die Liebe in Unliebe verwandelt.

Die höchsten moralischen Kategorien sind einfach immer nur leer – anspruchslos, bedingungslos, erwartungslos... Auf Grund dieser Leere sind sie so reich und wertvoll – frei von allen Lastern. Der lasterhafte Verstand hingegen benötigt ständig Prüfungen, damit er sich von allen Bedingungen befreien kann, die er selbst produziert und in die er sich selbst verwurzelt hat.

Nicht umsonst hatte der Jünger Thomas den Beinamen „Der Ungläubige". Sein Verstand war verstrickt in Bedingungen und so ist er auch im Geflecht seiner Ansprüche gestorben. Wenn ich auf die verwirrte Menschheit blicke, leide ich für diese verirrten Seelen, die

sich quälen in den menschlichen Körpern, unterdrückt von Ängsten, Zweifeln und Bedingungen. Es scheint fast so, als sei dies ein Ziel im Leben. Es ist zu einer Angewohnheit des Menschen geworden, sich selbst zu quälen. Er dient seinen Ängsten, lebt unter ihrer Kontrolle und ihrer Bequemlichkeit. Er sucht eine Verpackung für seine eigenen Defizite und bereitet seinen Ängsten ein bequemes Nest. Dies bedeutet wiederum, der Angst Zuflucht zu gewähren. Die Angst jedoch bedarf keiner Zuflucht!
Kennt ihr einen Gärtner, der die Pflanzen ausreißt und das Unkraut hegt? Nein? Doch genau dies tut die Menschheit! Seht ihr das nicht? So gerät jeder in die Falle des Handels. Solange der Zweifel Herr im Hause ist, ist es unmöglich, die Tür für die Liebe zu öffnen. Jeder Mensch schreit sein ganzes Leben lang nach Liebe. Vom ersten bis zu seinem letzten Tag. Gebt der Liebe Zuflucht und die Liebe wird dir Zuflucht geben. Dies bedeutet, sich bedingungslos zu ergeben. Hier liegt der Reaktor menschlicher Entwicklung und spirituellen Wachstums verborgen. Es ist alles ganz einfach, doch ohne dieses simple Prinzip kann aus einer Art Liebe nie wahre Liebe erblühen. Sie bleibt nur eine Imitation – das ist wirklich grausam – die Liebe als Mutante.
Das Leben in einer künstlichen Liebe, einer Imitation kann auch als Ergebnis keine wahre Freude hervorbringen. Alle Enttäuschungen, die uns aus der Liebe widerfahren, sind Produkte von Erwartungen. Der Verstand plant im Voraus, was zu erwarten sei. Sorgfältig hat er vorab wie aus einem Katalog seine Bestellung abgegeben. Doch hier befinden wir uns nicht auf dem Basar. Liebe geschieht jenseits des Handelns und des Verhandelns.
Diese Welt hat sich zu einer Pseudowelt entwickelt. Jeder versucht, einigermaßen über die Runden zu kommen – mit dem Modell der Angst im Rücken. Das Ergebnis ist eine Mutation – wirklich lieblos.

Versteht eines: Jemand, der euch in einer Liebesbeziehung Bedingungen stellt, liebt euch nicht! Unter Bedingungen ist die Liebe bereits gestorben, oder noch nie gekommen. Echte Liebe ist bedingungslos. Gott hat uns allen Zuflucht gewährt. Doch warum folgen wir nicht seinem Beispiel, anstatt dem Straßenjargon des Basars?
Als ich noch ein kleiner Junge war, habe ich des Öfteren den Straßenslang stolz zu Hause präsentiert. Meine Oma pflegte in diesen Fällen Folgendes zu sagen: „Die primitivsten Dinge erhältst du von der Straße, die wertvollsten bekommst du vom ‚Lieben Gott'."
Alles, was ihr kennt, entstammt dem Umfeld „Straße". Eure Ängste, Erwartungen, Bedingungen, Vorurteile... Jeglicher menschlicher Abfall kommt schlichtweg von der Straße.
Aus der Liebe Gottes erwächst die einzige bedingungslose Liebe. Sie ist eine grenzenlose Zuflucht, doch ihr sucht Zuflucht auf der Straße.

Frage: Kann der Mensch die ganze Welt lieben?

Zanko: Frag den Gott in dir, er wird dir antworten.

Frage: Wie können wir den Zustand der Liebe für uns dauerhaft erhalten?

Zanko: Die Liebe als Dauerzustand erleben zu können ist nur möglich in der Verschmelzung mit Gottes Liebe. Dann lebst du in einer Art Trance, trunken vor Liebe – fast wie ein bisschen verrückt. Für mich ist es sehr schwer, euch diesen Zustand zu erklären, doch eines seid euch bewusst: Jeder bekommt das, wonach er sucht, abhängig von seinem Bedarf. Da gibt es keine Probleme, es ist eine Frage deines Durstes.

Frage: Wenn ich die ganze Welt und alle Menschen gleich liebe, wie kann ich meine Nächsten noch im Besonderen lieben?

Zanko: Eröffne dein Herz, denn Gott liebt den Ersten genauso wie den Letzten. Öffne dein Herz und höre auf zu spekulieren. Kannst du den eigenen Kuhhandel nicht erkennen? Wo suchst du Zuflucht? – In der Angst!

Frage: Wo befindet sich die letzte Zuflucht?

Zanko: Die letzte Zuflucht findest du in dir selbst!

Frage: Warum formulierst du das auf diese Weise?

Zanko: Hättest Du mir diese Frage im Wald gestellt, hätte ich dir eine andere Antwort gegeben. Es ist leichter, dort eine Zuflucht zu finden, wo deine Chance direkt neben dir steht. Es ist schwer, jemandem seine Zuflucht zu zeigen, der sich selbst nicht kennt – jemanden vom Geschmack des Lebens kosten zu lassen, der noch nie im wahrsten Sinne des Wortes GELEBT hat.
In unseren beschränkten Denkprozessen ist Zuflucht weder aktiv noch passiv möglich. Wahre Zuflucht ist nur ohne die Grenzen des menschlichen Verstandes möglich.
Die meisten Fragen zeugen von Unverständnis. Das Thema Liebe sprengt die Grenzen des Verstandes. Gott, Liebe und Zuflucht gehören nicht seiner Dimension an. Wechsle die Ebene und du wirst ohne Worte verstehen.

Frage: Wurde dir selbst jemals Zuflucht gewährt?

Zanko: Ja, morgens von der Sonne – abends vom Mond.

Antwort: Du sagtest einmal: „Der Mensch sucht seine andere Hälfte oder trifft die Liebe."

Zanko: Ja, das stimmt. Der Mensch sollte bereit sein, dann wird er beides treffen, das eine durch das andere.

Frage: Was heißt, bereit zu sein?

Zanko: Was lässt einen Apfel vom Baum fallen? Er reift, doch er tut nichts. Er fällt von allein, wenn er reif genug ist.

Frage: Kann eine Tradition eine Zuflucht sein?

Zanko: Jede Tradition ist etwas Schönes, doch sollte man sich weder hinter ihr verstecken, noch ihr blind folgen. Tradition hat einen Anfang und somit auch einen Ersten. Der Anfang ist Gott – er ist der Erste. Jesus, Buddha, Krishna waren auch alle Erste. Jeder Erste strahlt Licht auf die nachfolgende Reihe.
Ein jeder von euch kann auch ein Erster sein. Er trägt das Potenzial unentdeckt in sich. Der Mensch ist ein noch nicht realisierter Gott – ein Gott in Entwicklung. Die Frage ist nur, wann der Frühling für euer göttliches Erblühen erwacht. Die Samen sind bereits gesät und warten auf ihre Zeit.

Frage: Kann man die Liebe erlernen?

Zanko: Die Liebe kennt keine Kriterien. Sie ist kein menschliches Produkt. Sie ist ein Geschenk Gottes Gnade. Für uns ist sie entweder da – oder sie ist nicht da. Indem wir versuchen, Liebe zu TUN, treten wir das größte Geschenk Gottes mit Füßen.

Sankt Georg Tag

Das Fest des Heiligen St.Georg trägt eine tiefe Bedeutung. Es wird heute zwar nur noch formell gefeiert, die Botschaft jedoch rührt aus jener Tiefe, die zwischen den Zeilen fließt und ist für mich von außerordentlichem Wert.

Ihr alle wisst sicherlich, wie er dargestellt wird – als Krieger. Möglicherweise ist er der einzige „Heilige Kämpfer" in der Ikonographie der christlich-orthodoxen Welt. Sankt Georg ist jedoch nicht nur eine Figur. Sein Wert ist nicht nur im Persönlichen zu finden. Die Art der bildlichen Darstellung ist für das Auge bestimmt – für unser Bewusstsein ist die Essenz nur schwer zu erfassen.

Er ist einer der Heiligen, die am wenigsten verstanden werden. Er selbst war ein Krieger – auf den Ikonen ist er mit Pferd und Lanze im Kampf gegen das Böse, den Dämon, den Feind dargestellt.

Wo genau ist der Feind? Wie oft haben wir ihn schon gesucht? Auf der Suche nach Feindbildern verwandeln wir uns unweigerlich selbst in einen Dämon.

Nur zu leicht sät sich das Böse. Der Feind verkörpert vielerlei. Manche haben ihn sogar Satan genannt. Unter diesem Namen fällt es ihnen leichter, ihn in der Schublade zu halten.

Die Suche nach Schuld ist ein unglaubliches Theaterstück menschlichen Bewusstseins. Wir sind überaus anfällig für dieses Gefühl; mit großer Leichtigkeit inszeniert es sich und verwandelt uns in Krieger gegen jeden und alles. Also gut, Herr Krieger, antworte! Wen bekämpfst du? Den Feind? – Voilà, das ist eine Falle!

Denn genau jetzt hast du ihm Zutritt zu deinem Inneren gewährt. Das Gift ist schon eingedrungen, wir halten den Stachel bereits in der Hand. Der Rest ist nur noch eine Frage der verschiedensten

Imaginationen. Nichts einfacher als das, sich diese zu ersinnen. Alle Gesellschaften, soziale wie auch geistige, erschaffen ein bestimmtes Feindbild. Sie benutzen die Imagination, genannt Feind. In dem Augenblick, in dem wir sein Bild malen, verwandeln wir uns unweigerlich selbst in ihn. Der letzte Stich des Stachels landet immer in deinem eigenen Kopf – wie beim Skorpion.

Genau aus diesem Grund hat es noch nie ein Krieger in der Geschichte der Menschheit geschafft, lange zu überleben. Wohin nun mit dem Feind, wohin mit dem Stachel?... Eine alte Weisheit besagt: „Wer das Schwert nimmt, wird durchs Schwert umkommen."

Wie viele verschiedene Feinde erschaffen wir in unseren Vorstellungen und unseren Beziehungen? Mit jedem Feind, den wir uns in der Außenwelt heranzüchten, nähren wir automatisch ein Feindbild in unserem Inneren.

Mag sein, dass wir den Feind außen niemals treffen werden, doch denjenigen im Inneren tragen wir stets mit uns herum – und der ist weit gefährlicher! Wo sollten wir uns vor ihm verstecken?

Die tiefe Essenz, die uns der Heilige Georg vermitteln möchte, ist die, den Dämon in unserem Inneren zu besiegen – den Stachel zu entfernen. Solange dieser in uns ist, muss sich der letzte Schlag immer gegen uns selbst richten – und dieser verfehlt nie sein Ziel. Er folgt einem höheren Prinzip. Ihr müsst euch selbst vergeben, euch vom inneren Feind befreien, damit er euch nicht länger auf die Folter spannen kann. Es ist sehr leicht, zugleich aber auch scheinbar sehr schwer, seinen Feinden vergeben zu können.

Ich verbeuge mich unendlich tief vor dem Beispiel des Heiligen Georg, denn er hat in Jesus Worte hineingehört: „Vergebt euren Feinden." Er ist unmenschlich gefoltert worden, seinem Glauben abzuschwören. Dennoch blieb er ihm treu – nur so konnte das Wunder geschehen: Eine Heilung, die zugleich Heiligung ist. Dies jedoch hat

Wert nur für ihn selbst. Lediglich das Sichtbare an diesem Prozess war von Bedeutung für die anderen. Er hat nichts getan, einfach nur geglaubt. Nicht an Erlösung, nicht an Wunder, nicht an sich selbst – einfach nur tief geglaubt.

Tiefer Glaube ist etwas Großes, etwas sehr Wertvolles! Jeder Mensch ist Gott in Entwicklung. Was nicht heißen soll, dass er Gott sei, sondern vielmehr, dass das Göttliche in ihm erblühen kann. Wir besitzen ein unglaubliches Potenzial, das ER bereits in uns gelegt hat. Die Möglichkeit, dieses Potenzial entfalten zu können, ist uns ebenfalls gegeben. Ergreifen müssen wir sie alleine – jeder Augenblick ist eine Chance.

In welchem Ausmaß du dich Prozessen überlässt, und wie weit du dir selbst gestattest, dich zu entwickeln, ist deine persönliche Entscheidung und Verantwortung. Jeder von euch hat sich analog der Stärke seines inneren Durstes entwickelt. Es steht geschrieben: „Wünsche und dir wird gegeben!" Aber nicht einen Sechser im Lotto, sondern etwas Wertvolleres.

Auch Geld kann dir gegeben werden, aber ist es wirklich das, was du brauchst? Jeder von uns bestimmt seine Bedürfnisse selbst – Gott erbarmt sich seiner und erfüllt sie ihm. Der Mensch hat genau das bekommen, was er ersehnt hat. Versucht nicht, euch zu rechtfertigen, nicht einmal vor euch selbst. Am Ende unseres Lebensweges müssen wir in Frieden gehen können, ohne Feinde zu hinterlassen. Unsere Schwächen erschaffen nur allzu leicht Feinde. Werdet euch eurer Erfahrungen bewusst, damit ihr euren Weg weitergehen könnt. Das ist eine Gesetzmäßigkeit auf dieser Erde.

Das Bewusstsein ist auf so niedrigem Niveau, es muss sich ständig weiterentwickeln. Wir müssen diese Entwicklung durchlaufen und deren Herausforderungen annehmen. Wir alle tragen einen kleinen Dämon mit vielen Köpfen und Schwänzen in uns. Hoffentlich

schafft es jeder, den anderen zu vergeben. Andernfalls gehen wir langsam aber sicher in unserem eigenen Sumpf gerade so weit unter, wie wir dies noch selbst zu sehen vermögen – bis auf Augenhöhe. Mir ist bewusst, dass ich euch viele harte Brocken zu kauen gebe. Ihr kaut sie beschwerlich, noch beschwerlicher schluckt ihr sie, denn der Geschmack ist brennend. Dadurch möchte ich eure Aufmerksamkeit erwecken, euer Bewusstsein schärfen.
Jeder von euch wird die zu ihm passende Art und Weise finden, meine Worte aufzunehmen. Unendlich verehre ich den Heiligen St. Georg. Es bleibt mir nur noch eines zu sagen: Danke für das Beispiel, welches du uns gegeben hast, Heiliger Georg. Auf dass dein Bildnis unser Bewusstsein erwecke.

Frage: Was bringt einen Menschen dazu, so viele Qualen zu erdulden? Was ist das eigentlich, was ihm diese Kraft gibt? Das mit dem Glauben verstehe ich nicht so recht.

Zanko: Natürlich ist es nicht ganz klar. Ich weiß auch nicht, ob ich die Essenz in Worten ausdrücken kann. Den Glauben muss man erfahren und erleben. Für die heiligsten, innigsten und wahrhaftigsten Phänomene genügen Worte nicht. Spricht man darüber, hat man entweder das Gefühl einer scheinbaren Klarheit, oder man versteht überhaupt nicht. So ähnlich verhält es sich mit dem Unterschied zwischen einem Menschen und einem heiligen Menschen. Er ist nicht sehr groß – aber bedeutsam. Tiefer Glaube entspringt einer anderen Dimension – der GottesERFAHRUNG!

Frage: Wie sollen wir unsere Spontaneität in der Gesellschaft kontrollieren, damit man auf uns nicht wie auf Marsmenschen herabblickt?

Zanko: Ihr müsst die Balance in euch finden. Die Gesellschaft hat noch nie anders Denkende zugelassen. Ebenso wenig eine Entwicklung des Bewusstseins. Sie hat Angst vor freien Menschen.
Das ist das grundlegende Problem in der Entwicklung des Kollektivbewusstseins. Es ist einfacher, ein Schema zu benutzen, Kreativität gibt es nur selten. Wo kein Schema existiert, kann sich Kreativität entfalten. Gibt es ein Schema, ist alles nur Handwerk. Es besteht ein Unterschied zwischen Menschen, die nur eine Wand hochziehen und denjenigen, die Wandmalerei beherrschen. Letztere bleiben in der Ewigkeit. Die Gesellschaft möchte immer nur ein einfaches und klar durchschaubares Konstrukt, das sich leicht kontrollieren und einfach handhaben lässt. Damit beschneidet sie gleichzeitig konstruktives Wachstum und nenneswerten Fortschritt.
Etwas zu kreieren bedeutet hingegen auch gleichzeitig, etwas geben zu wollen – gleich einer Oase in der Wüste. Die Gesellschaft scheint keine Oasen zu benötigen, sie strebt nach Macht und Interessen. Neues macht ihr Angst. Das Wenige, was sie zu besitzen scheint, möchte sie festhalten. Wenn sie nur wüsste, wie wenig das ist...

Frage: Wahrscheinlich werden sie dich nicht lange Oase sein lassen, oder?

Zanko: Dieses Risiko muss ich eingehen. Es ist Teil meines Vertrauens in Gott und die Wahrheit. Ich habe es selbst so gewählt. Nie habe ich über die einfachen Gegebenheiten des Lebens gesprochen, bevorzugt über die schwierigen. Ich befriedige keine handelsüblichen Erwartungen, deshalb erwarte ich auch nicht, dass die Masse mich annimmt. Hier unterscheidet sich Bewusstsein vom Verstand.

Frage: Warum feiert man ausgerechnet am heutigen Tag das Fest des Heiligen St. Georg?

Zanko: Die aktivste und energiereichste Zeit für alle Lebensprozesse auf der nördlichen Halbkugel liegt in der Spanne von Mitte April bis Mitte Juni. Für gewöhnlich beginnt sie ab Ostern – eine Phase der Erneuerung unseres Bewusstseins und unserer Seele. In dieser Zeit ist die Chance für die Liebe, für Glück und Seligkeit am größten. Aber selten sind uns Augen gegeben, dieses Geschehen in seiner Ganzheit wahrnehmen zu können. Die Erkenntnis dieser Prozesse wird erst über ein höheres Bewusstsein zugänglich.

Nur weiße Seiten

Wisst ihr, wie die wertvollsten Bücher dieser Welt aussehen? Habt ihr eine Vorstellung von ihrem Innenleben? – Nun, die wertvollsten Bücher bestehen nur aus weißen Seiten. Es sind die Schätze der Sufis. In ihnen steht nichts und gleichzeitig alles – es gibt nichts zu sehen oder zu lesen, doch alles zu erfahren. Jedes Blatt spiegelt auf der einen Seite unsere Unwissenheit wider, auf der anderen Seite eine unendliche Weisheit.

Der erste Schritt zur Weisheit ist die Erkenntnis über die eigene Unwissenheit. Kann sich jemand von euch seine eigenen weißen Seiten vorstellen? Hat jemand Zugang zu seinem persönlichen Buch – dort, wo sich sein eigenes Leben widerspiegelt?

Es ist so einfach, doch im selben Augenblick erscheint es fast unmöglich. Viele von uns haben in jüngeren Jahren Tagebücher geschrieben, doch irgendwann einmal hat die Geschichte des Lebens sie eingeholt. Fast jeder hat damit wieder aufgehört. Nur ein paar wenige nehmen sich die Zeit, ihr Leben täglich aufzuschreiben. Das Leben ist auch nicht festzuhalten in Form von Papier. Das Wort ist zu eng und nichts sagend. Jedes Tagebuch kann lediglich einen Auszug einiger Fragmente des Lebens festhalten. Die niedergeschriebenen Inhalte verblassen angesichts des Gehalts. Zu belanglos erscheint das einfarbige Gekritzel des Federhalters in Anbetracht der bunten Farbpalette des Lebens.

Wie wird sich ein Mensch fühlen, der nach zwanzig oder dreißig Jahren seine alten Tagebücher wieder zur Hand nimmt? Was wird er beim Lesen seiner eigenen Zeilen empfinden? Gemischte Gefühle und Emotionen werden ihn begleiten, denn vieles wird er über sich selbst erkennen können.

Der größte Wert im Schreiben eines Tagebuches liegt jedoch nicht in den Zeilen selbst, der eigentliche Sinn liegt zwischen den Zeilen, im Versuch der Selbstbeobachtung. Tagebücher werden meistens in den Zeiten geschrieben, in denen der Mensch noch in Frieden mit sich selbst lebt. Sie sind Ausdruck eines inneren Dialogs und können einen Versuch zur Selbsterkenntnis darstellen. Nimmt man seine Zeilen nach Jahren wieder in die Hand, ist man überrascht vom Inhalt des Geschriebenen. Ein Tagebuch kann etwas Schönes sein, doch ein wahres Tagebuch konnte bislang von keinem geschrieben werden. Das wirkliche Tagebuch wird ohne Spuren von Tinte geschrieben. Von Augenblick zu Augenblick – in jeder einzelnen Sekunde des Lebens.

Das weiße Buch des Lebens besteht im Ausdruck desselben und in seinem Erfahren. Hinter jeder Fähigkeit des Menschen, Leben ausdrücken-, fühlen- und erfahren zu können, liegt das Leben selbst verborgen. Nicht die Buchstaben der Zeilen zeugen von Leben, sondern der Raum, in dem dieses erfahren werden kann.

Im Hintergrund jeder menschlichen Regung, Empfindung und Emotion spiegelt sich die Tiefe des Erfahrens – der Raum des Erlebens. Jedes Wort dagegen erblasst mangels räumlicher Dimension. So kann dein Tagebuch höchstens dich selbst interessieren, weil nur du die räumlichen Dimensionen beim Lesen wiedererleben kannst. Für jeden Außenstehenden werden deine Worte nur eine Aneinanderreihung von Silben bleiben – ohne Innenleben, ohne Erfahren, ohne Lebendigkeit – tote, leere Zeilen – Inhalt ohne Gehalt.

Alles, was der Mensch nach außen trägt, wurde bereits vorher in seiner eigenen Küche gekocht. In den Spielraum nach außen wird der Spielraum des Kopfes projiziert. Doch glaubt mir, dafür interessiert sich kein anderer. Niemand ist darauf aus, deine Suppe zu kosten – jeder kocht sein eigenes Süppchen.

Wie lange meint ihr, dauert es, bis die Spuren der Zeilen eines Buches verblassen? Es dauert länger als ein menschliches Leben selbst. Die meisten Leute kommen zu mir mit einem Repertoire von ein und denselben Fragen. Eine der häufigsten Fragen, bzw. Bitten lautet: „Sag mir, wie ich leben sollte."
Aus zwei Gründen jedoch besteht meine Aufgabe nicht darin, euch eine Antwort auf diese Frage zu geben... Erstens sollte ein jeder Mensch selbst die Entscheidung über die Art und Weise seiner Lebensführung treffen und zweitens sollte er sich in die Hände der Existenz legen. Ich bin weder DU noch GOTT und deshalb nicht die richtige Adresse für diese Frage.
Das Leben lässt sich nicht nach Vorschriften oder Ratschlägen von außen leben. Es muss aus sich selbst heraus, aus der Tiefe seiner selbst gelebt und erfahren werden. Das Leben ist ein Passieren. Es geschieht, doch DU stehst im Weg. Das Leben ist ein Spiegelbild des Inneren, noch bevor es auf einem weißen Blatt niedergeschrieben wurde. In der Trennung zwischen DU und ICH erlebst du dein ganzes Leben getrennt. Der Mensch ist abgenabelt vom Geschehen des Ganzen durch die Imagination des Verstandes.
Es dauert lange, bis das Blatt Papier wieder verblasst, wenn erst einmal etwas darauf geschrieben wurde. So hätte ich euch lieber ein paar weiße Blätter gegeben als mein gesprochenes Wort. Doch was tun? Ihr versteht es einfach nicht – das unausgesprochene Wort. Dabei kann dieses viel mehr sagen.
In der Geschichte seines Lebens räumt der Mensch seinen Defiziten zu viele Prioritäten ein. Wertvolle Worte stehen nur im Anhang verzeichnet – unter dem Strich – am Ende des Lebens. Die Geschichte des Lebens spiegelt eine Kopie von Mangelerscheinungen wider. Im Schlusswort – vielleicht ein Verweis auf eine Vermisstenanzeige. Wo war eigentlich LEBEN?

Diese Erkenntnis bekommt der Mensch meistens erst mit dem letzten Atemzug eingehaucht. Sein Tagebuch war das Papier nicht wert. Eigentliches LEBEN fand gar nicht statt.
Ein großer Vorteil der Wachheit besteht im Vorbeugen von Mangelerscheinungen. Wachheit sollte jedoch bewusst gewollt werden. Der Bedarf nach Erkenntnis und deren Annahme muss bestehen. Es macht keinen Sinn, mir Löcher in den Bauch zu fragen, wenn der Wunsch nach Illusionen weiterhin besteht.
In der Latenzphase des Erwachens wird viel geschrieben und noch mehr gefragt. In Erkenntnis jedoch werden die Seiten weiß bleiben und alle Worte verstummen. In jedem Tagebuch könnte die nächste Seite weiß bleiben, darum überschlagt euch nicht mit Worten. Jedes geschriebene Wort blockiert den Platz für mehr – viel mehr! Das weiße Blatt hingegen beinhaltet Raum. Weisheit und „Etwas" passen nicht zusammen. Sie schließen einander aus. Die Weisheit des Lebens interessiert sich nicht für die „Weisheiten" unserer Köpfe und wenn ihr ehrlich zu euch seid, interessiert euch euer eigenes Tagebuch auch herzlich wenig.
Könnt ihr nun verstehen, warum das Heilige Buch der Sufis aus weißen Seiten besteht? Es ist eine große, stille Herausforderung für das menschliche Wissen, denn Weisheit kommt nicht über das Wort zum Ausdruck. In diesem Sinne sind auch die Worte Gottes zu verstehen: „Ihr sollt euch kein Bildnis über mich machen!"
Weisheit ist im weißen Blatt Papier zu finden. Jenseits aller Worte, Bilder und Symbole. Im NICHTS ist ALLES. Nur im NICHTS kann ALLES sein.

Frage: Gibt es die „weißen Bücher" zu kaufen?

Zanko: Soweit ich weiß, ist nur ein ähnliches Werk von Osho auf dem Markt: „Das Buch der Leere". Die echten Sufibücher wurden nie verlegt. Welcher Verlag verlegt weiße Seiten und welcher Käufer liest Ungeschriebenes? Eine große Herausforderung. Lasst uns darüber nachdenken und meditieren.

Frage: Welchen Sinn haben dann überhaupt Bücher?

Zanko: Bücher sind notwendig als Informationsträger für die Menschen. Es stellt sich hier, wie fast immer, die Frage der Qualität. Es gibt viele Kategorien von Büchern. Darunter heilige Bücher und weiße Bücher. Doch es existiert auch viel Abfall auf dem Basar des Papierhandels. Alle Bücher stellen Ergänzungen der Defizite menschlicher Weisheit dar. Dies ist hart, ich weiß das wohl – doch es ist die Wahrheit. Hierin besteht eure Herausforderung. Ihr müsst nicht nur erkennen, sondern auch annehmen.
Es existiert kein Buch der Welt, in dem die Wahrheit und Weisheit der Existenz zu finden wäre. Dies wird es auch nie geben können, denn Wahrheit muss erfahren und Weisheit gelehrt werden. Das Mysterium des Lebens kann nicht in einem Buch festgehalten werden – ebenso wenig wie dein Leben in einem Tagebuch. Auch kann das Wort niemals ein rechtes Ausdrucksmittel einer Erfahrung sein.

Frage: Jedes Buch ist ein Zeugnis einer jeweiligen Erkenntnisstufe. Es ist also geschrieben für diejenigen, die einen Mangel hinsichtlich einer bestimmten Erkenntnis verspüren. Wie weit sollte der Mensch auf dieser Leiter steigen?

Zanko: Der Mensch muss im Leben viel durchsieben, um die eigentlichen Schätze entdecken zu können. Verwechselt bitte Erkenntnis nicht mit Wissen! Erkenntnis ist eine direkte Aufnahme ohne Vermittler durch bewusstes Erfahren. Wissen wird vermittelt

und unterliegt immer dem Filter des Verstandes. Erkenntnis wird über das Bewusstsein erlangt, Wissen über den Verstand. Um mit euch das teilen zu können, was ich euch geben möchte, ist ein weites räumliches Bewusstsein nötig, nicht ein cleverer Verstand. Genau deshalb ist es für alle Meister so schwer, sich für euch verständlich auszudrücken. Die Essenz ist für den Verstand nicht greifbar!
Um auf deine Frage zu antworten: Der eigene Bedarf und der innere Durst werden euch eure Stufen auf dieser Leiter selbst anzeigen. Für den einen sind zehn Bücher genug, für den anderen mögen hunderte nicht ausreichen. Jedes Buch könnte den Wert für dich beinhalten, durch Inspiration etwas Neues in dir entdecken und erleben zu können. Die Qualität eines Buches jenseits des Unterhaltungswertes liegt in der Fähigkeit, deine Inspiration zur Selbstentdeckung zu erwecken. Der Durst, etwas wissen zu wollen, ist nicht schlecht, hat aber nur eine begrenzte Dimension. Die Weisheit kann über diese Dimension nicht erfahren werden. Sie ist ein Zustand, den du erleben – jedoch nicht lesen kannst.

Frage: Warum ist es so schwer, Weisheit zu erlangen?

Zanko: Wer hat das gesagt? Uns ist alles gegeben. Jeder nimmt so viel, wie er braucht. Alles ist bereits hier. Ich sehe keine Bestellartikel vom Mond. Wir können nur das entdecken, was schon immer hier war – und es ist alles hier, direkt vor deinen Augen. Die eigenen Illusionen jedoch machen uns blind. Blind vor uns selbst, vor der Wahrheit und Weisheit.

Angebissene Äpfel

Mit jedem Tag verändert sich der Mensch. Seid euch bewusst, dass ihr nie dieselben bleibt. In jeder Situation zeigt ihr nur ein momentanes Gesicht. Alles ist veränderlich – jeder Augenblick ist ein Spiegel, in dem man sich selbst erkennen kann.
Selten zeige ich euch, dass ich pausenlos eurer unbewussten Handlungen gewahr bin, während die meisten von euch versuchen, mir unentwegt vorspielen zu wollen, sie seien sich ihrer bewusst. Der Mensch sucht ständig Zuflucht vor dem eigenen SELBST, so dass die Zeit nicht ausreicht, euch alle Fluchtversuche aufzeigen zu können. Die meisten sind schon davongelaufen, bevor sie überhaupt hier ankamen, deswegen sind sie auch nicht anwesend.
Die Frage stellt sich von allein: „Warum ist der Mensch so unbewusst?" Heute Morgen habe ich darauf gewartet, dass ihr euch für die Meditation vorbereitet. Lautes Lachen, laute Gespräche, pausenloses Geplapper... jeder hat mir auf seine Weise seine Schuhgröße gezeigt. Hierbei meine ich nicht die Spontaneität und Ausgelassenheit, mit der ihr eure Freude zum Ausdruck bringen wollt. Ich spreche über die Schuhgröße der Charaktere.
Hinter fast jeder Form von Ausdruck menschlicher Charaktereigenschaften liegt das egoistische Bestreben verborgen, sich eine Nummer größere Schuhe anziehen zu wollen. Die Schuhgröße eines Menschen gibt Aufschluss über das Verhältnis zu sich und seiner Umwelt. Jede Ausdrucksform gibt seine Schuhgröße preis. Die Schuhgröße gibt dem Menschen eine vermeintliche Sicherheit. Sie ist jedoch nur Ausdruck eines Kompensationsversuches innerlicher Unsicherheit. Vergesst bitte eines nicht: „Je größer die Schuhe, desto mehr Schmutz kann an ihnen hängen bleiben und desto größer werden die

Spuren der Verwüstung und Zerstörung – innerlich und äußerlich."
In jedem Menschen wurden widersprüchliche Charaktere erzogen. Ständig konkurrieren unterschiedliche Gedanken, Gefühle, Empfindungen und Emotionen in einer Person. Wir überlasten unseren Geist durch diesen Zustand der Dauerkonfrontation. Die Ausprägung eines Charakters ist nur der Versuch einer Kompensation dieses Affentanzes. Je fixierter der Charakter, desto ausgeprägter die inneren Widersprüche! Je fester der Rahmen, desto schwächer das Herz.
Auf diese Art zertrampelt der Mensch sein eigenes Wesen. Wie könnte so jemals ein Gipfel bestiegen werden? Verwüstung, Vernichtung und zertretene Erde, sind das Spuren der Eroberung? Wie viele Leben wurden darunter zertreten? Gipfel werden immer barfuß bestiegen, darum zieht eure Schuhe aus, wir brauchen sie auf diesem Weg nicht. Lasst uns lernen, leichtfüßig zu gehen, still und leise zu kommen. So können wir den Zustand der Weichheit und Sanftmut erfahren. Was bleibt uns von unseren zartesten Blumen, wenn wir den Garten mit derbem Schuhwerk betreten?
Könnt ihr das Ausmaß der Beschädigungen, Verwüstungen, des Leids und der Schmerzen erkennen? Selten kommt jemand von allein zu dieser Erkenntnis. Wären wir bewusst, würden wir längst keine Schuhe mehr tragen. Den Kranz der Ehre muss jeder selbst von euch flechten, doch ich erlaube mir, diesen zu euren Füßen zu legen, damit ihr das Resultat betrachten könnt.
Dies ist kein Vorwurf meinerseits, jeder hat das Recht, so zu sein, wie er möchte. Doch jeder hat ebenso die Freiheit, sich zu entscheiden, anders sein zu wollen. Den eigenen Charakter zu überspringen, stellt eine große Herausforderung für jeden Menschen dar. Das zeigt mir jeder von euch in jeder Sekunde. Der Charakter ist wie ein großes Lagerhaus für alle menschlichen Schwächen und Defizite. Durch den Charakter könnte der Mensch sich selbst erkennen, wenn er sich oben

genannter Tatsachen bewusst wäre. Jeder Charakter ist ein Spiegelbild des ICH, je größer die Schuhgröße, desto größer das Ego. Nichts, was passiert, geschieht umsonst. Beobachtet genau, WAS und WIE ihr etwas tut. Anstatt sich jedoch selbst zu beobachten, bewertet und richtet der Mensch fortwährend – mit der Kompetenz des Tragens von zu großen Schuhen!

Das Hauptproblem liegt im ständigen Analysieren selbst. Jede Analyse kommt einem Kaugummi gleich. Es wird gekaut und gekaut, bis er letztendlich ausgespuckt wird. Nach dem Passieren eines Fleischwolfes bleibt zum Schluss nur ein bis zur Unkenntlichkeit vermischtes Gemenge übrig.

An dieser Stelle fällt mir ein Witz ein: Ein Amerikaner, ein Europäer und ein Affe werden gefragt, was sie mit einem Apfel anstellen würden, wenn man ihnen diesen gäbe. Alle beteuerten, sie würden ihn selbstverständlich essen. Auf die Frage, was sie mit zehn Äpfeln machen würden, entgegnete der Amerikaner: „Das ist schon ein Geschäft!" Der Europäer wollte einen essen und die restlichen verschenken. Der Affe erwiderte, alle selbst essen zu wollen. Nun bot man ihnen eine LKW-Ladung voller Äpfel an und erwartete gespannt ihre Antwort. Der Amerikaner erwog sofort, eine Konservenfabrik zu eröffnen. Der Europäer wollte alle Äpfel einer Stiftung spenden und der Affe tat mit großem Entzücken kund: „Ich werde von jedem der Äpfel ein Stück abbeißen."

Die Geschichte einer jeden Analyse steht analog zur Handlung des Affen. Könnt ihr mir folgen? Wie viele Äpfel hat jeder von uns schon angebissen? Die Äpfel sind uns sowieso schon gegeben, doch warum bespucken wir sie noch? Die Schönheit von allem ist nur in ihrer Ganzheit zu erkennen, so wie der Liebreiz einer Blume ihrer eigenen Vollkommenheit entspringt. Im Analysieren wird alles zerhackt und zerkaut. Jegliche Klarheit, Ganzheit und Anmut geht verloren. Der

Versuch, seine eigene Schuhgröße in einem Garten testen zu wollen, endet im Betrachten eines zertretenen Beetes. Wie sollte auf diese Weise Freude an Lebendigkeit entstehen?
Unser Leben ist so dicht gefüllt von feinen Qualitäten der Freude, doch durch das Sieb der zu groß geratenen Schuhe geht alles verloren, wird alles beschmutzt. Jede Art von Analyse kann höchstens eine Art von ausgetrockneter Freude zum Vorschein bringen, da durch den Prozess die Lebendigkeit vernichtet wurde. Ohne die Offenheit der Sinnesqualitäten und ohne Herzensbreite können wir den Duft des Lebens, den Tanz der Freude und das Flüstern der Existenz nicht vernehmen. Darum achtet auf kleine Schuhgrößen und große Herzen!

Frage: Reicht der Wunsch aus, seine Schuhe ausziehen zu wollen?

Zanko: Nicht der Wunsch, sondern der Bedarf ist entscheidend.

Frage: Kann der Schüler seinen Meister analysieren?

Zanko: Du kannst es versuchen. Es ist einfach für dich, denn das hast du gelernt. Doch dann bleibst du auf dem Niveau eines Durstigen, der im Versuch, aus der Quelle zu trinken, einen Strohhalm benutzt.

Frage: Was sollte ich tun, wenn ich Außenstehende höre, die dich analysieren wollen?

Zanko: Jeder kann plappern, was er möchte.

Frage: Sind Mitteilungen und Erzählungen auch schon Analysen?

Zanko: Mit Worten kannst du nur bedingt lehren. Überlege selbst, wie viel dir andere Erzählungen bedeuten. Dein inneres Mysterium kannst du niemandem durch Worte vermitteln. Das Wort kommt nicht weit über das Schulwissen hinaus. Erkenntnis hat damit nichts zu tun. Sie steht jenseits von Trennung. Jede Mitteilung und Erzählung ist somit auch eine Analyse, da das Vehikel zur Einheit und Ganzheit nicht gegeben ist.

Frage: Warum hat Jesus so viele Perlen vor die Säue geworfen, damit diese sie dann zweitausend Jahre lang kauen?

Zanko: Das war gut und richtig so! Ihr denkt an die Säue, ich denke an die Perlen. Eine Sau bleibt immer Sau, eine Perle immer Perle. Ohne Jesu Perlen wäre die Welt wahrscheinlich ein noch größerer Saustall. Ihr könnt von hier aus nur das Erdgeschehen beobachten, doch es gibt viele übergeordnete Strukturen in den grenzenlosen Weiten des Himmels. Auch dort hat Jesus seine Spuren hinterlassen. Insofern war überhaupt nichts umsonst.
Ob die Menschheit nach zweitausend oder zwanzigtausend Jahren erkennt, spielt für die Existenz keine Rolle. Doch wie viele Jahre ihr selbst im Schweinestall verbringen wollt, liegt ganz in euren Händen. „Seht, wie die Säue Äpfel essen…!"

Frage: Warum gibt es überhaupt verschiedene Religionen? Alle Begründer so genannter Religionen wollten uns doch nur EIN und DASSELBE sagen. Keiner von ihnen wollte Spaltung und Trennung, oder?

Zanko: Der Mensch ist nicht in der Lage, Ganzheit aufnehmen zu können. Nach jedem Propheten wurde das Erbe zerstückelt und dann

„portioniert" weiter an die Menschheit gereicht. Die so genannten Religionen sind Aspekte und Standpunkte ein und desselben – der Existenz. Sie sind auf unser Niveau des Bewusstseins zugeschnitten worden – von uns selbst, erst nach dem Tod der Propheten. Die Meister hinterließen keine Meister. Es war niemand da.

Frage: Warum bekämpfen sich die verschiedenen Religionen gegenseitig?

Zanko: Dieser ganze Krach wird künstlich erzeugt, was wiederum zeigt, auf welchem Niveau unser Bewusstsein anzusiedeln ist. Die Suche nach Gott wurde zum Kriegsschauplatz erklärt. Ein Paradoxon an sich. Das SEIN wurde zerhackt in Kämpfe. Das Bestreben nach Kompetenz, Macht und Interessen ist nirgends deutlicher zu erkennen als in den Religionskriegen – jeden Tag.
Dies ist weder die Botschaft der Propheten, noch diejenige der Existenz. Es ist einzig die Interpretation und der Bestätigungsdrang unseres Egos – auf diese Art und Weise verrät jede Religion ihre eigenen Propheten. Die Propheten und heiligen Bücher werden ständig zitiert, doch niemals wurden sie richtig erkannt. Irgendwann wird sich das alles auflösen.

Eine Kettenreaktion

In jedem Menschen kann ich eine Wunde entdecken. Nicht nur eine, sondern viele Verletzungen, die Schicht für Schicht zu einem Knäuel aufgerollt sind. Hier spreche ich nicht von euren äußeren Wunden, sondern von euren inneren, die ihr im Umgang mit menschlichen Auseinandersetzungen davongetragen habt. Ob bewusst oder unbewusst – in diesem Kreislauf ist keiner besser als der andere. Jeder ist Täter und Opfer zugleich.

Wie oft wurdet ihr schon verletzt? Wie oft habt ihr schon verletzt? Eine schier unendlich lange Kette. Wir leben in Beziehungen von Verletzungen und Beleidigungen. Die Nahrung dieser wechselseitigen Spielchen liefert das Bestreben nach Ausnutzung von Schwächen. Wirst du auf dem linken Fuß erwischt, schlägst du sofort in die Schwachstelle des anderen zurück.

Bevor wir über andere richten, sollten wir selbst mit uns ins Gericht gehen. Lass dich nicht in Diskussionen über die Schuld der anderen ein. Nehme dir immer erst die Zeit für eine Selbstrechenschaft und stelle dir die Frage, inwieweit du die Schuld trägst – besonders im Schmerz! Hier lernt der Mensch am besten. In den Fehlern und Schwächen der anderen versucht der Mensch allzu leicht Entschuldigungen für seine eigenen zu finden. Darüber legitimiert er dann sein eigenes Verhalten.

Doch durchschaut den hinterhältigen Trick des Verstandes. Erkennt, dass der Mensch diesen Weg benutzt, seiner eigenen Verantwortung zu entkommen. Es ist einfach, die Opferrolle anzunehmen und die Antwort lautet immer „Rache". An der Opferrolle des anderen wird sich hinterher wieder aufgebaut. Genauso verhält sich der Mensch! Schade, doch das müssen wir erkennen. Es ist leicht zu durchschauen, doch nur schwer einzugestehen. So entsteht jeder Krieg. Ob Kleinkrieg oder Weltkrieg – bedingt durch dieses tückische Verhalten wird überall gemetzelt. Es ist ein äußerst primitives Spiel. Als Heilmittel für unsere Verletzungen benutzen wir die Wunden der anderen! Manchmal bemerkt man dieses Spiel und schämt sich für einen Augenblick, doch schnell wird wieder eine Entschuldigung dafür gefunden. Ist es nicht so? Hmm...?

Aus diesem Sumpf muss der Mensch aussteigen, wenn er sich weiterentwickeln möchte. Nur Selbsterkenntnis verschafft wahre Heilung. Alles andere ist nur eine vorübergehende Linderung im Spiel von schmerzhaften Ballzuwerfereien. Solange die Ebene nicht verlassen wird, werden nur die Positionen, die Seiten gewechselt. Das Spiel bleibt dasselbe – es gibt keinen Progress. Auf dem Schlachthof wird kein Leben geboren. Ständig kommen Menschen zu mir, die sich beklagen und alle suchen die Schuld für ihr Leid irgendwo, nur nie in sich selbst.

Die meisten Reaktionen auf Verletzungen entstammen einem getarnten, oft unbewussten Bedürfnis nach Schutz, doch diese stellen, genauer betrachtet, eine Aggression unter dem Deckmantel der Abwehr dar. Jeder von uns ist ein Wolf im Schafspelz. Krieger im Dienste seiner eigenen Überzeugungen. Dies jedoch ist die ungünstigste Voraussetzung einer jeglichen Beziehung. Auf Grund dieser Kettenreaktionen ist keine Beziehung frei von Verletzungen – kann es nicht sein. Es scheint fast so, als bräuchten wir die anderen, nur um diese verletzen zu wollen. Dieses Verhaltensmuster haben wir schon mit der Muttermilch zu uns genommen – so wurden wir erzogen.

Welche Wahrheit versucht der Mensch eigentlich immer zu verteidigen? Könnt ihr mir sagen, was hier gespielt wird? Wir wissen es selbst nicht. Es ist das Spiel unseres eigenen Verstandes, der jede Wahrheit manipuliert, indem er versucht, diese ihm anzupassen.

Jede Wahrheit wird gefügig zugeschnitten für die Grenzen des Verstandes. So findet jede Socke einen passenden Fuß. Weit ist der Verstand entfernt davon, sich der Wahrheit anzupassen! Zu grob, schwerfällig und träge ist er doch.
Im Spielchen gegenseitiger Verletzungen und Beleidigungen trägt jeder seine eigenen Socken – gestrickt von den Vorstellungen des Verstandes. Mannigfaltig können Verletzungen zum Ausdruck gebracht werden. Ob in Worten, Handlungen, Gestik oder Mimik. Es gibt nur zwei Wege, auf denen es keine Verletzungen gibt: Den Weg der Weisheit und den Weg der Liebe. Die Wege können für dich schmerzhaft sein, doch sie selbst verletzen nie. Warum ist das so? Könnt ihr mir sagen, warum nur die Weisheit und die Liebe nicht verletzen...? Diese beiden Phänomene liegen in den Händen Gottes. Es sind göttliche Gaben – Geschenke – jenseits der Dummheiten des menschlichen Verstandes. In den Händen Gottes liegt die Weisheit und die Liebe – in den Händen des Menschen liegen die Speerspitzen, mit denen sie sich untereinander aufspießen.
Jeder von uns sollte aus der Anzahl seiner Verletzungen seinen eigenen Grad an Weisheit erkennen. Ein Weiser steht jenseits aller Verletzungen – aktiv wie auch passiv. Versuchst du, einem Weisen die Speerspitzen zu zeigen, wird er sich bei dir bedanken – du hast sein aufrichtiges Mitgefühl.
Mit jeder Art von Verletzungen baut der Mensch sein Karma auf. Verletzung wird Verletzung zur Folge haben. Bis hierher könnt ihr mir vielleicht noch mit dem Verstand folgen, doch alles Weitere an dieser Stelle geht über den Verstand hinaus. Versucht mir zu folgen, indem ihr aufhört, euren Verstand Socken stricken zu lassen, in Abhängigkeit von der Wahrheit, die er bereit ist, anzunehmen.
Akzeptiert einfach das, was ihr nicht verstehen könnt, so macht ihr aus dem Verstand eine Socke und kommt der Wahrheit näher. Erkennt, dass eure Angst der Motor aller Schutzreaktionen ist. Wo

Angst entsteht, ist Verletzung die Folge. Erlaubt eurer Schwäche nicht, anderen Leid zuzufügen – es wird zu euch zurückkehren und ihr werdet euch im Teufelskreis dieser Kettenreaktion verlieren.
Oft fragt ihr euch sicherlich, warum euch dieses oder jenes „Ungerechte" widerfahren ist und ihr fühlt das Verlangen, euch wehren zu müssen. Doch wir sind alle lange genug Teilnehmer in diesen sinnlosen Spielchen gewesen, wir sollten einfach aus dem Suchen von Schuld herausspringen. Sag einfach: „STOP – ich steige aus!" Auf diese Weise entledigst du dich auch der Sünde, unbewusst geboren worden zu sein. Du zeigst Verantwortung und wirst bewusst.
Lasst eure Schwerter in der Scheide. Mit der Zeit werden ihre Klingen stumpf – der Bedarf, sie benutzen zu müssen, wird zurückgehen. Aus Bewusstheit erwächst Demut. In Demut wird euer Verständnis für das Leben – durch den Sprung in eine höhere Dimension – einen anderen Blickwinkel zur Folge haben. Der Sprung in die Demut wird euch in allen schweren Situationen helfen. Phasen von Hoffnungslosigkeit, Mutlosigkeit, Trauer, Verletzung, Schmerz, Leid und Aggression werden sich leichter bewältigen lassen.
Ein Ausdruck von Gottes Gnade ist seine unendliche Geduld. Er zeigt vor allem Respekt – auch vor unseren Dummheiten! Respekt ohne Rache – wahre Toleranz. Wie jedoch verschafft sich der Mensch Respekt? Durch Waffen und Gewalt? Wie respektlos – oder!? Erkennt die Gottesgnade und eröffnet euch für das höhere Bewusstsein. Erkennt die selbst gekochte Suppe, in der ihr schwimmt. Verlasst den Tellerrand der Hausmannskost, sonst werdet ihr im Kochtopf ertrinken. Die Menschheit braucht Menschen, welche die Suppe durchschauen!

Frage: Es steht geschrieben, wir sollten Gott in Angst begegnen. Was sagst du dazu?

Zanko: Die Angst der Menschen wird als Mittel zum Zweck eingesetzt, dir etwas verkaufen zu wollen. Sie ist somit eine gute Basis für Spekulation und Manipulation. Respekt aber hat nichts mit Angst zu tun. Respekt ist eine Art von Demut, Wertschätzung und Ehrfurcht. Insofern kann man sich auch nicht über Gewalt Respekt verschaffen. Abscheu, Ekel und Angst werden die Folge sein. Die Angst selbst ist geistiger Genozid.
Ihr solltet in Respekt, Demut und innerlicher Verbeugung vor Gott stehen. Nicht in Angst – das haben andere nötig.

Nahrung für die Seele

Ich werde euch eine Geschichte erzählen: Drei Brüder sollten einst ihr Erbe teilen.

Der erste Bruder sagte zum zweiten: „Ich werde dir meinen Erbteil überlassen." Der dritte Bruder jedoch protestierte und sprach: „So geht das aber nicht." Daraufhin erwiderte der zweite: „Dann machen wir es eben umgekehrt, ich werde meinen Anteil dem ersten Bruder schenken." Und wieder sprach der dritte: „So geht es aber auch nicht." Also sagten sich die ersten beiden, das Beste wäre dann, wir würden unsere Anteile an den dritten Bruder abtreten. Doch wieder sagte dieser bloß: „So geht es nicht." Da fragten ihn die Brüder: „Nun gut, wenn es weder so noch so geht, sag du doch, wie es gehen sollte." „Ihr versteht gar nichts! So geht die Sache nicht!"

Die Legende behauptet, dass die drei auch nach ihrem Tod diese Diskussion weiterführten. So tun sie dies noch heute. Es ist überhaupt nicht wichtig, zu wissen, wie die Sache geht, es ist wichtig, zu wissen, nie in die Rolle des dritten Bruders zu schlüpfen.
Heute wurde ich gefragt, was Demut sei. Mit dieser Geschichte wollte ich euch zeigen, was sie nicht ist. An einem Beispiel erzählt, versteht ihr es besser. Wenn ihr direkt involviert seid, verfliegt im Nu fast jegliches Erkennen. Sehr, sehr selten ist der Mensch jedoch wissentlich und bewusst an Geschehnissen beteiligt.
Demut ist die Bereitschaft, in Richtung stillen inneren Wachstums zu schreiten. Sie ist weder Ausdruck von Passivität, noch von Niedergeschlagenheit. Demut ist die natürliche Befreiung von deinem inneren Druck, deinem Trieb, deiner Erwartung. Solange ihr in euren

irdischen Belangen keine Demut finden könnt, werdet ihr schwerlich den „Himmel" erlangen. Zuallererst jedoch müsst ihr dieses Zustandes in eurem Inneren gewahr werden und erkennen, dass ihr Demut noch nicht gefunden habt.
Solange diese Klarheit fehlt, bleibt ihr euren Alltagssorgen verhaftet – so bleibt kein Raum für Wachstum. Jeder Mensch muss sich klar und deutlich zu der Position bekennen, die er im Leben einnehmen will, ebenso zur Qualität seiner Anteilnahme. Zu dieser Wahl gehört neben Klarheit auch Bewusstwerdung und Gewahrsam seiner Stellung im Lebensraum.
Nehmt nie die Rolle des dritten Bruders ein... Dieser oberschlaue Stursinn ist Ausdruck von Beschränktheit und geistigem Analphabetentum. Von dort rührt die große Last, die euch stets begleitet. Durch dieses Verhaltensmuster speist ihr eure Zweifel, das Misstrauen und die mannigfaltigen Unsicherheiten. Dieser Quelle entstammen alle Fragen, die ihr mir stellt und auch jene, die ihr mir noch nicht stelltet, die euch jedoch das Herz durchbohren – immer wieder. Enge Rahmen schnüren euer Wesen ein, machen es klein, lassen es verkrüppeln.
Ich bin jetzt bereit, eure Fragen anzunehmen. Da ich weiß, dass man sie oft nicht in Worte fassen kann, werde ich sie in euren Augen lesen. Öffnet eure Seelen und entleert euch über eure Augen in meine. Macht euch frei für das göttliche Licht...
Wie fühlt ihr euch jetzt? Seid ihr innerlich ruhiger geworden? Der Stille nach zu beurteilen, würde ich bejahen. Euer Verstand ist nicht in der Lage zu verstehen, wie sich eure Seele fühlt. Dies ist eine Gnade Gottes.

Mit der Zeit löst sich die Zeit auf

Wer von euch kann mir sagen, was er am zehnten Oktober 1977 gemacht hat? Kann sich jemand erinnern? Niemand? Nun gut, wer weiß es für den zehnten Oktober 1987? Dann eben am zehnten Oktober 1997 – genau vor einem Jahr? Erinnert sich keiner?

Antwort: Ich weiß nicht einmal, was vor einer Woche war.

Zanko: Kannst du das noch einmal wiederholen?

Antwort: Ich sagte, dass ich mich nicht mehr erinnern könne, was ich vor einer Woche gemacht habe.

Zanko: Seht ihr, wie kurz das menschliche Gedächtnis ist? Es kann nicht einmal Geschehnisse reproduzieren, die vor einer Woche stattfanden. Falls nicht etwas Außergewöhnliches geschieht, bleibt einfach eine Lücke. Der Fachmann würde sagen, es arbeitet wie ein Filter. Bei näherem Hinsehen wird deutlich, dass alles weggefiltert wird, was ohne den Anteil des emotionalen Erlebens und Erfahrens aufgenommen wurde.
Diese Erkenntnis bedeutet, wir bauen unser Leben auf flüchtige Erinnerungen an schöne Momente auf, mehr noch, auf die bei weitem überwiegenden Erinnerungen an Unerfülltheit, Sorge, Mangel und Angst. Auf diesem Negativmaterial versuchen wir verzweifelt, unser Haus zu errichten. Ein Haus, dessen Gerüst aus flüchtigen Leidenschaften, Ambitionen und einer Fülle von Geltungsbedarf besteht, versehen mit einem Inhalt aus nicht wahrgenommener Leere! Würdet ihr Standhaftigkeit von einem Haus dieser Qualität erwarten?

Immer schon wurde die Unzulänglichkeit des menschlichen Bewusstseins sehr geschickt von den Bauherren einer jeden Gesellschaft genutzt. Das schnelle Vergessen schafft nur allzu gute Bedingungen für weitere neue Hoffnungen, verkleidet als neue Bedürfnisse. Es erschafft fragmentierte Formen gefüllt mit Leere, scheinbar ohne Absender, aber gerichtet an einen scheinbar wohl durchschauten Empfänger. Das überteuerte Endprodukt stellt ein Retortenleben dar, bestehend aus Momentaufnahmen und Fragmenten.
So unglaublich schnell vergessen wir die Vergangenheit, dass keine Zeit bleibt, aus ihr lernen zu können. Wir nehmen uns nicht die Zeit, uns GANZ zu fühlen und uns selbst zu genügen. Sehr wohl spüren wir den Sand im Getriebe, doch unternommen wird nichts dagegen. Das Gefährt gerät immer mehr aus den Fugen, wir schieben es weiter und weiter – noch einen Tag, noch ein Jahr, noch ein Leben.
Wozu diese ganze Schieberei? Wir können weder den Uhrzeiger, noch den Kalender, noch das Leben schieben – sie laufen von allein. Ihr könnt euch an die letzte Woche nicht erinnern, weil ihr weder damals, noch heute im Hier und Jetzt bewusst zugegen wart. Es ist, als würdet ihr den Louvre umkreisen und auf diese Weise versuchen, die Gemälde in seinem Inneren erkunden zu wollen.
Jetzt lacht ihr, das ist schön, denn ihr lacht über euch selbst. Die drei Zeitrichtungen – Vergangenheit, Gegenwart und Zukunft – sind miteinander verwoben. Wart ihr in der gestrigen Gegenwart nicht adäquat zugegen, wie wolltet ihr adäquat zur heutigen Vergangenheit sein? Wie zur Zukunft...?
Seht ihr, wie schnell man sich verfangen und durcheinander geraten kann? Da wir stets Kategorien aus der Vergangenheit in die Zukunft übertragen, versäumt der Mensch, voll und ganz in der Gegenwart zu SEIN. Lineares Denken könnt ihr auf Vergangenes anwenden, für die Gegenwart, dem Hier und Jetzt aber sollte es räumlich – abstrakt

sein. Ihr braucht euch nur umzuschauen und werdet unschwer erkennen, wie zerrissen und bruchstückhaft die Menschen leben. Den gleichen Blick gilt es, auf das eigene Leben zu richten. Ist man sich seines eigenen Lebens nicht bewusst, wozu lebt man es dann? Einfach damit es vergeht?
Jeder Mensch hat Sorgen und Ängste vor der Zukunft, weil ihm der ganzheitliche Blick fehlt, der die zerstückelten Momente unseres Lebens zusammenfügt – jenes bewusste Schauen, welches die Teile zum Ganzen verwebt. Diese Zerstückelung ist ein direktes Produkt unseres Vergessens, unseres schlafenden Bewusstseins. Ein Produkt, welches Ängste produziert und in die Zukunft projiziert... Doch lasst euch nicht täuschen, dahinter verbirgt sich nichts anderes als eure Zweifel an euch selbst.
Leider nimmt der Mensch am eigentlichen Geschehen nicht während seines ganzen Lebens teil, allerhöchstens an einigen wenigen Tagen und in einigen Ausschnitten. An manche Fragmente erinnert er sich über Jahre, doch sind es häufig die leidvollsten Erfahrungen, die er so sorgsam hegt.
Mit dieser Art von Leben, von Ausschnitt zu Ausschnitt, verdammt er sich selbst, dieses Leid bis an sein bitteres Ende tragen zu müssen. Niemand anderes kann dafür Verantwortung übernehmen, niemand anderes als er selbst. Ich meine nicht die Verantwortung, diese Misere bis zum Schluss schleppen zu müssen, sondern Verantwortung für das Risiko, diese abzuschütteln und den Mut des Rebellen, etwas verändern zu wollen, um so die Verantwortung und Kraft des Schöpfungsprozesses übernehmen zu können.
Sehr fein ist die Trennlinie zwischen LEBEN an sich und seinem Schatten. Zu wissen, auf welcher Seite ihr steht, müsst ihr die Prozesse durchschaut haben, solltet ihr sie in ihrer Ganzheit erfahren haben, müsst ihr der Ganzheit des Lebens gewahr sein und nicht nur

einiger kleiner Passagen... Gelingt es euch, das lineare Denken in räumliches zu transformieren, werdet ihr in jeder Sekunde eure Ganzheit empfinden. Diesen Genuss erlaubt ihr euch jedoch nur sehr selten, obwohl genau diese Erfahrung Nahrung für Herz und Seele bedeutet. Deshalb seid ihr so unsicher und getrieben, kommt nicht zur Ruhe und lauft richtungslos umher – probiert es hier und da, einfach so auf gut Glück... Gelungene Treffer sind selten. Ihr wählt „vernünftig" und „bedacht", um die äußeren Formen eurer Vorstellungen und Erfordernisse zu bedienen.
Die inneren jedoch, jene tiefen Bedürfnisse eurer Seele und eures SEINS, blendet ihr entweder aus oder macht euch nicht einmal die Mühe, ihrer überhaupt gewahr zu werden. So aber erschafft ihr in euch das Gefühl einer ungewissen, unsicheren Zukunft. Dann lauft ihr los, um euch abzusichern, um allen äußeren Eventualitäten „vorzubeugen", um möglichst noch die überteuerte Versicherungsprämie im Voraus als Erster zu bezahlen.
Mit dieser in Ausschnitte zerstückelten Gegenwart – dieser Art von Leben auf immer höherer Drehzahl, in dem ständigen Bestreben etwas „erreichen zu müssen", mit dem zufriedenen Wohlgefühl, „etwas erreicht" zu haben – entfernt ihr euch permanent weiter von euch selbst.
Ganz unmerklich nehmen wir die Gestalt der eigenen Funktion an. Noch viel unmerklicher verwandelt sich der Mensch in eine bloße Funktion seiner Funktion... Je mehr du deine Vorstellungen von dir selbst verwirklichst, desto mehr entfernst du dich von deinem Original! So verlierst du Tag für Tag, Stück für Stück einen Teil deines Selbst. Schließlich kommt der Moment, in dem du panische Angst bekommt, dich selbst erkennen zu müssen, denn du kennst dich selbst nicht mehr, du weißt nicht, wer du bist, hast die Erinnerung daran, wer du warst, verloren...

Es gibt eine uralte mentale Trancetechnik: Wie ein Mantra wiederholt man ein und dieselbe Frage: „Wer bin ich?" In den Antworten, die jeweils folgen, sollte es jedoch keine Wiederholungen geben. Es ist eine sehr schwierige Technik, manchmal ist sie sogar unbequem und lästig, dennoch – oder gerade deswegen – vermag sie dich zum Wesentlichen zurückzuführen. So sehr du dich darin auch nicht wiedererkennen kannst, so sehr dir das, was du siehst vielleicht nicht gefallen mag – das bist du – und nicht jenes andere, die hübsche Vorstellung, der schillernde Strass.
Ich empfehle sehr, sie oft zu praktizieren, so werdet ihr beginnen, euch selbst zu erkennen. Die Welt strotzt nur so von Menschen, die glauben, sich selbst zu kennen, doch haben sie sich niemals richtig angeschaut, haben sie nie ihr wahres Gesicht erblickt. Wie sollten sie auch, wo sie doch nie ihr eigentliches Selbst erfahren haben? Die Vorstellung deiner selbst hat fast nichts mit deinem wahren Selbst gemein. Indem du diese Vorstellung lebst, nährst du dieses Selbst mit Kunststoff, mit unechter Chemie, mit Gift... Allein der Fakt, dass zerstörte Hoffnungen und Erwartungen so viel Enttäuschung und Bitterkeit mit sich bringen, ist ein sicherer Hinweis hierfür, ein wohl gemeinter Wink mit dem Zaunpfahl.
Erwartungen und Vorstellungen sind lediglich Ausdrucksformen des linear arbeitenden Verstandes. Ihr versucht ihnen ständig Bedeutung beizumessen und schenkt ihnen eure ganze Aufmerksamkeit – doch in der Ewigkeit existieren weder Richtungen, noch Begriffe, noch Linearität.

Frage: Wie kommt es, dass sich der Mensch immer mehr von sich selbst entfernt?

Zanko: Die meiste Zeit lebt der Mensch nach außen orientiert. In den kurzen Augenblicken, in denen er in sich weilt, ist er zerrissen und stückchenhaft-unganz.

Frage: Warum muss ich mich eigentlich selbst erkennen, wozu soll das gut sein? Wozu soll es mir dienen?

Zanko: Damit du aufhören kannst, deinem Kunststoff-Ich, deiner Vorstellung von dir und dem Leben zu dienen. Damit du endlich beginnen kannst zu LEBEN – dein wahres Selbst findest und es entwickeln kannst; damit du die Spreu vom Weizen trennen kannst und den göttlichen Funken in dir wiederfindest. Jedes menschliche Wesen ist lediglich eine Möglichkeit... ist ein Gott in Entwicklung...
Doch muss jeder allein dorthin gelangen, muss es selbst erleben, nicht jemandem oder etwas nachleben. Nichts kann dein ureigenstes Erleben ersetzen und nur so wird aus Erleben echte Erfahrung, das heißt: Entwicklung. Du selbst musst allerdings den Mut aufbringen, dies zu wollen. Wenn du meinst, du würdest dich bereits kennen, solltest du dich nicht weiter bemühen. Dann sei zufrieden.
Du musst gar nichts. Frage nicht nach dem Profit. Du dienst deinem Ego und deinem Verstand – wenn dir das Spaß macht und dir das genügt für dein Leben, dann ist hier eben ENDSTATION. Dein innerer Durst nach mehr bestimmt die Tiefe deiner Lebensqualität. Verwechsle das bitte nicht mit dem Durst des Egos. Mit der Zeit wird es sterben, so wie die Zeit sich mit der Zeit auflösen wird.

Das Herz macht niemals Fehler

Wisst ihr, warum Adam und Eva aus dem Paradies vertrieben wurden? Weder weil sie nackt waren, noch weil sie die verbotene Frucht gegessen hatten, sondern weil schon damals durch die Hinterhältigkeit des Verstandes die Liebe und die Zuneigung kommerzialisiert worden waren.

Wo Zuneigung sich in Handelsware verwandelt, ist sie nicht mehr wertvoll, bleibt sie lediglich eine gewöhnliche menschliche Handlung. Das Höchste, was uns gegeben ist, ist die Fähigkeit, lieben zu können! Ich weiß nicht, ob es irgendwo auf dieser Erde ein menschliches Herz gäbe, welches sich nicht nach Liebe sehnte. Genau diese Liebe als erhabenste aller Empfindungen, mit denen es uns vergönnt ist, in Berührung zu kommen, ist Gottes Geschenk an uns. Von allen Gaben, die uns gegeben wurden, ist diese die kostbarste – nur sind Hände und Verstand dieser Gabe nicht würdig. Sie ist eine Gabe nur fürs Herz. Von allen Blumen ist sie die zarteste und zerbrechlichste – ein Hauch... und der Zauber ist fort.

Man sagt, die Kirche behauptet es, uns seien sieben Geheimnisse als Sakramente offenbart, gegeben worden. Das größte aber, welches unserem Dasein als bewusste Wesen Berechtigung gibt, ist die Möglichkeit, der Zauber und der Charme, unsere Herzen zu öffnen! Sie zu öffnen für die Welt und für Gott.

Viele Menschen versuchen, sich gottgefällig zu verhalten. Sie gehen in die Kirche, fasten mittwochs und freitags, bewegen sich in den Grenzen irgendwelcher Kanone und Vorstellungen, opfern regelmäßig, leben jedoch gleichzeitig mit verschlossenen Herzen.

Kann sich jemand vorstellen, wie gottungefällig er ist, wenn er zwar eine Kerze entzündet, doch sein Herz verschlossen hält? Nicht, dass es schlecht wäre, eine Kerze zu entzünden, aber das Zweite ist viel wichtiger – es ist das, was die Seele erwärmt. Die gewaltigste Kerze befindet sich in eurem Herzen! Solange nicht jeder Einzelne diese Kerze in seinem inneren Tempel angezündet hat, werden auch alle noch so eifrigen Verneigungen vor Gott nicht helfen.

Genau deshalb wurden Adam und Eva aus dem Paradies vertrieben. Jeder von uns wird solange ein Adam oder eine Eva sein, wie sein verdorbener Verstand das Herz von Gott trennt. Dabei ist es so einfach, so unendlich leicht. Öffne die Tür und Gott wartet auf der anderen Seite! Ohne Bedingungen, ohne Vorurteile und ohne Vorstellungen, die im Endeffekt die Seele und das Herz eines jeden von euch quälen. Öffnet einfach die Tür – Gott steht schon dort.

Die Liebe ist ein Geschenk Gottes. Auf ihren Flügeln könnt ihr euch zu Sternstunden emporschwingen, zu denen ihr niemals gelangen würdet, auch wenn ihr ein ganzes Leben verzweifelt hüpftet. Die Liebe schafft direkt, auch ohne jegliche spirituelle Praktiken, den Zustand Satori.

Die ganze Glückseligkeit, die uns als Natur, als Lebensraum gegeben ist, ist Ausdruck von Gottes Liebe zu uns – so dass, und damit es uns geben kann. Leider zerstört der Mensch fast alles, bevor er es noch richtig kennen lernen konnte. Verwandelt den Tempel des Herzens nicht in eine gewöhnliche Marktbude! Mit diesem niedrigen Bewusstseinsniveau wird der Mensch seinen eigenen Paradiesgarten zerstören. Wohin sollte er dann aber gehen?

Seht ihr, wer Adam und Eva aus dem Paradies vertrieben hat? Sie selbst taten es, indem sie den Garten in eine Abfallgrube verwandelten. Bewahrt den Garten eurer Seele, verwandelt ihn nicht in eine Mülldeponie. Fast jeder hat hier oder dort ein zertrampeltes Beet, den einen oder anderen abgesägten Ast. Dieser Garten kann jedoch noch immer belebt werden! Ruiniert ihn also nicht selbst. Es ist bestimmt nicht sehr angenehm, der Verantwortung, die wir tragen, ins Auge zu blicken. Wegsehen oder Fortlaufen ändern jedoch nichts an den Tatsachen. Die Verantwortung für jeden unserer Schritte tragen nur wir selbst. Verzagt deshalb nicht allzu leicht an den Missgeschicken, die euch begleiten. Der abgebrochene Zweig ist einfach ein abgebrochener Zweig. Fahrt fort, den Garten zu pflegen, nicht alles ist so, wie es dem Anschein nach zu sein scheint. Oft sind die Augen zu kurzsichtig oder sehen nur das, was sie im Moment sehen wollen. Es ist nicht genug, nur auf die Sinne zu vertrauen. Vertraut eurem Herzen und eurer Seele, gebt ihnen die Chance und die Möglichkeit, auch ein wenig zu euch sprechen zu dürfen.

Ihr versteckt so vieles vor euch selbst und später sagt ihr dann: „Das habe ich gar nicht gesehen, wie sollte ich das wissen, niemals hätte ich das erwartet..." Nur faule Ausreden! Nichts geschieht einfach nur so. Jeder von uns hat zumindest ein Zeichen bekommen. Irgendwann sollten wir ehrlich sein und uns selbst eingestehen können: „Es hat uns nicht gepasst, wir hatten nicht das notwendige Bewusstsein, erkennen zu können."

Ganz besonders in der Sphäre der Beziehungen, wo die Seelen sich öffnen – dort seid besonders behutsam und vorsichtig! Setzt ganz auf eure Intuition, sie hat euch immer schon vorhergesagt und sie wird es auch weiterhin tun.

Es gibt viele Wesen, die sich um euch kümmern – öffnet euer Bewusstsein für sie! Schützt den Paradiesgarten! So viel ihr auch jammern mögt, jemand anderes hätte den Garten zertreten, die Müllkippe haben wir uns selbst geschaffen. Mag sein, jemand hat diesen oder jenen Zweig gebrochen, die Mistgrube aber ist unsere eigene und hier nehmen alle anderen Probleme ihren Anfang – auf allen Ebenen. So sehr ihr auch versucht, das Gesicht davor zu verstecken, eure Seele wird leiden. Niemand kann sich endlos vor sich selbst

verstecken, man muss wahrhaftig und ehrlich sein, zumindest mit sich selbst. Es ist sehr schwer, wahrhaftig mit der ganzen Welt sein zu wollen. Die Bedingungen sind oft zu hart. Doch wenigstens zu euch selbst seid aufrichtig; auf dass ihr einigermaßen ruhig schlafen könnt, ohne ständige Sorgen. Diese werden sowieso kommen, da könnt ihr sicher sein! Je mehr Gold in eurem Haar glänzt, desto öfter werden sie an eure Tür klopfen. Ihr könnt ihnen nicht entrinnen.
Sich selbst zu genügen und nicht Druck auf andere ausüben zu müssen, stellt eine große Errungenschaft dar. Es gibt Situationen, in denen das einfach geschieht. Die Liebe ist eine solche Magie! Sie ist entweder da – und dann hast du ALLES, oder sie fehlt. Dann ist niemand anderes schuld – nur du allein. Etwas hast du falsch gemacht, irgendwie hast du den Zauber zerstört.
Man sagt, die Liebe sei wie ein Vogel, der sich nur dort aufhält, wo es ihm angenehm ist. Macht auch ihr es so, dass es dem Vogel bei euch gefällt und er zu euch kommt! Es ist so einfach... das Herz macht niemals Fehler.

Frage: Wie können wir die Liebe festhalten?

Zanko: Die Liebe ist wie ein freier Vogel im Flug und kein Huhn auf der Leiter! Das große Problem ist, dass sie überhaupt erst einmal zu euch fliegt und sich bei euch niederlässt – und nicht, wie ihr sie in die Falle locken könnt. Ein Vogel im Käfig stirbt. Lernt, auf eure Herzen zu hören. Lasst nicht zu, dass euer unwürdiger Verstand euch leitet. Alle Fehler, für die ihr auf die eine oder andere Weise zahlt, sind Frucht eures Verstandes. Eine alte Weisheit besagt, dass das Herz niemals Fehler macht, nur, dass es sehr, sehr leise flüstert...

Das ewige Prinzip

Genau jetzt ist der Augenblick gekommen, etwas mit euch zu besprechen, da ihr in diesen Tagen hier besonders aufnahmefähig für dieses Phänomen seid. In allen Beisammensein und Treffen könnt ihr den kollektiven Geist der Gruppe spüren, besonders hier im Retreat. Er ist längst nicht nur mehr ein Begriff für euch – ihr habt erkannt und erfahren, dass er existiert. Jeder Einzelne von euch ist mit diesem Kollektivbewusstsein schon in Berührung gekommen. Eine Menge Fragen sind dadurch entstanden, vieles ist geschehen, was nur schwer eine pauschale Erklärung finden kann.

Seid nicht zu vorschnell in der Annahme, ihr könntet alles erklären. Dies ist ein Irrglaube. Jeder Einzelne ist nur ein Teilnehmer auf den unterschiedlichsten Ebenen eines Kollektivbewusstseins. In jedem Team ist der Einzelne immer nur ein Fragment. Unabhängig von der Aktivität, deinem Engagement und abseits der Position und Verantwortung, die du in einer Gemeinschaft trägst, ist dir nur dein eigenes Ziel bewusst.

Bewusstheit und Verantwortung einem Kollektivbewusstsein gegenüber trägt kaum jemand. Diese Schwingungsfrequenz ist nur wenigen Menschen zugänglich. Jeder Einzelne ist mehr an seinem eigenen Image in Bezug auf sein Ansehen in der Gruppe bedacht als an der Gruppe selbst. Mit dem Ziel, sich bestmöglich in der Gemeinschaft darzustellen, endet das Bewusstsein des Einzelnen.

Jedes Image ist das Ergebnis eigener oder fremder Public Relation. Du hast viel investiert, doch wofür? Mit einem hohen Aufwand erkauft sich ein jeder sein Ansehen – doch alles bleibt nur künstlich gemacht. Das menschliche System von durchdachten Erwartungshaltungen kann kein Kriterium für die Existenz sein. Es unterliegt kurzsichtigen und kurzfristigen gesellschaftlichen Strukturen, Gewohnheiten und Interessen. Jedes menschliche Image ist wie eine Seifenblase, nicht nur gemessen am göttlichen Prinzip. Was heute gut ist, kann morgen schon schlecht sein. Die menschlichen Kriterien sind ein Blasebalg für unser Image. Wird der Blasebalg geleert, zerplatzen auch alle Seifenblasen. Fast alles auf dieser Welt besteht nur aus Seifenblasen. Haltlose Gebilde und Konstrukte, von einem Blasebalg menschlicher Prinzipien konstruiert und gespeist.

Auch die menschlichen Köpfe bestehen aus Seifenblasen – ein jeder trägt stolz eine große Blase auf dem Hals. Wir sollten sie jetzt zerplatzen lassen, anstatt erst vor dem Jüngsten Gericht erkennen zu müssen, dass es einfach „Puff" macht. Erst da erkennt der Mensch, dass er nichts ist und gar nichts besitzt. Der Körper und dieses Leben waren nur eine Leihgabe. Ohne, dass der Mensch das SEIN erkannt hat, wird er als Nichts sterben.

Viel besser wäre es, vorher zu erkennen, was er wirklich IST – ein Stück der Ewigkeit – des SEINS. Jede Seifenblase ist eine Bestätigung einer Schwäche oder Ausdruck eines Mangels. Egal, was genau im Einzelnen, auf jeden Fall Zeugnis eines Defizits. Unser Leben besteht aus einem Lobgesang an künstliche Strukturen, aufgebaut aus Mangelerscheinungen. Die Größe der Seifenblasen steht analog zu der Tiefe der Defizite. Vor der Existenz können wir weder Image aufbauen, noch daran festhalten.

Göttliche Prinzipien sind frei von Seifenblasen und menschlichen Konstrukten. In den Händen von Kindern mögen Seifenblasen ja ganz nett sein, doch Gott braucht dieses Spielzeug nicht.

Wie kann nun ein Kollektivbewusstsein entstehen? Durch eine Ansammlung von Seifenblasen? Seht ihr, auf welchem Niveau ein kollektives Bewusstsein anzusiedeln ist, wenn jedes einzelne angesichts eines winzigen Nadelstiches schon zerplatzt? In jeder Gruppierung

nimmt das einzelne Mitglied zumeist unbewusst an der Entwicklung des Kollektivbewusstseins teil. So trägt jeder Einzelne von euch als Mitglied zum kollektiven Bewusstsein der Gruppe bei.
Es besteht jedoch ein großer Unterschied bezüglich des Bewusstseins hinsichtlich der Erziehung seiner eigenen Kinder im Vergleich mit dem Zuschauen dieses Prozesses bei anderen. Sicherlich erfreust du dich an allen Kindern, doch deine eigenen sind dir näher. Im Prozess deiner eigenen Kinder bist du engagierter.
Ist einmal ein Kollektivbewusstsein entstanden, stellen sich immer zwei Fragen. Inwieweit fühlt sich das Individuum verantwortlich und wie stark ist sein Engagement?
Ein dauerhaftes Kollektivbewusstsein kann nur in Bewusstheit entstehen. Nur aus einem dauerhaften Kollektivbewusstsein kann ein kollektiver Geist entstehen, aus dem sich wiederum ein Aggregor – eine Himmelsquelle für Licht und Gnade, entwickeln kann, der eine eigene Lebensfähigkeit besitzt. In ihm wohnt der Geist des Lichtes.
Jedes menschliche Bewusstsein ist mit zahlreichen Kollektivbewusstsein verbunden und letztendlich ein Produkt dieser individuellen zahlreichen Verflechtungen. Den meisten Menschen ist dieser Zusammenhang nicht bewusst.
Der Grad der Wachheit des Individualbewusstseins entscheidet über die Erkenntnis und das Feedback dieser Verbindungen. Jedes Volk, jede Kultur und jede Religion entsteht und lebt jeweils unter einem Aggregor. Erst wenn diese übergeordneten Prinzipien erkannt werden, ist die Menschheit fähig und würdig, Verantwortung für sich selbst übernehmen zu können.
Im Aufbau kollektiver Bewusstsein projiziert jedes Individualbewusstsein seine Ähnlichkeit, gleichsam einem Spiegelbild. In dem Maße, wie du dein eigenes Bewusstsein entwickelst, beeinflusst du auch das kollektive. Umgekehrt ermöglichst du anderen durch deine

eigene Erkenntnis Zugang zum Licht, indem du das kollektive Bewusstsein anheben kannst. Im Sinne einer Reflektion kann somit wirksam Individualbewusstheit durch Gruppenbewusstsein angehoben werden. Das Ähnlichkeitsprinzip wirkt auf und von beiden Seiten. Durch das Wirken eines Fließgleichgewichts kann auf diese Weise ein Geist des Lichtes erschaffen werden. Im Zustand der Gnade ist Entwicklung beider Bewusstsein möglich – abhängig von der Qualität der Individualbewusstsein.

Solange sich deine angebliche Großzügigkeit jedoch nur auf die Erziehung deiner eigenen Kinder beschränkt, ist auch der Grad der Bewusstheit des kollektiven Geistes nur wenig lichterfüllt. In bewusster Erkenntnis der Gnade Gottes ist Entwicklung eines höheren Bewusstseins möglich, hier liegt der Schlüssel. Der größte Schöpfungsprozess besteht im Erkennen der Gnade und dem Weitergeben des eigenen Lichts. In diesem Erkennungsprozess steckt die größte Lehre für die gesamte Menschheit.

Alle Weisheit entspringt diesem Kern. In dieser Erkenntnis liegt der Ursprung aller Schöpfungsprozesse. Jeder kann somit bewusst am Aufbau des kollektiven Geistes mitwirken und jeder Einzelne wird die Früchte dieses Geistes ernten können – alles ist nur eine Frage von Bewusstheit. Die Süße der Früchte ist abhängig vom Grad der Bewusstheit. Sie kann mit allen geteilt werden, die auf einem bestimmten Level dazu beigetragen haben.

Dieser Erkenntnisprozess wird wie eine Wiedergeburt für euch sein. Vorerst müsst ihr einfach glauben und versuchen, mich zu verstehen. Auf einer bestimmten Stufe der Wachheit entfalten sich diese Weisheiten und Offenbarungen von allein. Du bist der Schöpfer selbst! Alles, was nicht selbst aus dir geboren wurde, wird dir fremd bleiben – ist wie ein Adoptivkind. Angenommenes Wissen ist nicht gleichzusetzen mit Erkenntnis. Erst die Erkenntnis über dich selbst

weiht dich in weitere Mysterien des Lebens ein. Durch Bewusstheit erlangst du Zugang zum inneren Mysterium des Lebens. Deine eigene Wachheit entscheidet über Leben und Tod. Du kannst dich selbst gebären – das verbirgt sich letztendlich hinter dem Begriff der Auferstehung. Das Leben sprudelt von innen nach außen. Unser Inneres ist uns von Gott gegeben. In einem natürlichen Wachstumsprozess wächst unsere innere Frucht wie in einer schwangeren Frau und wird, dem Reifungsprozess entsprechend, nach außen freigegeben.
Jede unbewusste Geburt wiederholt sich solange, bis Erkenntnis darüber geboren wurde. Die Erkenntnis über das Prinzip deines eigenen Schöpfungsprozesses – deiner eigenen bewussten Wiedergeburt, spiegelt sich in deinem Licht. Erleuchtung ist somit ein Erkenntnisprozess von innen nach außen – ein Sprung in Bewusstheit, der niemals enden wird – ein sich fortwährend auf weiteren Stufen wiedergebärender Prozess – im Dauerzustand von Gnade.
Unser Verstand ist jedoch nicht in der Lage, diesen Lebensfluss begreifen und erkennen zu können. Das Licht seiner Taschenlampe vermag nur begrenzt einige Teilprozesse zu beleuchten.
Seinen eigenen Kriterien folgend, richtet er sich häuslich nach seinem Geschmack ein und springt von Sekunde zu Sekunde von einer dunklen Ecke in die nächste. Das Potenzial des Verstandes kann immer nur einige Winkel des Hauses beleuchten. Die Schmuddelecken sind besonders schwer einsehbar. Es fehlt ihm der Zugang zu einer größeren und höheren Lichtquelle. Sein Akku ist leer – seine Grenzen hier erreicht – sein Potenzial erschöpft. Auch nach kurzem Aufladungsprozess wird er wieder erschöpft sein. Ihm fehlt Kapazität für Größeres – er wird niemals seine Schiene verlassen können. Nur Bewusstheit kann das eigene Haus von innen ausleuchten. In Erkenntnis über die Struktur des eigenen Hauses wächst der Zugang zu höherem Licht, was wiederum das Haus auch von außen beleuchten kann. Je

mehr Unbewusstheit, Unkenntnis und Dunkelheit wir ausräumen können, desto heller wird unsere innere Lichtquelle erstrahlen und umso mehr Anschluss werden wir im Verschmelzungsprozess mit der göttlichen finden.
Das Leben in dir und um dich herum ist wie ein Wellenspiel auf dem offenen Ozean. Machmal bist du oben, ab und zu unten – manchmal verlaufen äußere und innere Wellen parallel – oft aber auch gegenläufig. Doch immer unterliegst du dem Wellengang. Erst in Bewusstheit bist du unabhängig, hast dich befreit aus der Abhängigkeit des Wellenganges. Die Wellen wird es weiterhin geben, versteht mich nicht falsch, doch du wirst niemals mehr ein Schiffbrüchiger sein. In Gottes Gnade schwimmend, benötigt niemand einen Rettungsring. Für euch ist dies so schwer zu verstehen, weil es nicht zu verstehen ist! Doch glaubt mir, der Erkenntnisprozess selbst beinhaltet diese Wahrheit. Der größte Vorteil als Mitglied einer Gruppe wie dieser liegt in der Möglichkeit der Entwicklung der eigenen Bewusstheit und dessen Erkenntnisprozess. Hier findet ihr die besten Voraussetzungen und optimale Bedingungen für euren Wachstumsprozess. In dieser Atmosphäre kann ein schöpferischer Prozess in breiterem Rahmen stattfinden.
Deshalb fordere ich euch unentwegt auf, als Schöpfer eures eigenen Lichts zu wirken, somit gleichsam zur Entwicklung des Geistes einer Lichtquelle beizutragen. Es ist schwer, mir zu folgen, denn dieser Erkenntnisprozess bedeutet Harakiri für das Ego und den Tod des Verstandes. Alles, womit ihr euch identifiziert, muss sterben. Somit verlange ich euren scheinbaren Tod, doch dieser ist der Preis für das ewige Leben. Ich bin hart, aber herzlich – doch hier gibt es keine Kompromisse! Ihr schöpft euch selbst, das müsst ihr erkennen, sonst kann es kein Wachstum geben, deshalb bin ich gnadenlos! In dieser scheinbaren Gnadenlosigkeit kämpfe ich nur für eure Bewusstheit,

die Gnade Gottes in euch erkennen zu können – das Licht seines Geistes. Jeder Mensch muss aus seinem eigenen Schatten treten, denn das Wesen eines jeden strebt dem Licht entgegen.
Wir alle sind „Lichtsucher", ob bewusst oder unbewusst. Wenn du es schaffst, die Quelle deines Lichts in deinem Inneren zu finden, bist du Zufluchtstätte für andere. Die Erschaffung des Lichtzustandes ist beschwerlich, doch leicht ist dieser zu zerstören. Genau hierin liegt die Verantwortung und Herausforderung eines jeden Einzelnen – nicht nur in dieser Gruppe.
In der Herausforderung, etwas Unbekanntes erschaffen zu können, liegt die Erkenntnis Gottes Gnade selbst verborgen. Auf vorgefertigten Wegen lässt es sich leichter gehen, doch diese führen auch nur zu vorgefertigten Mustern. Neue Wege sind steinig und mühsam, aber nur diese führen aus der Sackgasse des menschlichen Daseins.
Im Unbekannten liegt die Quelle des Schöpfungsprozesses. Hier entspringt Gottes Gnade – hier wird sie erschaffen, wiedergeboren und erfahren. Genau an diesem Punkt sollte es bei jedem von euch irgendwann einmal „Klick" machen, denn das Festhalten an fertigen Strukturen, aus Angst vor dem Unbekannten – aus Angst vor dem Tod, treibt euch unweigerlich genau dort hin. Wie viele Male seid ihr schon gestorben – um das zu erkennen? Erst der bewusste Tod lässt euch auferstehen zum ewigen Leben. Darum schützt euren Lichtzustand bewusst und haltet eure Hände behutsam über die Gruppe.
Licht und Erkenntnis bahnen den Weg in die Ewigkeit. Jeder Sucher mit guten Absichten, aus der Quelle seines eigenen Lichtes geboren, sollte somit herzlich bei uns willkommen sein. Jedes auch noch so kleine Licht eines jeden einzelnen unserer Gruppenmitglieder ist ein Lichtstrahl für den kollektiven Geist – ein Schritt zur Erkenntnis Gottes Gnade – dem Schöpfer selbst.

Frage: Mit dem Vorsatz, Licht und Liebe ausstrahlen zu wollen, schaffe ich es trotzdem nicht, mit den Aggressionen meiner Umwelt zurechtzukommen. Ich habe das Gefühl, weder die Umwelt noch ich kommen hier einen Schritt weiter.

Zanko: Eine äußere Situation sinnvoll beeinflussen zu können, erfordert Erfahrung und Intelligenz. Dem Schöpfen liegt Erkenntnis zugrunde, die aus dem Inneren deines Lichts hervorquillt. Im Versuch, eine Situation durch Manipulation beeinflussen zu wollen, erwächst weder Erkenntnis, noch liegt dem ein eigentlicher Schöpfungsprozess zugrunde.
Dein Vorsatz, lieb und brav zu sein, reicht nicht aus, dein inneres Licht zu entzünden. Je mehr du in dir selbst ruhst, desto weniger wirst du Provokation, in welcher Form auch immer, empfinden und annehmen. Verschwende deine Energie nicht in kräftezehrenden äußeren Reaktionsspielen. Nutze sie, um tiefer in dich selbst zu gehen. Lass alles Grübeln, beobachte dich selbst weiter und strebe deinem inneren Licht entgegen. Die Umwelt sollte dich an dieser Stelle deines Weges erstmal weniger interessieren. Fang bei dir an und ruhe in dir selbst. Das ist genug.

Frage: Immer, wenn ich Verantwortung übernehmen sollte, überfällt mich Angst. Warum ist das so?

Zanko: Dies ist ein Irrweg auf deinem Weg der Entwicklung. Es ist menschlich, Fehler zu begehen, doch Dummheit, diese nicht erkennen zu können oder sehen zu wollen. Erkenntnis bedeutet auch Befreiung von deinen inneren Schwächen. Erkenne diese Schwäche bewusst. Durch Bewusstheit nimmst du ihr die Nahrung – sie wird sich auflösen.

Frage: Ich versuche eigenverantwortlich zu handeln, doch sehe ich um mich herum nur Unverantwortlichkeit. Wie soll ich damit umgehen?

Zanko: Versuche, still zu sein – nicht stolz! Jede Art von Unverantwortlichkeit hat ihren eigenen Preis. Jede Art von Bewertung zeugt jedoch auch von Unverantwortlichkeit!

Frage: Es gibt so viel Schlechtes auf dieser Erde. Inwieweit können böse Menschen das Bewusstsein der Menschheit beeinflussen?

Zanko: Die Gnade Gottes ist grenzenlos – hier gibt es auch Platz für diese Menschen. Irgendwann werden auch sie die Gottesgnade erkennen können. Viele Wege führen nach Rom.
Aus Unbewusstheit kann sich Bewusstheit entwickeln. Böse Menschen stehen noch unter dicken Schatten. Ganz langsam wird auch hier das Licht Gottes einziehen. Bei dem einen schneller – beim anderen langsamer. Du hast die Wahl!

Frage: Wie kann ich prüfen, ob das, was du erzählst, wahr ist?

Zanko: Du kannst höchstens dein Gottvertrauen prüfen, doch weder mich, noch die Wahrheit! Wahrheit kann nur ERFAHREN werden. Insofern musst du mir vertrauen. So sagte Jesus auch: „Es führt kein Weg zu Gott, denn durch mich."
Doch solange du versuchst, über deinen Verstand Beweise für mein Wort zu finden, wirst du an mir und der Wahrheit vorbeilaufen. Ich bin weit entfernt von Worten, denn die Wahrheit liegt ebenso weit von ihnen entfernt. Ich sitze hier nur und spreche zu euch, damit ihr eine Chance habt, die Wahrheit ERFAHREN zu können. Sie liegt

jenseits meiner Worte und weit abseits deiner Vorstellungen. Wenn dein Durst groß genug ist, die Wahrheit erfahren zu wollen, wird dein Drang nach Beweisen sterben. Gib deinem Ego eins auf die Mütze. Je mehr der Mensch zu wissen glaubt, desto mehr entpuppt sich seine allgegenwärtige Unkenntnis.
Ein bewusster Sucher muss seinem Meister blind, das heißt, jenseits aller Vorstellungen, Fragen, Prüfungen und frei von Beweiserbringung, folgen können. Erst nach dem ERWACHEN kannst du deine eigene Dummheit erkennen. Das weiß ich und deshalb appelliere ich an dein Vertrauen. Dies wäre das größte Geschenk, das du dir selbst machen könntest. Solange die Basis deiner Kompetenz deinem Verstand entspringt, bist du verloren.
Es ist jedoch schön, zu sehen, wie meine Worte allein vermochten, die Grenzen deines Verstandes zu überschreiten. So sollte es auch sein. Versuche weniger, meine Worte zu verstehen. Erkenne vielmehr, dass das Gesagte einer anderen Dimension entspringt. Das hast du erkannt und das ist gut so, denn dein Verlangen nach Beweisen bestätigt mein Wort. Du hast Angst vor dem Unbekannten, darum hältst du fest an deinem Verstand. Erkenne und spring! Dies ist eine große Chance – du stehst auf Messers Schneide! Jenseits meiner Worte gibt es noch viel mehr zu entdecken. Doch kein Wort könnte dieses Erfahren je beschreiben. Bleib wachsam und offen...

Nur ein paar Schritte

Bevor ich zu euch kam, ging ich im Wald spazieren. Ich bevorzuge die Natur. Die Straßen der Menschen sind so voller Lärm und dieser wirkt sich störend auf den Zustand des Nichtdenkens aus. Äußerer Lärm bewirkt innere Unruhe. Jenseits des Straßenlärms sind ein paar Schritte genug, um innere Stille erreichen zu können. Ein paar Schritte nur – jenseits aller Gedanken – sind Erholung genug von der schweren Arbeit eines ganzen Tages.

Im Zustand des Nichtdenkens, in der eigenen Stille, erfährst du Erholung, Regeneration und Entspannung. Dies ist eine Wohltat für das Wesen – Balsam für jede Seele. Der Zauber des Lebens wird in der bewegungslosen Stille des SELBST erfahren.

Jeder Lärm ist Produkt einer Spannung. In der Stille des SEINS wohnt ewige Entspannung und Freude. Dort ist das Lachen Gottes zu Hause. Jede einzelne Erfahrung dieses Lächelns hat mehr Bedeutung als jede Aneignung von Wissen je besitzen könnte. Ein einziger Moment der Stille ist mehr wert als ein ganzes Buch. So könnte jeder von uns hunderte Lichtblicke Gottes Lächelns täglich erfahren – doch kann er nicht einhundert Bücher am Tag lesen. Im Lesen eines Buches nimmt der Mensch nur einen Teil des Inhaltes in Form einer Art von Konfrontation auf.

Im Erfahren dagegen ist man EINS mit dem Erlebten – dem Inhalt selbst. Unsere Form der Begegnung dagegen erlaubt nur Konfrontation. So verhält es sich auch mit den Kontakten und Beziehungen der Menschen. Ein Verschmelzungsprozess ist unmöglich, da das Näherkommen einer Seite in einem Konfrontationsprozess Spannung auf der anderen Seite erzeugt. Jeder Konfrontationsprozess hat eine aktive und eine passive Seite. Demzufolge erzeugt Aktion eine

Reaktion. In einem solchen Prozess wird fortwährend Spannung erzeugt. Dieser Zustand erlaubt keine Erholung. Wir hetzen uns immerzu selbst, anstatt aus der inneren Quelle Kraft zu schöpfen. Aus dieser Getriebenheit heraus, versuchen wir auch noch, Erholung von außen zu erhalten. Dies macht uns jedoch noch wahnsinniger, weil wir uns in den Fängen der Konfrontation verkrampfen. In diesem Versuch verirren wir uns im Spiel erhöhter Geschäftigkeit.

Die größte Konfrontation entsteht durch das pausenlose Erschaffen hinterhältiger Gedanken. So ebnen wir den Boden für unserer eigenes Leid. In diesem Konfrontations- und Projektionsprozess sind wir Täter und Opfer zugleich. Doch Verantwortung übernehmen die meisten nicht – vielmehr begibt sich jeder von uns schnell auf die Suche nach Schuldigen und Entschuldigungen.

Der Gipfelpunkt unserer „selbstlosen" Handlungen besteht dann in der Umarmung zweier unschuldiger Opfer. Zurück bleibt das ewige Jammern – die Klagelieder nehmen kein Ende. Dieser Selbstzerstörungsprozess wird nicht erkannt – ständig lebt der Mensch in einer Zerreißprobe, ohne sich jemals wahrhaftig erholen zu können. Kurzfristige Entspannung wird über das Verlagern von Schuld erreicht. Jeder Prozess der Selbstbestätigung erzeugt jedoch eine höhere Spannung. Somit lebt die Menschheit in einem Feld von Hochspannung – auf einem selbst gezimmerten Pulverfass.

Wie lange braucht der Mensch für ein paar Schritte – ein paar Schritte in seine eigene Stille? Ein paar Minuten – kein großer Aufwand ist notwendig, du musst es nur wollen. Die meisten jedoch laufen vor ihrer eigenen Stille davon. Warum habt ihr so viel Angst vor eurer eigenen Stille? Wisst ihr eine Antwort? – Ihr fürchtet euch vor eurem eigenen Wesen, weil euer Verstand in der Stille arbeitslos ist. Der Herrscher eures eigenen Hauses erlaubt euch keine Erholung von ihm. Doch im Zustand dieser Identifikation herrscht Sklaventum. Der

Weg zur inneren Freiheit ist verbarrikadiert. Nicht einmal im Schlaf seid ihr frei vom Basargetümmel eurer Gedanken. Auch das Aufsuchen heiliger Orte kann euch den Weg in die Freiheit nicht bahnen. Im Tourismus des Verrichtens von Ritualen hat selten jemand den Weg in die Stille gefunden. Der Tempel der Stille ist dir bereits gegeben, du musst ihn nur wiederfinden, er liegt jenseits aller Pilgerschaften. Im Tempel der Stille deines eigenen inneren Raumes bist du nur noch einen Schritt von Gott entfernt. Dort ist Gott dir näher als in jeder Wallfahrtsstätte der Welt. Der Tempel aller Tempel liegt in deinem Herzen.

Frage: Warum habe ich vor allem Angst?

Zanko: Weil du nicht bereit bist, sie anzuschauen. Solange der Sklave sich nicht als Sklave erkennt, wird er immer Sklave bleiben.

Frage: Die Angst resultiert bei mir auch aus Erfahrung.

Zanko: Die Angst ist bei dir zum Zustand geworden – und nicht nur bei dir! Sie ist die längste Nacht deines Lebens. Bring Licht in diese Dunkelheit!

Frage: Warum habe ich Angst vor Leid und Schmerz?

Zanko: Befreie dich aus deiner eigenen Hinterlistigkeit. Sie produziert und projiziert pausenlos Ängste. Diese werden dir zu Fesseln. Anstatt dich zu befreien, fabrizierst du fortwährend neue, als hättest du Angst, ohne Ängste zu leben. Gegen diesen Prozess gibt es keine Pille, nur Selbstheilung in Form von Erkenntnis wird dir Heilung bringen. Deshalb beleuchte ich die Hintergründe der Entstehungsprinzipien. Nicht, um eure Ängste zu schüren. Ihr könnt ihnen nur entrinnen, wenn ihr ihnen die Wurzeln ausreißt. Grabt tiefer und tiefer. Jede neue Schicht zeigt sich nach dem Schälen der oberen Schale. Um der Angst entkommen zu können, müsst ihr durch die Angst hindurchgehen. Dem Schmerz ein Ende zu bereiten kostet oft sehr viel Schmerz – doch wie sagt die Mutter zum Kind: „Da musst du durch!"

Antwort: Ich habe Angst vor dem, was du sagst!

Zanko: Ich kann dich gut verstehen. Meine Freiheit macht den meisten Angst. Unbewusst fragst du dich, wie du an meiner Stelle leben würdest. Eine tiefe Angst vor Freiheit kommt hier zum Ausdruck. Doch du musst Klarheit schaffen! Nur Mut! In Erkenntnis schwindet alles, was durch Unbewusstheit geboren wurde. Im Fegefeuer der Bewusstheit schmilzt alle Illusion. Es bleibt nur noch das, was du bist.

Ode an die Freude

Heute möchte ich mit euch meine Freude über ein wirklich gelungenes Beispiel menschlicher Schöpferkunst teilen. Wo immer es einen Schöpfungsakt gibt, wird wahre Schönheit geboren. In der hohen Kunst der Malerei, Bildhauerei und besonders in der Musik finden wir Werke, die Zeugnis menschlicher Schöpfung sind.

Die „Ode an die Freude" von Beethoven ist für mich ein Ausdruck eines solchen Gipfelpunktes menschlichen Schöpfens. Sie zeugt von innerer Kraft, Intelligenz, Vertrauen und Schönheit auf einem Höhepunkt des geistigen Intellektes bezüglich der Musik. Jenseits des Beherrschens einer Kunst im eigentlichen Sinne ist hier Leben durch den Schöpfer geflossen und hat SEIN im Resultat des Geschaffenen zum Ausdruck gebracht, was sich wiederum im Hörer widerspiegelt. Was wäre das Leben ohne die „Ode an die Freude" in uns? Sind wir nicht geboren, um in die Ode an die Freude des Lebens einzustimmen? Wozu sind wir sonst geboren?

Doch wenn ich die Menschheit betrachte, besticht gerade der Geiz im Umgang mit der Freude. Das Vergnügen für sich und die anderen wird auf ein Minimum begrenzt. Selten erlaubt sich der Mensch innere Freude und noch seltener erlaubt er es anderen, diese auszudrücken oder erfahren zu können.

Doch gerade das Erleben tiefer Freude ist einer der schönsten Augenblicke im Leben eines jeden von uns. Warum hängen wir uns dann immer wieder „Verbotsschilder der Freude" um den Hals? Es gibt keine Bedingungen, unter denen wir uns selbst den Zugang zur Freude verbieten müssten. Wir sollten ihr nur die Türen öffnen und uns Freude gewähren, denn diese wohnt in unserem Inneren. Wer sollte uns die Erlaubnis für unsere innere Freude geben, wenn nicht wir selbst? In jedem Atemzug liegt Freude, doch wir machen unsere Freude von Gründen, Bedingungen und Äußerlichkeiten abhängig. Dabei müssten wir einfach nur der inneren Freude in uns die Hand reichen. Die Erlaubnis des Erfahrens innerer Freude ist ein Schlüssel zur Befreiung.

Tiefe Freude ist dem Zustand der Liebe verwandt. Sie entspringt aus uns selbst und wird durch uns erfahren. Dieser Zustand befreit augenblicklich von Erwartungen, da es keinen Anlass und keine Bedingung gibt. Tiefe Freude ist bedingungs- und erwartungslos. Die tiefe Freude liegt wie ein ruhiger See in unserer Stille. Sie wartet auf Entdeckung und Erlaubnis.

Im Zustand der Armut, Krankheit, Taubheit und des Schmerzes ist Beethoven zu den Tiefen seiner inneren Freude vorgestoßen. Durch sein Vertrauen zur Existenz ohne Bedingungen an Äußerlichkeiten ist das Leben selbst durch ihn geflossen – in Demut und Liebe. Nur so konnte ein solches Meisterwerk entstehen – im Geschehen – es wurde nie „getan".

Im Erleben wurde es geschaffen, aus sich selbst heraus wurde dieses Meisterstück geboren. Seine gewaltige Energie, sein inneres Feuer und sein Licht bezaubern uns noch heute. Beethoven hat wie ein Straßenhund gelebt, doch besaß er mehr als die meisten Menschen jemals besitzen könnten. Er war im Zustand der inneren Freude. Sie floss durch ihn – auch, wenn er kein Brot und kein Bett besaß. Er war dem Himmel näher als jeder König seiner Zeit. Jeder Mensch kann in jedem Augenblick, unabhängig von Bedingungen, diesen Zustand erreichen.

Die Musik war nicht die Bedingung für Beethovens innere Freude. Sie war sein Gebet, seine Meditation und er brachte somit über die Musik in der Musik seine innere Freude zum Ausdruck. Im Vorstoßen zu seinen eigenen Tiefen wurde sein schöpferisches Potenzial

eröffnet und umgekehrt. Es ist wie ein Ineinanderfließen. In seinem eigenen Schöpfungsakt hat Beethoven sich selbst wiedergeboren. Er war einer der wenigen erleuchteten Musiker.
Seine Botschaft an uns können wir noch heute in der „Ode an die Freude" mit ihm teilen. Dieses Werk ist nicht nur als Musikstück, sondern auch als tiefe Botschaft in die menschliche Geschichte eingegangen. Versucht, die Botschaft zu erkennen, indem ihr eure Türen für die Freude öffnet. Das Leben ist ein Prozess unendlicher Freude, so wurde es uns gegeben – auch ihr könnt dies erfahren.

Aus dem Sumpf erwächst der Lotus

Was bedeutet das Überschreiten einer Schwelle für den Einzelnen? Eine Schwelle ist immer eine Grenze zwischen innen und außen. Heute Abend zum Beispiel hätte ich euch im Gebäude empfangen können, empfing euch aber vor der Tür. Da ihr auf Vergleiche erpicht seid, könnt ihr nun getrost vergleichen, oder?

Seit längerer Zeit schon beobachte ich euren Umgang miteinander, frage mich aber, ob ihr ihn ebenfalls bewusst wahrnehmen könnt. Was ist eigentlich „Umgang"? Auf der einen Seite ist dieses Phänomen Ausdruck des Selbst, auf der anderen stellt es jedoch eine Brücke dar, über die das Gegenüber gehen muss. Könnt ihr euch vorstellen, wie lange es dauern kann, bis diese Brücke vollständig herabgelassen wird? Es braucht genau so viel an Zeit, wie es dauert, an eine Tür zu klopfen und einzutreten.

Deshalb empfing ich jeden Einzelnen von euch vor der Tür, um euch zu zeigen wie einfach das Hinübertreten ist. Im Überschreiten einer Schwelle wird zweierlei sichtbar. Zum einen die Schwelle des Charakters, zum anderen die Schwelle des Herzens. Vor allem aber sehe ich eines – jeder hat ein wesentlich besseres Herz als sein Charakter je werden könnte. Kommt ihr zu mir, kann ich das große Wohlwollen, das jeder in sich trägt, fühlen, doch erkenne ich auch, was euch hindert, es ausdrücken zu können.

Jeder von euch hält beharrlich an seinem Charakter fest. Er ist die große Tragödie des Menschen. Er spielt die Hauptrolle in diesem Drama mit einem entscheidendem Merkmal: Aggressivität. Sie hat unendlich viele Gesichter, schier unerschöpflich sind die Tarnungen, die sie benutzt. Habt ihr eine vage Vermutung, wie viel Aggressivität hinter unseren Charakteren verborgen liegt? Wichtiger noch – seid ihr euch ihrer auch bewusst? Worin liegt die Quelle der Aggressivität, woher kommt ihre Triebkraft? – Sie stammt aus jenem Anteil unseres Potenzials an Lebensenergie, die in wilder ursprünglicher Kraft als Rohform in uns verborgen liegt.

Gewaltig ist sie, unbändig wie ein wilder Mustang, zerstörerisch wie Lava, die aus dem Schlund des Abgrunds schießt. So belassen, in ungeschliffener Form, wird sie immer in Mutation und Perversion abgleiten. Ihre zerstörerischen Produkte sind Hass, Neid, Abscheu, Verbitterung, Gewalt und Unterdrückung. Sie fließen in alle Richtungen und füllen alle Facetten des Menschseins aus. Damit ihr Träger nicht zerstört wird, muss diese Urkraft entweder unterdrückt oder transformiert werden. Als wirkende Naturgewalt bleibt sie meist unbewusst in ihrer animalischen Form erhalten, daher sieht sich jede menschliche Gesellschaftsform gezwungen, sie in Form von eng gerahmten Regeln zu unterdrücken.

Solange sie jedoch in diese Rahmen gezwungen verbleiben muss, kann sie nicht gemäß ihrer wahren Bestimmung – Entwicklung und Vervollkommnung des menschlichen Wesens – wirken. Erst im Prozess des bewussten Umgangs mit ihr verwandelt sie sich in eine schöpferisch-aufbauende Kraftquelle, die nun ihrerseits das innere Wesen des Menschen zu wandeln vermag.

Welche Funktion bedient Aggressivität? Immer bedient sie ein beschränktes Gesichtsfeld enger Vorstellungen und damit letztlich die primitivste Form menschlicher Identifikation. Aggression ist diejenige Ausdrucksform des Charakters, für die abertausende lächerliche Erklärungen, Rechtfertigungen und Verkleidungen erfunden wurden. Nichts ist mehr imstande, einen Menschen so tief in den eigenen Schlamm des Lebens hinunterzuziehen als seine urpersönliche Aggressivität. In der Geschichte der Menschheit gab es bislang keinen Aggressor, der nicht im Sumpf seines eigenen Lebens ver-

sunken wäre, denn es ist die Aggression selbst, die Unrat produziert, Wunden schlägt und vernichtet. Schaut euch nur in eurem Familien- und Bekanntenkreis um. Diejenigen, die ihr dort als Aggressoren erlebt und bezeichnet, haben einen bitteren Nachgeschmack hinterlassen, indem sie sich als noch größere Aggressoren erwiesen als ihr selbst zu sein vermochtet. Eure Aggressivität duelliert sich ständig mit der des Nachbarn in Bezug auf Interessen und Lebensraum. Aggression kennt keine Gnade, kein Erbarmen, kein Verzeihen. Sie verschont weder Freund, noch Feind, noch das eigene Fleisch und Blut und findet selbst im Ehebett noch Platz.
Welchen Aspekt bedient die Aggression nun auf spirituellem Niveau? Auch hier stellt sie die eiserne Rüstung dar, mit der wir in den Kampf ziehen. Schnell fängt jeder an, ihr mehr Respekt zu zollen als der eigenen Entwicklung – dem eigenen Streben nach Gottes Licht. ER jedoch spricht ohne Worte, damit wir die Stille hören können. Solange Kampfgetöse unser Inneres beherrscht, sind Stille und Frieden nicht möglich. Aggression, in welcher Form auch immer, ist Ausdruck mangelnder Intelligenz! Gewöhnlich erscheint sie in Situationen, in denen wir keinen besseren Weg finden konnten, uns anders auszudrücken.
Es stellt sich an dieser Stelle immer die Frage, WIE man seine persönliche Stärke in geeigneter Form zum Ausdruck bringt. Aggression ist ein ausschließliches Instrument der Ich-Behauptung. Das Selbst jedoch ist vollkommen und bedarf keiner Behauptung oder Beweises und auch keiner Rüstung. Es gibt nichts, was Aggression rechtfertigen könnte. Wie Unkraut überwuchert sie die wunderbaren Gärten unserer Seelen. Kultiviert sie also nicht – hört auf, die Brücken der Herzen mit Schwertern zu zerstören!

Frage: Wie sollen wir die Aggression, die andere in uns hervorrufen, überwinden?

Zanko: Werdet bewusst und gebt ihrer Provokation nicht nach. Wenn du dir deiner eigenen Kollektion von Aggressionen schon bewusst geworden bist, wirst du diejenige der anderen nicht mehr als Provokation annehmen müssen.

Frage: Kann man überhaupt ohne Aggression wichtige Ziele im Leben erreichen?

Zanko: Man kann es mit Aggression – das ist der einfache Weg. Viel schwieriger ist es, nicht aggressiv in einer Welt zu leben, in der Aggressivität und Durchsetzungsvermögen fast eine Frage der Ehre sind. Entscheide jedoch erstmal über die Prioritäten deiner Ziele! Worin siehst du dein Ziel im Leben?

Frage: Wie kann der Nichtaggressive überleben?

Zanko: Wenn du den Zustand von Nichtaggressivität verwirklicht hast, bist du intelligent genug, das zu wissen. Stellt diese Frage nicht auch nur einen Rechtfertigungsversuch und eine Entschuldigung deiner eigenen Aggressivität dar?

Die Sprache der Augen

Guten Abend allen zu meiner Linken und Rechten. In dem Augenblick, wo ich euch so anschaue,wie still auch immer ihr gerade zu sein vermögt, beginnt etwas in euch zu mir zu sprechen. Das, was ihr mir nicht mit dem Munde sagt, enthüllt ihr mir mit euren Blicken. Die Sprache der Augen ist das älteste Kommunikationsmittel der Menschheit, deshalb ist sie so ausdrucksstark. Ein jeder, der die Gedanken der Menschen zu lesen vermag, musste zuallererst lernen, ihnen in die Augen schauen zu können. Dort kann man nicht nur Gedanken, sondern auch Gefühle lesen.

Alles, wofür Worte nicht ausreichen und auch jenes, was wir in Worte zu kleiden versuchen, können wir mit einem einzigen Blick sagen. Ihr könnt stunden- oder tagelang reden, sagen tut ihr es mit einem Blick. So sollte es euch auch nicht wundern, wenn ich euch antworte, bevor ihr gefragt habt. Ihr hattet es längst schon getan. Die Augen sind ein direkter Weg zur Seele des Menschen – einer der direktesten. So bin ich imstande, von außen, durch eure Augen, mehr zu sehen als ihr in eurem Innern bereits entdeckt haben könntet.

Der Mensch braucht immer etwas Zeit, um einen bestimmten Prozess erfassen zu können – sogar der Prozess der Gedanken und Gefühle nimmt Zeit in Anspruch. Immer wenn euch etwas widerfährt, seid ihr vollauf mit dem Prozess beschäftigt, benötigt ihr Zeit. Ich brauche diese Zeit nicht, ich nehme sie schon vorweg, als fertiges Etwas. Ihr könnt auch damit anfangen, es ist gar nicht schwer.

In seinen Kümmernissen verpulvert der Mensch außerordentlich viel Energie – mehr als die Hälfte – und von der anderen Hälfte nochmals die Hälfte und von der verbliebenen Hälfte erneut die Hälfte. Habt ihr euch irgendwann schon einmal gefragt, wie viel euch bis jetzt eure Sorgen gekostet haben? Nicht in Geld ausgedrückt, sondern in Lebenskraft, in Chi. Genau diese Besorgnisse und Kümmernisse aller Art sind es, die durch eure Augen an die Oberfläche gespült werden, weil ihr ihnen einen sehr großen Teil eurer Energie geschenkt habt. Wofür eigentlich? Ich frage noch einmal: Wofür eigentlich? Ich weiß zwar nicht, wie oft ihr euch diese Frage schon gestellt habt, doch in euren Augen lese ich, dass ihr zu keiner Antwort gekommen seid. Hmm...?

Bis zu dieser Stelle eures Lebensweges habt ihr die meiste Energie dafür verwendet und verschwendet, eurem inneren Trieb folgend, einen künstlichen Extremismus in allen möglichen Erscheinungsformen aufrecht zu erhalten. Dieser wurde in sämtlichen Schichten angehäuft und von außen an euch weitergegeben: Durch Tradition, Gesellschaft, Erziehung und geistige Engstirnigkeit, welche die Spitze des Eisberges darstellt.

Schlagt ein beliebiges Rechtsbuch auf, egal welches – es ist ausschließlich voll gestopft mit Extremismus. Auch ein Großteil der esoterischen Literatur beinhaltet diesen und ihr habt ihn zu eurem Inneren vordringen lassen, bis er allmählich tief eingesickert ist. Im Grunde genommen ist das Recht der Mehrheit über die Minderheit bereits Extremismus!

War das Schicksal Jesu Christi nicht auch ein solcher Akt? Welche Tragödie macht hier ein Ausnahme? Jeder von euch hat sich in der Schule schon einmal geprügelt und immer hat es einen gegeben, irgendjemanden, der stärker war als ihr. Doch nicht nur in der Schule! Niemals ist ein Schlag nur genug, niemals.

Doch wir können nicht verstehen, warum wir auch die andere Wange hinhalten müssen – warum wir den zweiten Schlag brauchen, nachdem wir den ersten erhalten haben. Wisst ihr, warum wir den zweiten Schlag brauchen?

Antwort: Um unsere Unschuld zu beweisen. So wird der Mensch unschuldig.

Zanko: Mitnichten. Er „wird" nicht unschuldig. Aber um unschuldig WERDEN zu können! Dies geschieht genau in dem Moment, wo er bereit ist, die andere Wange hinzuhalten! Dafür braucht man sehr viel Weisheit.
Wisst ihr, wie viel unzählbare erste Schläge es gibt? Ihr wisst selbst, wie viele es sind... Doch gibt es nur einen einzigen zweiten – und zwar dann, wenn ihr bereit seid, die andere Wange hinzuhalten. Nur in der Bereitschaft, den zweiten Schlag anzunehmen, gibt es keinen Extremismus – in ihr kehrst du zu deinen Wurzeln zurück – zur Unschuld. Die Suche nach dem Splitter im Auge des anderen ist ebenso Ausdruck eines extremen Verhaltensmusters, nämlich dem Bestreben, alles seinen Vorstellungen entsprechend geradebiegen und verbessern zu wollen. Diesem Schema folgend wiederholen wir den ersten Schlag unaufhörlich. Ihr zetert und klagt, aber trotz allem haltet ihr die Wange nicht hin.
Wie lang, meint ihr, ist der Weg zwischen beiden Schlägen? Falls jemand von euch zwei Schläge hintereinander auf beide Seiten bekommen hat, so bedeutet dies noch nicht, er sei bereit gewesen, den zweiten entgegenzunehmen. Es heißt vielmehr: „Und wenn jemand dich auf die eine Seite schlägt, halte auch die andere hin!" Na los, halte sie hin! In jedem Fall hast du den ersten Schlag verdient; so oft er sich wiederholt, sollte er dich daran erinnern, dass du ihn verdient hast und jede neue Wiederholung dies nur bestätigt.
Wann hast du dies erkannt? In dem Augenblick, wo du die andere Seite hinhältst! In diesem Hinhalten liegt eine sehr tiefe Bedeutung. Dieses Verhalten stellt nicht nur ein bloßes Wenden des Kopfes dar, sondern zeugt von einer kompletten Umkrempelung in deinem

Inneren. Zu sagen: „Hier bin ich, ich bin so weit", das heißt: „Mir ist bewusst geworden."
Begreift, dass nur die unbewussten Köpfe Schläge bekommen und zwar solange, bis sie bewusst werden! Das ist Ausdruck von Kampf zweier Feindbilder – eines inneren und eines äußeren. Immer wird das äußere durch das innere entzündet, nur der Funke kommt von außen. Seit zweitausend Jahren bekommt das menschliche Bewusstsein nun schon Kopfnüsse, immer nur auf die eine Seite, damit es endlich lernen kann, die andere hinzuhalten!
Merkt euch, jeder Schlag ist verdient, es gibt im Leben keine unverdienten! Es ist ein Zeugnis von außerordentlich tief greifender Ehre, Moral und Würde, wenn ein Mensch sich vor den Spiegel stellen kann und bekundet: „Absolut alles, was bisher geschehen ist, habe ich verdient." Wisst ihr auch, wann das mit einem jeden von uns geschieht? Wenn wir aufhören, das Opfer in uns zu pflegen und endlich die andere Wange hinhalten können! Zweitausend Jahre für etwas so Einfaches, zweitausend Jahre um diesen inneren Extremismus zu überwinden!
Seht ihr, womit wir unsere Lebenskraft verschwenden? Permanent im Überwindungsversuch der eigenen Unvollkommenheit. Dabei tappen wir von einer Dummheit in die nächste, anstatt das zugrunde liegende Prinzip zu durchschauen. Ich glaube, jeder, der bereit ist, dieses Selbstgeständnis vor dem Spiegel abzulegen, verdient ein Ehrenmal. Im Endeffekt braucht er es gar nicht von uns. Er wird es von allerhöchster Instanz erhalten.
Ihr könnt selbst sehen, bis zu welchem Niveau sich das Bewusstsein der Menschheit in den letzten zweitausend Jahren, seitdem sie einem Beispiel folgen konnte, entwickelt hat. Könntet ihr euch vorstellen, was es bedeuten würde, ohne Beispiel leben zu müssen? Man würde sich total verstricken... wie ein Fisch im Netz.

Doch anscheinend ist dieses Beispiel für den bisher verwirklichten Bewusstseinsgrad noch nicht deutlich genug gewesen und deshalb zieht sich die Schlinge zu – langsam, aber sicher – Schlag auf Schlag, Schlag auf Schlag... Sicher, vor dem Eingang zum Tunnel – im Sterben, bist du bereit, die andere Wange hinzuhalten, aber dann hast du sowieso keine andere Wahl mehr. Die Kunst ist, es hier – im Leben, bewusst zu vollziehen!

Der erste Schlag ist für das Bewusstwerden unerlässlich. Er kann sich sehr lange wiederholen, unendlich lange, und er wiederholt sich, bis du die andere Wange hinhalten kannst. Nur dieses eine wird von uns erwartet – aber wir sind die einseitigen Schläge schon zu sehr gewohnt. Wir provozieren den ersten Schlag und lassen uns nur auf die eine Seite schlagen. In dieser Hinsicht sind wir wahre Wunder der Tapferkeit! So vergehen viele Leben, nicht nur eines – viele, viele... Dies kann ich in euren Augen lesen. So viel Gleichgültigkeit angesichts dieser Aggression. Aber nein, und nochmals nein!

Seht ihr nicht, welch unglaubliche Formel wir uns erwählt haben? Extremismus gepaart mit Gleichgültigkeit!!! Doch wozu? Wo bleibt die Demut? Wo die Liebe? Meint ihr, Liebe ohne Demut sei Liebe...? Dies ist lediglich eine Imagination unserer blinden Vorstellungen, sehr weit entfernt vom Original. Ein solches Fundament ist haltlos, ohne Substanz, sehr labil – und diesen Wankelmut kann man in euren Augen lesen.

Begreift, in der Liebesbeziehung ist nicht das Objekt wichtig, weder du, noch dein Gegenüber. Wichtig ist, dass der Prozess LIEBE stattfindet und du erlaubst, dich von ihr durchdringen und durchfluten zu lassen – ohne Ziel oder Erwartungen. Alles andere ist keine Liebe. Liebe als Zustand ist frei von Bedingungen. Doch unsere Art von Liebe kommt einem Gesetzbuch gleich. Wir bleiben kleine Diener unserer eigenen fragwürdigen Überzeugungen, Gesetze, Regeln und

Vorstellungen – wie der Messdiener, der nur die Glocke zu läuten versteht und sonst nichts. Wem dienen wir eigentlich – Gott, der Liebe oder dem Messdiener? Es hat den Anschein, wir würden sie gleichstellen. Doch sie treffen lediglich im Kirchhof zusammen.
Begreift ihr, wie leicht der Mensch abrutschen kann? Selbst in seinem Innersten, in diesem allerheiligsten Bereich, von dem er annimmt, dieser gehöre nur ihm selbst und Gott – sogar dort, wo nur das Herz sprechen sollte, versucht der Mensch zu handeln und zu verhandeln. Letztes Jahr zu Weihnachten habe ich euch angeraten, euch ein paar Pillen zu besorgen mit der Aufschrift: „Das habe ich mir alles selbst ausgesucht." Für dieses Jahr empfehle ich einen Spiegel, worauf ihr schreiben mögt: „Alles habe ich selbst verschuldet." Diese Einsicht wäre das schönste Weihnachtsgeschenk, das ihr euch bereiten könntet.
Wisst ihr, wie zufrieden ihr mit euch selbst sein werdet, wenn ihr euch das gestatten würdet? Wisst ihr, wie erleichtert ein jeder von euch sein wird, dem es gelingt, sich selbst die Leviten zu lesen, indem er seine eigenen Defizite erkennt und beginnt diese auszuräumen? Wenn er aufhört, fortwährend Schuldige zu suchen, Rechtfertigungen oder Gründe...? Wenn er endlich anfängt, alles nur noch anzunehmen? Im Grunde wird dies das Hinhalten der anderen Wange sein.
Der Weg zur Weisheit ist sehr steil – sehr, sehr steil. Während wir ihn beschreiten, wartet man oben auf uns, um uns zu erheben. Stolpern wir aber, purzeln wir hinab, um irgendwann erneut den Anstieg beginnen zu müssen. Aber irgendwann, später..., denn den Augenblick JETZT haben wir versäumt – und alles nur wegen einer einzigen Kopfbewegung! Dies ist vielleicht der kürzeste Weg zur Überwindung des Egos. Immer, wenn wir von Leiden umgeben sind, haben wir es mit dem Ego zu tun! In der Freude existieren weder

Leid noch Ego. In der Liebe schmilzt das Ego. Du wirst eins mit der Liebe. Es gibt keinen Liebenden mehr und auch keinen Geliebten – nur noch das LIEBEN.

Und noch eins: Das Gebet ist die inbrünstigste Sprache, der allertiefgründigste Ausdruck der Liebe. Es sollte keinen Betenden geben. Verbleiben darf lediglich das BETEN. Solange es einen Betenden gibt werden Objekt und Subjekt bestehen. Das bedeutet Trennung im Prozess des Geschehens und Spaltung im Gewahrwerden des Erlebten. Der Prozess kann kein Feuer fangen. Zwischen zwei Seiten gibt es immer Feilscherei.

Im Festhalten von Identifikation bei diesen allertiefgründigsten Prozessen, lasst ihr auf diese Art und Weise Geschehen nicht zu, es verbleibt noch immer irgendeine Form des TUNS. Geschehenlassen bedeutet, seine Grenzen im Raum zu überschreiten, es bedeutet Einswerden mit dem Kosmos. Genau deshalb schafft es der Großteil von euch nicht, effektiv zu meditieren, weil immer noch der Meditierende anwesend ist. Die Grenzen deines Ichs als Subjekt und diejenigen des Objektes, der Meditation als Tun, müssen sich auflösen, so dass nur noch das MEDITIEREN verbleibt. Ansonsten bleibt der Prozess unvollständig.

Verwandelt euch selbst in diesen Prozess, so werdet ihr eins mit dem Kosmos. Einzig im Verschmelzen – im Einswerden, lässt der Mensch dieses Geschehen zu. Erst dann gibt er dem göttlichen Urbeginn grünes Licht, sich frei entfalten zu können. Dies bedeutet es, die Tür zu öffnen! In allen seinen vollkommenen Manifestationen steht ER immer vor der Tür. Mach du sie nur auf!

Die Existenz des Lebens fordert das Bewusstsein der Menschen auf diesem Planeten permanent heraus. Wir sollten uns selbst prüfen, inwieweit wir ihr würdig und ergeben sind. Jeder sollte sich selbst diese Frage stellen und in sich hineinblicken. Langsam wirst du zuerst in deinen eigenen Augen das sehen können, was auch ich in ihnen lesen kann. Deshalb sagt mir ein einziger eurer Blicke so unendlich viel. Ab morgen könnt ihr beginnen, es selbst zu tun. Möglicherweise schon ab heute? Ein wenig mehr Verstehen hier – hier von innen heraus. Ich habe euch niemals um etwas gebeten, aber jetzt bitte ich euch – lebt mit etwas mehr Verständnis in eurem Inneren. So weit sind wir gekommen, dass ich euch bitte. Und so bitte ich euch, von Herzen bitte ich euch. Dies ist zu eurem Besten und zum Wohlwollen aller Menschen.

Es wird eine Zeit kommen, in der auch ihr beginnen werdet, durch Blicke zu sprechen – weil indes keine Zeit sein wird für viele Reden, für so viele unnütze, unvernünftige und leere Worte. Das Rad wird sich schneller und schneller drehen – das Rad der Prozesse, nicht das Rad der Zeit als solches. Die Prozesse werden dichter und intensiver. Wir leben in einer Periode erhöhter Intensität und Dichte.

In der Spirale der menschlichen Entwicklung, des Lebens schlechthin, durchläuft der Mensch verschiedene Zonen, Phasen und Etappen. Diejenigen, die sich eingehender mit Astrologie beschäftigen, kennen diese Perioden – sie sind als solche nichts Neues. Der Mensch sollte im Schritt der Zeit leben können. Nicht im Schritt mit den neuesten Modestiefeln, sondern im Schritt mit jener Zeit, deren Prozessen wir unterliegen.

Die Esoterik und Spiritualität werden in den nächsten Jahren einen Boom erleben. Die Prozesse werden explodieren. Bleibt wach und lebt einfach mit Verständnis für alles – mit echten Gefühlen. Wir müssen in das Leben hineinhören – müssen lernen, es zu erkennen. So werden wir leichter eins mit der Existenz, nicht mit dem Leben in der Gesellschaft. Doch warum eigentlich nicht auch dort – in überhaupt allem, was das Leben uns als Herausforderung an Bewusstheitsentwicklung bietet. Wenn ihr das Leben annehmen könnt,

werden viele Dinge ihre Ordnung und ihren Platz finden. Dies geschieht einfach. Wir leben hingegen so, als wollten wir uns einen Mantel kaufen, geben unser ganzes Geld jedoch für die Knöpfe aus. Knöpfe wärmen nicht, besonders wenig im Winter. Investiert deshalb nicht in Knöpfe, sondern in das, was zu wärmen vermag.
Weise Menschen kennen diese Perioden, spüren sie. Es gibt viele Zeichen in den Manifestationen des Lebens hier selbst, die uns eine Menge verraten können.
Wenn du dich im Wald verirrst, ohne seine Zeichen zu kennen, bist du verloren. Kennst du aber die Sprache des Waldes, mit allen kleinen direkten und indirekten Wegweisern, wirst du überleben. So ist es auch im Leben – wenn du die kleinen Offenbarungen nicht erkennst, bist du verloren. Die kleinen Dinge sagen immer mehr als die großen, von denen wir lediglich glauben, sie seien groß. Später werde ich euch einen Vorschlag unterbreiten. Wenn ihr jetzt Fragen habt...? Ihr könnt jetzt Fragen stellen.

Frage: Kann man sich teilweise hingeben, irgendwie vorsichtig, bis zu einer bestimmten Stufe?

Zanko: Diese Frage zeigt, wie skeptisch der Mensch in Bezug auf das Geben geworden ist. Immer hat er Angst, etwas verlieren zu können. Doch WAS bitte schön, hat er zu verlieren? Im Nehmen zeigt er weniger Zurückhaltung. Vorsicht und Zweifel sind menschlich. Die Frage ist nur, wie weit man auf einem Bein hinkend vorwärts kommen kann.

Frage: Dieser Prozess macht mir einiges Kopfzerbrechen. Ist es nicht bis zu einem gewissen Punkt ein kleines Spielchen mit dem Ego? Es ergibt sich folgender Kampf – ich habe mich ein wenig mehr hingegeben und auf der anderen Seite bekommt mein Ego mehr

Gewicht: Bravo, du bist gut – hast dich mehr hingegeben. Vielleicht erscheint dir das lächerlich, doch für mich ist es ein ernsthaftes Problem.

Zanko: Als Erscheinungsform kann man es folgendermaßen definieren: Täuschung durch deine eigenen hinterlistigen Gedankengänge. Es ist nicht leicht, sich vor den Spiegel zu stellen. Versuche, dich selbst zu durchschauen.

Frage: Ist das, wovon du sprichst im Grunde nicht eine Art von Sterben? Man sagt, dass der Mensch nach dem Tod erstmal eine Pause macht und anfängt, seine „Angelegenheiten" zu sichten und zu bewerten. Bevor aber dieser „Blick von oben" stattfindet, braucht es eine „technische" Zeit, sozusagen. Das Vollenden im jetzigen Leben, also nicht im jenseitigen, stellt gewissermaßen sowohl ein Sterben, als auch eine Reinigung dar. Hast du es auch geschafft, dich über diese Prozesse emporzuheben – ist das analog zu dem, was nach dem Tod geschieht?

Zanko: Es ist ähnlich, doch nach dem Tod gibt es eine längere „technische" Zeit und die Erinnerungen versinken tief; du musst auf eine neue Inkarnation warten. Hier jedoch kann es jeder jetzt versuchen. Dabei möchte ich keine falschen Vorstellungen erwecken. Jeder, der sich entschließt, kann es einfach versuchen. Dann wird er zu Antworten gelangen, die ich im Moment nicht geben möchte, weil das einem Schüren bestimmter Vorstellungen gleichkäme.
Vorstellungen blockieren. Man kann die „technische" Zeit der eigenen Bewusstwerdung abkürzen. Anders gesagt: „Seine Arbeit erledigen" – beinahe wie eine Formel. Das Fazit aus einem oder mehreren menschlichen Leben aber, das Resultat dessen, was man im Prozess

des Lebens mit allen seinen Nuancen erfahren konnte, kann man nicht wie ein Bild malen oder in Worte kleiden. Keine menschliche Ausdrucksfom und keine Aufnahmemöglichkeit würde hier ausreichend sein können.
Der Mensch ist ein vielschichtiges Wesen. Jeder von euch ist ein einzigartiges Individuum – bestehend aus unendlich vielen Möglichkeiten und Kombinationen. Hier kann man nicht mit einer Formel daherkommen und nur in eine Richtung gehen. Ihr könnt eure Individualität behalten, weil das ein Ausdruck der Liebe ist, mit der ihr gekommen seid. Doch solltet ihr euren Weg nicht vergessen, den Weg eurer Entwicklung. Tief in eurem Inneren wisst ihr, wann ihr stehen bleibt, wann ihr euch fortbewegt – ihr braucht nur eine Bestätigung von außen.
Vieles, was ihr mich fragt, wisst ihr bereits – ich sage euch nichts Neues. Ich lese es lediglich in euren Augen, oder an anderer Stelle, doch alles ist in euch. Nichts von dem, was ich euch je sagte oder sagen werde, könnte in Wahrheit jemals neu für euch sein. Viel wichtiger ist jedoch die Fähigkeit, sich selbst sehen zu können – euch in eurem Inneren zu erkennen. Ich habe nichts dagegen, euch diejenige Unterstützung zu geben, die ihr benötigt – jedem das Seine. Es ist, als ob die meisten von euch sich nicht trauten. Es scheint, sie hätten Angst, sich ihre eigene Motivation einzugestehen. Als wenn ihr vor euch selbst Angst hättet – sonst sagt ihr immer, ihr würdet euch vor mir fürchten. Noch andere Fragen?

Antwort: Bis wir uns gegenseitig erklärt haben, was du gesagt hast, ist etwas ganz anderes daraus geworden.

Zanko: Der Effekt des „kaputten Telefons" ist immer anwesend. Der Verstand als Vermittler zerreißt die Essenz meiner Worte in

Bruchstücke. Stellt euch vor, was passieren würde, wenn das Gesagte durch noch zwei Ohren mehr liefe! Ein weiterer wichtiger Grund, endlich wahrnehmen zu lernen, anstatt immer nur verstehen zu wollen. Verständnis bedeutet im Grunde genommen Unverständnis. Genauso ist es zu jener Redewendung gekommen: „Hab ich mir etwas Falsches erbeten oder hast du mich falsch verstanden?" Es stellt sich die Frage: „Wer ist der Verstehende?" – Derjenige, der nicht versteht! Doch der scheinbar Verstehende sagt: „Ich habe verstanden." Ich aber frage nun: „Was?" Immer schließt sich dann die Frage an: „Welche Schublade?"...

Das Wort ist in jedem seiner Anteile, in welchem wir meinen, es begreifen zu können, verzerrt. Jeder Anteil, der bis zu uns vordringt, ist fragmentiert, weil wir es immer durch den Filter unserer Anschauungen schicken. Wir zerren solange herum, bis es unserem Gefallen entspricht. Aus diesem Grund fällt es uns schwer, uns selbst, die anderen und das Leben zu verstehen, die Welt zu begreifen und Gott zu erkennen.

Wir müssen lernen, anzunehmen, anstatt lediglich verstehen zu wollen. Die Liebe, die Freiheit, die Freude, das Licht – dies sind alles Phänomene, die nicht verstanden werden können – es geht einfach nicht. Wir können sie nur annehmen. Auf diese Weise lassen wir sie in uns eintreten. Deshalb ist es leichter für uns, durch die Gaben des Lebens, Annehmen zu lernen – bis wir gelernt haben, alles annehmen zu können.

Habt ihr noch Fragen? Wie es ausschaut, nicht. Ich will euch noch etwas sagen, mit dem ich auch das Andenken an T. würdigen möchte. Warum geht der Mensch zur Unzeit von dieser Welt? Dies ist doch traurig, oder nicht? Es ist unwürdig wegen der vielen versäumten Möglichkeiten. Sie wollte einfach nicht die schöne Seite des Lebens annehmen. Sie lebte als Opfer und ging als Opfer.

Zum Ende hin hatte ich ein Treffen mit ihr im Krankenhaus. Es entwickelte sich ein sehr offenes und intimes Gespräch zwischen uns. Jetzt werde ich es mit euch teilen, weil es eine Unterredung war, die jeder von euch schon jetzt mit sich beginnen sollte. Fast die ganze Zeit haben wir gescherzt und über allerlei gelacht, als sie mich plötzlich fragte: „Warum passiert es mir erst jetzt und erst hier, dass ich mich so wahrhaftig freuen kann?"
Dreiunddreißig Jahre lang hatte sie es versäumt, und zum Schluss, an der Pforte, ließ sie es zu! Das hat mich sehr traurig gemacht. Auch weil ich weiß, dass ein Großteil von euch sich Freude ebenfalls nicht erlaubt. Warum? Warum hat auch sie es sich die ganzen Jahre über nicht gestattet? Auf was hat sie gewartet? Worauf wartet ihr? Vor der Pforte zu stehen? Das lese ich in euren Augen und es macht mich wirklich sehr traurig. Wartet ihr auf Erlaubnis? Von wem? Vom Messdiener? Oder von Gott? Der Messdiener mag euch vielleicht nicht in den Tempel lassen, falls ihr euch verspätet habt. Aber Gott hat sich für euch geöffnet – ohne Datum, ohne Uhrzeit, ohne Situation, ohne Umstände.
Seht ihr wie traurig es ist, dem Messdiener zu dienen? Es ist wirklich schade – schade um jede verpasste Chance. Hoffentlich hat sie jetzt, da sie ganz und gar in Gottes Händen ruht, ihren Dienst am Messdiener aufgegeben. Aber ihr – wartet nicht auf diesen Moment! Tut es noch hier, solange ihr Zeit dazu habt!
Vorhin sagte ich, ich hätte eine Idee, einen Vorschlag: Lasst uns dieses Zusammensein mit einem Gebet beenden. Jedes Gebet ist eine Kopfnuss, ein Schlag auf die Wange weniger, ist ein Schritt nach vorn – ein Schritt zum Hinhalten der anderen Seite. Aber diesmal soll es keinen Betenden geben. Übrig bleiben soll nur das BETEN. Lasst uns das Leid erkennen, welches überall um uns herum ist – in uns und auch über uns. Lasst uns damit wenigstens in diesem einen

Moment – solange wir beten – das allgemeine Leiden verringern. Das eigentliche Beten ist stumm. Es ist lediglich ein Appell der Seele an Gott und geschieht tief innen ohne einen bestimmten äußeren Ausdruck oder Ritualität.

Die innere Stimme

Heute werde ich euch eine lustige Geschichte über einen meiner Schüler erzählen. Er war bislang mein einziger Gesangschüler. Nach seinem „Unterricht" bei mir erhielt er eine sehr gute Anstellung als Sänger in einem europäischen Opernhaus. In Form eines langen Briefes drückte er seine Dankbarkeit mir gegenüber aus.

Vor mehreren Jahren habe ich seine Bekanntschaft im Ausland gemacht. Damals war er Chorsänger – einer unter vielen. Mehrmals hatte er mich aufgefordert, eine Vorstellung zu besuchen, einmal folgte ich seiner Einladung. Doch wie sollte ich seine Stimme unter dutzenden erkennen? Ein Chor ist für den Sänger wie das Schlagzeug für ein Orchester.

Im Laufe der Zeit vertiefte sich unser Kontakt. Er teilte mit mir seine persönlichen und beruflichen Schwierigkeiten. Wie ein Großteil der Künstler war er ein sehr intuitiver und phantasievoller Mensch, zugleich aber auch hochgradig sensibel. Jahrelang war er allein auf seinem Weg umhergeirrt.

Ich versuchte, ihn in einige „höhere" Prinzipien einzuführen. Seine Antwort war jedoch immer: „Ich möchte doch nur ein guter Sänger werden – weiter nichts." Ich erwiderte stets, dies sei ein gutes Ziel, doch was gäbe es Schöneres, nicht nur seine gute Stimme anklingen zu lassen, sondern auch aus seinem Wesen, aus voller Seele und tiefstem Herzen singen zu können.

Meine Worte stießen zunächst auf Unverständnis, zu sehr folgte er, wie die meisten Menschen, einem Mustergedanken. Er war sehr eingezwängt in gesellschaftliche Normen und Konventionen. Die eigenen Vorstellungen ließen ihm wenig Raum für Neues. Seine überdurchschnittliche Stimme allein konnte ihm auf seinem Weg nicht weiterhelfen, denn sie wurde zur Waffe in einem Akt von Selbstvergewaltigung. Das eigentlich Schöne, die Essenz einer jeden Kunst wird in den Händen von Zwang und Gewalt gefoltert und zerstört. Er vergewaltigte seine Stimme im Versuch, ein guter Tenorsänger zu werden. Ich nahm die Herausforderung an, ihn aus seinen eigenen Fesseln behutsam zu befreien.

Wie ging es nun weiter? Auf einer Vorstellung war ich Zeuge, wie seine Stimme versagte als Folge eines Kompensationsversuches seiner tiefen Unsicherheit. Aus einer inneren Spannung heraus erwuchsen Aggression, Folter und Selbstzerstörung. Das Ergebnis ist mehr oder weniger immer eine Form von Versagen.

Spannung erzeugt Zerrissenheit, aus der nichts Ganzes geboren werden kann. Jedes zwanghafte Bestreben endet im Zerstückelungsprozess der menschlichen Vollkommenheit. In der Identifikation mit einem Fragment seiner selbst läuft das Individuum Gefahr, sich vom Ganzen zu trennen. Das Ergebnis wird wiederum ein Fragment seiner eigenen Unvollkommenheit sein.

Vorgefertigte Rahmen lassen keinen Spielraum für Entwicklung und Entfaltung. Was können wir erwarten in einem Prozess der Selbstverstümmelung? Der Mensch stutzt sich selbst die Flügel und bleibt somit am Boden von Bedingungen und Vorstellungen kleben.

Unser Tenor war tief gefallen und mit dem Boden eins geworden, anstatt mit den Flügeln seiner Seele. Meine Arbeit bestand nun weiter in dem Versuch, ihn wieder auf die Beine zu stellen. Ich musste seine Stimme umstimmen auf die Frequenz seiner eigenen, tiefen inneren Qualitäten. Nur so konnte er wieder Kontakt zu seinen Flügeln bekommen, die er sich zuvor gewalttätig beschnitten hatte. In monatelanger Arbeit nahm er nun wirklichen Gesangunterricht, in klassischer wie auch in spiritueller Hinsicht. Aus dem anfänglichen Pferdegeflüster eines Tenors entwickelte sich eine ausdrucksstarke

Baritonstimme. Aus der Energie der richtigen Atmung eröffneten sich ihm zuvor ungeahnte Potenziale. Neue Frequenzen gaben ihm die Möglichkeit, seiner inneren Stimme zu folgen. Er hörte fortan seinen eigenen Oberton, gewann Zutritt zum Gesang seines eigenen Wesens und zur Melodie seines Herzens. So erklangen Töne aus sich selbst heraus. Aus der Stärke seiner inneren Balance heraus, wurden sie machtvoll und weich zugleich.
Fast unmerklich wurde aus unserem Tenor ein spiritueller Mensch, der sich über die eigene Stimme der Stimme Gottes genähert hat. Nach einem Jahr hat er sich selbst nicht mehr erkennen können. Die Steifheit seines Gesanges hatte sich in den Wellen der existentiellen Sphärenklänge aufgelöst.
Erneut stand eine Gesangprüfung bevor und diesmal bestand er ohne Kenntnis des Ziels eine noch höhere Prüfung. Er wurde Solosänger, weil er sich selbst überwunden hatte. Eine innere Prüfung war der äußeren vorausgegangen und hatte dieser den Weg bereits geebnet. So folgte er seiner Karriereleiter weiter ohne innere Barrieren. Anfangs wurde er unter mehreren ausgewählt, nun wählte er selbst aus den Angeboten.
Seine eigentliche Wahl bestand jedoch in der Annahme seiner selbst. Diese Erkenntnis brachte er jetzt in seinem Brief zum Ausdruck. Erst jetzt, nach seinen tiefen Erfahrungen, konnte er den Sinn meiner Absichten verstehen. Er bedankte sich nicht nur für die Qualität seiner hörbaren Stimme, sondern gleichzeitig für die Erkenntnis der tieferen Qualitäten seiner selbst. Seinem ganzen Leben wohnt nun eine andere Tiefe inne, die nicht nur in einer neuen Dimension seiner Stimme zum Ausdruck kommen konnte.
Die Freude darüber möchte er nun in Dankbarkeit mit mir teilen und ich tue dies aufrichtig mit ihm. Es ist mir immer eine große Freude, das Aufblühen der eigenen Freude im Inneren meiner Schüler erle-

ben zu dürfen. Warum nun habe ich euch dieses erzählt? Könnt ihr die Essenz erkennen? Das Wesentliche lag nicht im Teilen einer netten Geschichte. Der Wert dieser Geschichte für jeden Einzelnen von euch lag zwischen meinen Worten. WAS habt ihr gehört und WIE habt ihr verstanden?

Das Niveau der Erkenntnis einer Essenz des gesprochenen Wortes ist abhängig von der Stufe, auf der wir aufnehmen können. Wie breit ist der Raum unseres Erfassungsvermögens? Wie weit können wir die eigenen Grenzen des Verstandes überspringen?

Jeder, der etwas von Musik versteht, weiß, wie wichtig die Töne jenseits der geschriebenen Noten sind. Das Erkennen der Seitentöne und des eigenen Obertones ist in diesem Prozess von enormer Bedeutung – ein eigener innerer Leitfaden. Dort liegen die Farbpalette und die Magie der Musik selbst verborgen.

Eine abstrakte Kunst wird hier zum Leben erweckt, denn sie ist Teil des Wesens in uns – ist Teil des Kosmos selbst. Über den abstrakten Begriff erhebt sie sich, wenn die Türen zum Ganzen geöffnet werden, so kann Singen und Hören in EINS verschmelzen. Die Dimension des Notenblattes wird verlassen – die Türen der Resonanz im Raum werden geöffnet.

Genauso verhält es sich mit dem gesprochenen Wort. Das Verstehen liegt jenseits der Worte selbst. Es ist abhängig von eurem räumlichen Gewahrwerden – abhängig von jedermanns Resonanzspektrum. Jeder Ton und jedes Wort erklingt somit in dir je nach Widerhall der entsprechenden Schwingungsfrequenz, die in dir angesprochen wurde. Für jeden ist das Entdecken eines Raumgefühles individuell. Jeder produziert seinen eigenen Gesang und seine Aufnahmebreite des Gehörten. Das Beispiel der Musik macht sehr schön deutlich, dass die Essenz jenseits der Aufnahmefrequenz des Verstandes liegt. Deshalb benutze ich sehr oft Metaphern oder kleine Geschichten –

diese Worte haben mehr Musik – ihr könnt die Essenz des Wesentlichen besser erfassen. In dem Maße, wie das gesprochene Wort selbst mit Raum erfüllt wurde, erklingt ein Resonanzraum in euch. Erst jenseits der Aufnahmekapazität des Verstandes können wir Nahrung für unser Wesen, die Seele und das Herz finden. Hier beginnt der Schöpfungsprozess, im aktiven wie auch im passiven. Dabei kommt dem Modus der Art und Weise weit mehr Bedeutung zu als dem eigentlichen Sinn, Zweck oder Ziel.
Was hört der Mensch jedoch über das gesprochene Wort? Ist es nicht die Resonanz des eigenen Geplappers? Jeder Ton unterliegt dem eigenen inneren Gesangspektrum, egal ob gesungen oder aufgenommen. Das eigene Wiehern ist jedoch meistens zu laut, das bewirkt eine enorme Beschränkung der menschlichen Aufnahmefähigkeit. Jeder Streit ist typisch für diese Begrenzung. Jeder hört nur, was er hören will und liefert hiermit den Resonanzboden für den anderen. So, wie er in den Wald hineinruft, schallt es auch wieder heraus.
Eine große Aufgabe für uns besteht im Erkennen der Obertöne. Die Frequenz und das Schwingungsspektrum sind entscheidend. Die Möglichkeiten eines Raumspektrums verschaffen uns Bewusstheit über das Handeln. Der lineare Verstand kommt nicht über seine Schiene hinaus. Er kann den Raum der Obertöne nicht betreten. Seine Inhalte bleiben in der Linearität seiner Struktur gefangen. Weder seine Inhalte noch sein Resonanzboden verfügen über räumliche Schwingungsfrequenzen.
Im Verstand kann weder gelebt, erlebt, noch erfahren werden. Es ist der Raum dahinter, in dem dieses geschieht! Jenseits seiner Grenzen entsteht Schöpfung, geschieht Leben. Es sind die Obertöne im Raum jenseits des Verstandes, die den Tönen und den Worten Inhalt und Essenz verleihen. Im bewussten Einstimmen auf die Frequenz der Obertöne seiner fünf Sinnesqualitäten liegt der Schlüssel für den

sechsten Sinn. Dieser ermöglicht die Erfassung des Ganzen im Gefüge der einzelnen Strukturen. Die Vorbedingungen, den fruchtbaren Boden, muss der Mensch bewusst herstellen – alles andere passiert von allein. Der sechste Sinn geschieht, weil er schon vorhanden ist. Das ist das Mysterium des Lebens.

In der Einheit des Raumes ist alles schon gegeben. Der Mensch muss nur bewusst auf Entdeckungsreise gehen. Er steht bereits in diesem Raum und steht doch daneben, weil seine Frequenz nicht auf räumliche Strukturen eingestellt ist. So steht er abseits der Harmonie der Existenz.

Durch das Annehmen der Einschränkungen des eigenen Verstandes hat er sich getrennt, selbst isoliert. Das Wesentliche aber ist fast wie ein Hauch, es wird uns fortwährend zugeflüstert.

Nur das Unwesentliche ergießt sich in schrillen Tönen laut plappernd über den Globus. Weisheit schweigt. Sie lässt sich in Worten nicht zum Ausdruck bringen.

Die Menschheit sollte aufhören zu plappern, um die innere Stimme, das Flüstern der Existenz und die Obertöne hören zu können. In unserem Lärm können wir die zarte Stimme Gottes nicht vernehmen. Er flüstert nur leise und schreit nie so wie wir. So flüstert er uns fortwährend zu, ihm zuzuhören – solange, bis wir ihn hören können. Bis dahin sollten wir lernen, unsere Frequenz auf ihn einzustellen, sonst werden wir weiter nur die Stimme unseres eigenen Geplappers hören und mitten im Raum weiter in der eigenen Soße schwimmen. Gott ist an unserer Soße nicht sonderlich interessiert. Diesen Brei sollten wir zusammen mit dem Teufel kochen und auch verzehren.

Unendlich sind Gottes Erscheinungen. Doch liegt es an uns, ob wir den Weg zu Gott bewusst entdecken oder über die Teufelsküche vieler weiterer Leben. Wir haben immer die Wahl. Selbst der Teufel dient Gott, es ist nur eine Frage der Runden, bis wir dies erkennen.

Der Erkenntnisprozess entscheidet über die Länge des Weges. Unser Leben könnte dauerhaft schön sein, ist dem nicht so, liegt dies keinesfalls an Gottes Wünschen, sondern entspringt unseren eigenen.
Der Weg zu Gott ist leise und schmal. Im Gewand des Teufels ist der Mensch zu plump und zu laut, den Pfad Gottes zu finden. Nur nackt und auf leisen Sohlen ist dieser zu begehen.
Über die Entdeckung und die Aktivierung der eigenen Energiezentren und den Kontakt zu seinem eigenen Wesen schafft der Mensch den Schwingungsraum, in dem er Gott begegnen kann. Jedem Einzelnen ist ein Riesenpotenzial gegeben, ein Werkzeug, mit dessen Hilfe er sich die Flügel zu Gott erschaffen kann. Es gibt mannigfaltige Wege, auf denen der Teufel immer kleiner und der Mensch immer leichter wird.
Der Weg zum Schlüssel der Urquelle des SEINS liegt in jedem von uns verborgen so wie auch der Schlüssel selbst. Mit dem Anschluss an die tiefe Urquelle erhält der Mensch das Potenzial, in den Himmel zu springen. Die Türen öffnen sich dann von allein. Alle äußeren Wege bleiben mehr oder weniger immer Nahrung für den Teufel. Nur der innere Weg führt dich zu Gott. Hinter einer winzigen Entdeckung im Inneren verbergen sich ungeahnte Schätze. Nur ein kleiner Schritt von unserer Seite und das Geschenk wird tausendmal größer sein.
Je mehr wir in uns selbst entdecken, desto ausgeglichener und ruhiger werden wir in uns selbst verweilen. In unserem Inneren ertönen die Schwingungen des Raumes, die uns wiederum anschließen an den Resonanzboden der Sphärenklänge des Himmels.
Im Dauerzustand der Entdeckungsreise im Inneren verbinden wir uns mit der göttlichen Harmonie. Jedes Wesen strebt nach dieser inneren tiefen Ruhe und in jeder Phase seines Lebens kann der Mensch selbst entscheiden, welche Richtung er einschlagen möchte. Ob Lärm oder Stille ist immer eine Frage des Bedarfes. Im Verlust

der inneren Ruhe steht der Mensch weitab seines Potenzials. Im Dienste seiner eigenen Unruhe entreißt der Mensch mit tödlicher Sicherheit seinem Herzen die Wurzeln. Jede innerliche Energie sollte daher im Dienste der eigenen Ruhe und Harmonie stehen. Dieser Transformationsprozess durch Bewusstheit gleicht deine Raumschwingungen denen des Kosmos an. Nur im Raum kannst du die Vielfalt und das Mysterium des Lebens in seiner Fülle erfahren.

Frage: Warum können wir unseren Oberton nicht hören?

Zanko: Weil ihr nur auf das Geplapper eures Verstandes hört, dieses dann ausspuckt und somit sein Spiegelbild als Resonanzboden erhaltet. Die Antwort auf Gequake bleibt Gequake.

Frage: Sollten wir überhaupt nach irgendetwas streben?

Zanko: Das Streben selbst ist ein innerer Trieb, er ist dir angeboren, diesen kannst du nur schwer lenken. Doch du kannst entscheiden, WAS du anstrebst und WIE du strebst. Im Streben kannst du dein wahres Gesicht erkennen. Im bewussten Erkennen dieses Verhaltens offenbaren sich deine Prioritäten und dein Modus.

Frage: Warum verlieren wir so leicht unsere Ruhe?

Zanko: Weil ihr sie noch nicht gefunden habt! Eure Ruhe entspringt nicht den Tiefen eures inneren SEINS. Ihr springt nur von einem Zustand in den nächsten.
Wahrhafte innere Ruhe entspringt einer anderen Quelle. Sie hat deshalb eine andere Qualität und auch Stabilität. Ein neues Haus auf morschem Fundament ist immer einsturzgefährdet. Äußere Bedingungen entscheiden über sein Schicksal. Wahre Ruhe ist frei von

äußeren Kriterien, auch frei von Angst, Unsicherheit und Verzweiflung. Sie ist wie ein Fels in der Brandung – keine Fahne im Wind. Im Versuch, eine Mathematikaufgabe zu lösen, kannst du auf tausenden von Wegen zum falschen Ergebnis kommen. Nur wenige werden dich jedoch zum richtigen führen – zum Ausgleich auf beiden Seiten der Gleichung. Genau vor diesem Dilemma steht der Mensch. Je bewusster du jeden Schritt setzt, desto weniger läufst du Gefahr, dich auf Irrwegen zu verlaufen – am Ergebnis vorbei.

Echte Wohltat und Befriedigung ist ein Ergebnis von Harmonie. Darin besteht die Rechenaufgabe unseres Lebens. Nur in innerer Harmonie kannst du in der Harmonie der Existenz mitschwingen. Der ganze Kosmos stellt eine Harmonie der Wohltat dar. Erst wenn du Anschluss zu deiner inneren stillen Quelle gefunden hast, kannst du dich in den Armen der Existenz ewig erholen. Dieser Zustand ist das Paradies auf Erden. Zum wievielten Male jedoch wiederholt sich die Geschichte von Adam und Eva? Für die Menschheit schlechthin und auch für dich selbst? Jede Sekunde in Unbewusstheit ist eine Wiederholung des Sündenfalls. Entkommt dieser Falle – die Früchte des Nirvanas sind süßer als Adams Apfel!

Licht an!

(Der Raum wird auf Wunsch des Meisters verdunkelt.)

Zanko: Seht...!

(Nach einigen Minuten wird das Licht wieder angeschaltet)

Zanko: Habt ihr gesehen...? Die Kommunikationsfähigkeit bringt unser Verhältnis zur Welt um uns herum zum Ausdruck. Die Fähigkeit, im Dunkeln sehen zu können, gibt Aufschluss über geistige und seelische Reife. Oft stehen wir im Dunkeln, doch merken es nicht – sind uns dessen nicht bewusst.

Frage: Ist es wirklich so klar wie dieses Beispiel?

Zanko: Jede Wahrheit und Weisheit ist immer klar und einfach – genial einfach. Schwer ist es nur, bis dorthin zu gelangen, wo alles einfach wird!

Antwort: Darf ich sagen, was gerade mit mir passiert ist? Ich habe Angst vor der Dunkelheit und meine Hände verkrampften sich automatisch. Da sagte ich mir, ich müsse keine Angst haben und befahl meinen Händen, sich wieder zu öffnen. In diesem Augenblick wurde das Licht wieder angeschaltet. Mir ist innerlich so leicht, da ich mich von meiner Angst befreien konnte. Wie ist das möglich?

Zanko: Ganz einfach – einfach so! Wenn du deine Hände öffnest, ist auch Licht anwesend. Es spielt keine Rolle, ob sich Licht für die

Augen oder Licht für die Seele nähert – alles ist so einfach. Im Licht ist alles einfach. Der „weiche Weg" ist wie ein erleichternder Seufzer. In der Ausatmung liegt die Entspannung.
Wir alle haben zu viele Spannungen in uns. Die Energie, die diese innere Spannung erzeugt, ist eine Pseudokraft, denn sie wird durch die Spannung an sich erzeugt, nicht durch dich selbst. Deshalb ist diese Kraft eine allgemein zerstörerische Kraft nach innen wie auch nach außen. Die „Kraft des Siegers" ist weder zu euch noch zu anderen tolerant. Versucht, dieser Kraft zu begegnen im Sinne einer Transformation. Verwandelt diese zerstörerische, intolerante und ermüdende Kraft in eine aufbauende Energiequelle. Nur so habt ihr Zugang zu eurer geistigen Entwicklung und öffnet eurer Seele die Tür für ihre äußere Erscheinung. Werdet weich und verwandelt eure Spannung in Entspannung.
Alle äußeren Phänomene, die unser Verhältnis zur Umwelt bekunden, sind ein Spiegelbild unseres Selbst. Es ist sehr schwer für den Menschen, gleichzeitig innerlich und äußerlich ausgeglichen anwesend zu sein. Sehr schwer finden wir die Balance. Entweder sind wir innen oder außen, unausgeglichen oder abwesend. Es gibt hier viele Kombinationsmöglichkeiten jenseits der Balance. Doch die Kunst liegt darin, parallel innen wie außen sowohl ausgeglichen als auch anwesend zu sein.
Der „weiche Weg" ist der Weg der Entspannung und der Toleranz. So kommt Licht von allein. Ganz einfach! Doch der Mensch spielt ein ständiges Versteckspiel. Ein Spiel für sich selbst nach innen und vielfältig nach außen. Das produziert Verkrampfung und Spannung, was wiederum zu Verrücktheit und Aggression führt. Glücklich wird er dadurch jedoch nicht.
In diesem Spiel verliert der Mensch das größte Potenzial seiner Energie. Wir sollten dankbar sein für jedes Licht der Erkenntnis,

welches uns dieses Spiel vor Augen führt. Wir haben ständig die Möglichkeiten dazu, doch immer schalten wir im entscheidenden Augenblick das Licht aus und stehen im Dunkeln. Somit versperren wir uns eigenhändig den Zugang zur Erkenntnis.

Immer wieder beklagen wir uns, vor verschlossenen Türen zu stehen, doch halten stets die Tür der Toleranz verschlossen. Hierbei gibt es natürlich keine Regeln, Gesetze oder Vorschriften, nach denen Toleranz erlernt werden könnte. Toleranz kann man nicht lernen – man muss sie LEBEN. Nur so entzündet sich dein inneres Licht. Du wirst selbst zu einem Licht in der Dunkelheit.

Die Derwische sagen: „Nur wenn du mindestens dein eigenes Licht anzuzünden vermochtest, dann hat sich dein Leben gelohnt." Echte Derwische leben ohne Besitz, ohne Ambition und Ziel. Sie führen ein Leben wie ein Wandervogel, doch mit einem großen Herzen. Lasst uns das Licht unserer Herzen entzünden!

Vom Großen und Kleinen

Warum fühlen sich die Menschen so durcheinander, hilflos und immer wieder unzufrieden? Warum können sie nur zeitweise in sich ruhen und glücklich sein? Nie sind sie wirklich erfüllt vom Leben! Woher kommt das? Worin liegt die Ursache dieser Disharmonie? Wisst ihr es?

Der Mensch lebt in ständigem Widerspruch mit sich selbst. Hier liegt die Wurzel dieses Grundübels begraben. In seinem Inneren trifft sich das Kleine mit dem Großen und das Große mit dem Kleinen. Beides existiert in uns. Doch das Kleine ist im Vergleich mit dem Großen zu klein. Der Unterschied ist immens. Das hat uns verängstigt. Ständig leben wir in einer Zerreißprobe. Gemessen am Großen ist das Kleine ein Nichts. Das Große erscheint uns übermächtig – wir fürchten uns vor dem „Himmlischen Sannyas".

Eine Parabel der Veden erzählt von der Einladung der Sternenkinder an die Menschenkinder. Doch die Kinder der Erde haben abgesagt – abgesagt aus Angst, sich im Himmel verlieren zu können. So leben sie noch heute im Kleinen, aus der Befürchtung heraus, sich im Großen nicht wiederfinden zu können. Sie haben die winzige Erdkugel mit den kleinen irdischen Gegebenheiten dem Himmelreich Gottes vorgezogen. Dies ist seit tausenden von Jahren ein Problem des menschlichen Bewusstseins.

Was bedeutet es, „Sannyas des Himmelreiches" annehmen zu können? Dies heißt, den Wunsch der eigenen Entwicklung zum Ausdruck zu bringen – das freiwillige Bestreben, mit dem Großen EINS zu werden – im ewigen Tanz mit der Existenz zu verschmelzen. Die Menschheit jedoch konnte dieser Einladung bis heute nicht folgen. Sie hat sich entfernt vom ewigen Freudentanz der Existenz und ver-

steckt sich noch heute in scheinbarer Sicherheit hinter kleinem irdischen Gehüpfe. Könnt ihr erkennen, in welches Paradoxon die Menschheit verstrickt ist?
Fortwährend spricht sie über Gott und das Paradies, doch gleichzeitig hat sie Angst und zieht sich zurück. Dieser Herausforderung scheint sie nicht gewachsen zu sein. Auf der einen Seite verspürt sie ein Verlangen nach dem göttlichen Mysterium, auf der anderen Seite ist ihr das Himmelreich zu mysteriös – fremd geblieben. Doch wir entstammen dem Reich Gottes und werden nach kurzem Aufenthalt auf diesem Planeten wieder dorthin zurückkehren. Unsere Erdkugel ist auch nur ein Teil des Himmelreiches. Für heute gilt noch immer, was für früher galt: „Es gibt nichts Neues unter der Sonne." Doch ich betone „unter der Sonne", denn diese ist selbst nur ein Teil vom Ganzen. Sie ist eine Lampe für diesen Planeten, doch nicht das Licht des Himmelreiches.
So offenbaren sich auch die Mysterien des Himmels für den Menschen, ähnlich wie die Sonne für unseren Planeten, als Blitzstrahl – wie ein Wegweiser, den Weg aus der Dunkelheit zum Licht zu finden. Daher kommt das Große nie als Gefahr für das Kleine, sondern lediglich als Alternative. Doch genau dies kann das Kleine nicht erkennen. Immer wieder wirft der Mensch die Freikarte zum Fest der Freude in den Mülleimer. So klein ist der Mensch, dass er sich selbst nicht erkennen kann. Doch aus der Erkenntnis, „klein zu sein", kann das Potenzial erwachsen, „groß zu werden". Im „Kleinen" liegt der Schlüssel zum „Großen" verborgen.
Der Mensch hat vergessen, was er sucht. Er fühlt seine Ohnmacht im Kleinen und verkauft sein „Kleines" als „Großes", anstatt aus dieser Erkenntnis zu wachsen und den Anschluss an das wahre Große zu finden. Er hat Angst vor einem größeren Gesicht, deshalb pudert er ständig an seinem kleinen herum – es könnte ja verloren gehen – die

Konturen könnten verwischen. Hinter dem Mysterium des Lebens – der göttlichen Harmonie und Balance, liegt das Gesetz eines Verschmelzungsprozesses. Dies kann der Mensch nur schwer annehmen, weil das Kleine durch das Prinzip der Unterordnung und Unterwerfung gesteuert wird. Diese sind jedoch Prinzipien nach Einteilungskategorien, die auf Trennung basieren. Der Mensch bleibt im Zustand des Kleinen gefangen und unterwirft sich ihm. Die Mechanismen des Kleinen stehen den göttlichen Gesetzen diametral entgegen. Jedes menschliche Prinzip endet in einem Trennungsprozess. Das Festhalten an Individualität endet in Sklaverei – im Sklaventum des Kleinen. Solange er jedoch nicht aus dem kleinen Rad herausspringen kann, wird er von einer Sklaverei in die andere gelangen, da die Prinzipien dieselben geblieben sind.

Befreiung ist nur im Großen zu finden. Nach den Gesetzen der Verschmelzung verschwinden Identifikation und Angst. Nur hier kann es wahre Freiheit geben. Der Mensch jedoch weigert sich, im Fluss des Lebens mitzuschwimmen – wie ein Tintenklecks, der Angst hat, im Wasser seine Farbe verlieren zu können. Doch was resultiert aus dem Festhalten an Konturen? – Es bleibt immer nur ein ausgetrockneter Fleck zurück.

Gott reicht uns fortwährend seine Hand. Er lädt uns ein, in das Große zu kommen. Um das Kleine sehen und erkennen zu können, muss sich der Mensch über das Kleine stellen. So hat er einen „Blick von oben". Um Gottes Hand annehmen zu können, sind nur Bereitschaft und Reife von Seiten des Kleinen notwendig.

Ich weiß, dass ihr mich nicht bis ins Letzte verstehen könnt, doch ich erkenne, dass ihr fühlen könnt, was zwischen meinen Worten steht. Deshalb sitze ich hier vor euch und reiche euch meine Hand – als Referenz zur Existenz – eine verlängerte Hand Gottes, mit dem Wunsch, ihr könntet sie annehmen. Sie ist ein Angebot – ein Angebot

für euch, aus dem Kleinen ins Große zu gelangen. Gebt dem Kleinen in euch doch endlich die Chance, mit dem Großen zu verschmelzen. Die Menschen sind ein wenig verwirrt und viel zu ängstlich. Doch es gibt gar nichts Schlimmes zu erwarten. Das Kleine braucht diese Chance, das Große hat bereits alles. Ihr habt immer die Wahl, euch zu entscheiden. Es liegt in euren Händen. Nur ein wenig Mut ist erforderlich, denn in diesem Prozess gibt es nichts zu verlieren. Ihr könnt nur gewinnen.
Es steht geschrieben: „Du musst wollen, so wird dir gegeben." Genauso ist es. Klopfe an die Tür und dir wird aufgetan. Gott steht bereits auf der anderen Seite und wartet auf euch. Niemand außer euch selbst kann das Schicksal des Kleinen in euch bestimmen. In eurer Entscheidung liegt die Bedeutung eures Daseins. Ihr habt die Wahl zwischen den himmlischen Flügeln und den irdischen Hufen. Jeder trägt die Verantwortung für seine Taten, Gedanken und Gefühle selbst. Das Schicksal eures Lebens liegt in euren Händen. Ihr müsst sie nur ausstrecken – Gottes Hand ist euch bereits entgegengekommen. Tut euch den Gefallen und versteckt euch nicht hinter dem Geflecht aus Selbstgefälligkeiten. Jedes Ereignis, jede Begebenheit, jeder Umstand – alle Äußerlichkeiten schlechthin werden allzu leicht zu einem Versteck für uns selbst. Kommt aus den dunklen Verstecken heraus und sucht den Weg zum Licht.
Einer der höchsten irdischen Genüsse besteht im Zustand des Erfahrens der Wahrheit im Einklang mit sich selbst und dem Ganzen. Auf dem Sockel des Kleinen könnt ihr das Leben hier als Prozess weder erkennen, deuten noch enträtseln. Doch nichts leichter als das. Der Blickwinkel des Großen erlaubt Übersicht über das Kleine. Akasha ist zugänglich für jeden, der „von oben" auf das Kleine blicken kann. Die größte Herausforderung im Leben besteht im Annehmen des Transformationsprozesses vom Kleinen ins Große. Hierin liegt

der Schlüssel für das Tor zum ewigen Leben – der Schlüssel zur Ewigkeit. Ergreift diese Chance – Jetzt!!!

Frage: Die Menschen sind so verschlossen, wie können sie zu anderen Kontakt aufnehmen?

Zanko: Indem sie Kontakt mit sich selbst herstellen.

Frage: Wenn jemand die Entscheidung getroffen hat, vom Kleinen ins Große zu gehen, können wir das spüren oder sehen?

Zanko: Deklarationen nach außen sind nicht nötig. Hierbei handelt es sich um tiefe, intime Bekenntnisse. Danach passiert alles von allein. Erkenntnis braucht keine Showbühne. Dein Durst wird dich zur Quelle führen. Ob nach außen sichtbar oder auch nicht – du wirst es spüren.

Umarmung für die Ewigkeit

In meinem heutigen „Hallo" klingt das Willkommen des Tages und die Wehmut des Abschieds, der uns bevorsteht. Mit einem Fuß sind wir noch hier und mit dem anderen bereiten wir uns schon auf die Trennung vor.

Gemischte Gefühle bewegen uns nach einer Woche des Zusammenseins. Es gibt noch vieles zu sagen, doch Zeit bleibt nie genug. Die Tage und Nächte waren wieder zu kurz – wie immer. Könnt ihr euch daran erinnern, wie ihr angekommen seid? ... Mit viel Lärm und Krach! Ein jeder von euch mit einem großen Korb, voll gepackt mit kleinen Sachen. Deshalb war die Zeit für euch auch zu kurz, da ihr erkannt habt, so viele Kleinigkeiten mitgeschleppt zu haben. Hoffentlich werdet ihr jetzt mit ein paar „größeren Kleinigkeiten" nach Hause fahren. Natürlicherweise gibt es überall ein Gleichgewicht – eine Balance. Die Bestätigung meiner Worte ist jenseits meiner Aussage zu finden. Sie liegt in euch selbst.

Erkennt, in allem gibt es ein Fließgleichgewicht, selbst im scheinbaren Chaos. So ist der Dschungel voller Bäume und der Himmel mit Sternen übersät, es existiert ein fließendes Gleichgewicht. Unsere Vorstellungen von Ordnung sind sehr relativ. Sie bedienen nur sich selbst – den Rahmen, in dem sie geboren sind – das eigene kleine Haus. Wir sollten unsere kleine Baracke erkennen im Vergleich zur Weite der Natur – zur Unendlichkeit des Himmelszeltes.

Hat jemand erkannt, was für ein Chaos in unseren eigenen Köpfen herrscht? Das reinste Gedankenchaos! Sie kommen und gehen wild durcheinander – eine pausenlose Aneinanderreihung selbst erschaffener Symbole, um die jeder Einzelne herumirrt. So strickt sich jeder seine eigene Gedankenwelt.

Hat jemand von euch es jemals geschafft, in diese Spinnweberei Ordnung zu bringen? Jede Art von menschlicher Ordnung ist künstlich, weil diese aus dem Einsortieren und Zurechtzimmern in vorgefertigte Rahmenbedingungen, Schubladen und Schablonen besteht. Jegliches Bestreben des Menschen nach Ordnung ist nichts weiter als eine Funktionsbedienung seiner eigenen kleinen Spinnweberei. Versucht nicht weiter das, was in euch passiert, in Rahmen zu zwängen, oder in Formen gepresst zum Ausdruck zu bringen.
Lasst das „Passieren" euch von allein erzählen. Macht euch frei von Schubladen – in ihnen „passiert" gar nichts! Befreit euch aus dem Netz eurer Spinnweben – im Netz von Gedanken gibt es keine Freiheit, kein Leben. Das Leben geschieht – lasst es passieren! Gewährt ihm Zutritt, die Tür liegt jenseits eigener Vorstellungen.
Bedingung für innere Freiheit ist die Befreiung aus dem Spinnennetz. Im Sklaventum unserer Fabrikationsmaschine kann kein Leben fließen – besteht immer Abhängigkeit. Gedanken schließen innere Freiheit aus und umgekehrt. So macht sich jede Spinne zwar ihr Netz zu Eigen, doch auch ihr eigenes Gefängnis!
Lasst eure Gedanken in euch verstummen. Weniger über den Mund, denn durch den Verstand selbst. Sprecht aus der Erkenntnis von Beobachtungen heraus, nicht aus dem Chaos von Eigenkreationen. Jede Modenschau stellt ein Überstülpen vorgefertigter Modelle dar. Genau deshalb fällt es den meisten so schwer, zu schweigen, da der Verstand fortwährend plappert. Ohne Unterlass schneidert er pausenlos Kostüme, doch diese sind maßgeschneidert nur für ihn selbst – zu eng für das Leben schlechthin. Versteht mich nicht falsch, nicht die Kostüme müssen wachsen, sondern der Raum, in dem sie fabriziert werden. Ein Fließband kann nicht wachsen, höchstens länger werden. Wachstum geschieht durch Bewusstheit, nicht durch den Verstand. Schiebt den Verstand beiseite, so werdet ihr mehr spüren und erfah-

ren. Jedes Fließband endet mit der Herstellung eines Kostüms – ist das alles, was ihr euch vom Leben versprochen habt? Die Tiefe des Lebens kann nicht in vorgefertigten Modellen erfahren werden. Lebt jenseits der Grenzen eures Verstandes – nur da kann Leben erfahren werden – nur da geschieht Leben – passiert ES.

Im Verstand laufen wir am Leben vorbei – wenn auch ausgestattet mit einem netten Kostüm! Du kannst wählen unter tausenden von Kostümen für deine Lebensweise, doch nicht ein einziges wird dich begleiten auf der Reise zu Gott!

Knöpft eure Mäntel und Westen auf – so lasst ihr das Leben passieren. Darum schweige ich so oft in eurer Gegenwart. Ich verstumme, um euch die Möglichkeit zu geben, euch selbst entdecken zu können – in Ruhe und in Stille. Ihr seid Teil des Lebens und dieses läuft von ganz allein – da muss gar nichts getan werden. Ihr müsst es nur entdecken, doch der Verstand versperrt euch den Weg. Dreht den Knopf eures inneren Radios einfach leiser – irgendwann wird es verstummen und ihr werdet eure eigene Melodie hören. Allzu schnell versucht der Mensch, dem Leben seinen Stempel aufdrücken zu wollen. Alles, was geschieht, wird hübsch sauber sortiert und eingeordnet. Doch Freiheit und Ewigkeit lassen sich nicht in Stücke zerhackt in Schubladen aufbewahren.

Darum bewahrt Ruhe und Stille, entfernt euch von eurer eigenen Vorschnelligkeit. Warum so viel Eile? Eure Schubladen laufen nicht davon. Doch wisst ihr, welche Gefahr ihr darin lauft? DAS LEBEN LÄUFT AN EUCH VORBEI!

Der Mensch weiß sowieso zu wenig, doch wenn er weiter versucht, alles in Schubladen einzusortieren, wird er noch weniger wissen. Tiefes Wissen entstammt einer Quelle, die allein aus sich heraus spricht – ohne Vermittler – direkt. Gebt euch selbst eine Chance, Fehler zu vermeiden, indem ihr innehaltet und weniger vorschnell

handelt. Eile mit Weile ist geboten, denn das Leben scheint schnell für uns davonzufließen, doch es ist immer da. Es wohnt in der Weile – in der Stille – dort ist dein Zuhause. In Eile erreichst du die vielen kleinen Dinge, die du hierher mitgebracht hast. Mit Weile jedoch gelangst du zu den großen, die ich euch geben wollte.
Das Wesentliche des Lebens kannst du selbst nicht erreichen – egal, wie schnell du bist, es kommt immer zu dir. Es geschieht, wenn du ihm erlaubst, dich zu erreichen. Kleines kannst du tun – Großes geschieht einfach. Durch einen gewissen Tatendrang können zwar viele kleine Erfahrungen angesammelt werden, doch geschieht dies über viele Jahre – viele Leben hinweg – ein langer Weg. In Bewusstheit und Weisheit kann der Mensch jedoch Zugang zu den Offenbarungen des Lebens bekommen, sich viel Leid ersparen und den Weg erheblich verkürzen.
Es freut mich zu sehen, wie sich viele von euch in der letzten Woche von einigen Spinnweben befreien konnten. Ich fühle, jeder von euch ist ein bisschen weiser geworden – ein wenig bewusster. So ist das Leben wesentlich einfacher und schöner und ich kann euch versichern: Das Leben ist einfach und schön – einfach schön! Ich kenne nichts Einfacheres und nichts Schöneres als das Leben an sich.
In jeder Kultur gibt es eine Tradition von Gesten, allgemein als Körpersprache bezeichnet. Doch nur ein bewusster Mensch kann Gestik verantwortlich einsetzen und weiß in jeder Sekunde, was er tut. Eine der schönsten Gesten, die ich kenne, ist diejenige der Umarmung. Hiermit umarme ich euch, auf dass meine Umarmung durch euch in die Ewigkeit einfließen kann.

Nur ein Hauch

Wir haben eine ganz besondere Woche miteinander verbracht und geteilt. Jeder wird sie auf seine individuelle Weise in Erinnerung behalten. Auf der einen Seite gab es Provokation, Aggression, Emotion, Erkenntnis, Leid und Schmerz, auf der anderen Tanz, Freude, Demut, Meditation, Stille und Liebe.
Jeder hat verschiedene Phasen durchlebt und wird das eine oder andere aus dieser bunten Palette für sich mit nach Hause nehmen können. Ein paar „Lichtblitze" wird jeder von uns aus dieser Intensität und Dichte von Erlebnissen für sich bewahren können. Vieles wurde verstanden, manches nicht. Vieles wurde empfunden, genauso viel verpasst. Vieles hat euch gefallen, manches zum Schwitzen gebracht. Oft wurde gelacht – über einiges geweint. Es gab Berge, aber auch Täler. Fast wie in einer Achterbahn ging es mal nach links, dann nach rechts und wieder geradeaus – manchmal nach oben, manchmal nach unten – ab und zu auch im Kreis – doch der eine oder andere Looping ist auch dabei gewesen. Morgen nun müssen wir uns trennen und jeder von euch wird weiter auf seinem Lebensweg gehen.

Frage: Wie sollten wir ab morgen weiterleben?

Frage: Hier war alles so schön. Wie können wir danach noch weiter in dieser Gesellschaft leben?

Zanko: Ab morgen könnt ihr zumindest versuchen, etwas weiser zu leben. Das Leben selbst wird euch der beste Lehrer sein, wird euch das WIE schon von allein zeigen. Unser Leben trägt unendlich viel Weisheit in sich selbst. Diese Weisheit sollten wir bewusst

erkennen und aufnehmen. Nichts ist weiser als das Leben selbst. In jedem Augenblick zeigt uns die Existenz die grenzenlose Weisheit des Lebens. Es gibt nichts, was es nicht gäbe. Genau das ist die Essenz dessen, was ihr von hier mitnehmen könnt – nämlich, bewusst zu SEIN. Das macht dich immer frisch und neu. So kannst du aus der Quelle des Lebens trinken.
Für die „Neuen" unter uns wie auch für die „alten Hasen" war dieses Zusammensein völlig jungfräulich – immer wieder neu geboren. Ich verstehe, dass ein jeder von euch das innere Bedürfnis verspürt, sofort alles begreifen und umsetzen zu wollen. Jeder möchte spontan das Schönste für sich mitnehmen. Ihr könnt alles mitnehmen und alles behalten. Tut euch keinen Zwang an – alles ist für euch. Doch passt auf, es war nicht für eure Koffer gedacht, auch nicht für eure Mitschriften. Alles war fürs Herz bestimmt, so wie auch die frische Luft aus den Bergen um uns herum.
Die Trunkenheit der Seele wird immer lebendig in euch bleiben. Das Lebendige, was ihr von hier mitnehmen könnt, passt nicht in irgendeine Schublade einer Kommode zu Hause. Leben hat keine Form. Wie sollte man dem Formlosen eine Form geben können? Je weniger ihr versucht, DEM eine Form geben zu wollen, desto stärker wird es lebendig in euch werden und wachsen.
Vor einiger Zeit wurde mir eine Frage gestellt: „Gibt es Sinn, in allem, was du tust? Warum wirfst du deine Schätze einfach auf die Straße? Deine Erkenntnis, deine Weisheit, einfach alles?"
Diese Frage kann ich nicht von mir aus beantworten, doch jeder von euch hat mir auf seine Art und Weise diese Antwort gegeben. Alles, was ich euch zu geben versuchte, steht jenseits von Beurteilungen oder Wertschätzungen. Für diese Art von „Geschenk" gibt es weder ein „Muss" noch ein Maß – auch keine Währung. Man kann es aufnehmen, doch distanziert euch von Bewertungen. Empfangen ist frei

von Beurteilung und jede Art von Urteil kann unmöglich Empfangen darstellen. Alle Bewertungen erwecken Einwände und diese bewirken Stein auf Stein eine Mauer zwischen Gebendem und Empfangendem. Es ist als filtere eine unsichtbare Wand den Fluss des Lebens. Jedes Urteil ist ein Einwand – ist eine Wand.
Irgendwann im Leben hat sich bestimmt jeder von uns schon einmal gewünscht, durch Wände gehen zu können. Es wäre besser, sich eine Tür zu suchen. Werdet selbst zur Tür, werdet offen, nur so kann in euch der Fluss des Lebens beginnen zu fließen. Er wird breiter und stärker werden, bis irgendwann keine Beurteilung mehr notwendig sein wird. Lernt aus den Kopfnüssen, die ihr davontragt, wenn ihr gegen Wände rennt! Macht euch frei von Vorstellungen, so werdet ihr die Tür finden – so viele, bis ihr selbst zur Tür geworden seid. Eine Tür für die Existenz! Wenn ich nun aus dieser Tür hier trete, wird nur die Essenz, ein Hauch, ein Duft und etwas Licht in euren Herzen verbleiben.
Der Mensch schätzt ein Objekt, doch dieses ist nur vorübergehend anwesend. Jedes Objekt trägt etwas in sich, was ewig währt. Genau das wird durch eure offene Tür treten und für immer bleiben. Wenn die Tür jedoch geschlossen ist, läuft auch die formlose Essenz gegen Wände. Ich könnte euch eventuell etwas mit Gewalt nehmen, doch wie könnte ich euch etwas mit Gewalt geben wollen?
Ihr müsst die Türen für mich öffnen, der Durst muss bei euch sein! Jeder von euch wird so viel nehmen, wie er zu nehmen in der Lage ist. Entsprechend der Weite der Öffnung seiner Tür! Während der Zeit, in der wir hier zusammen waren, habt ihr sehr viel aufgenommen, weil die Prozesse hier sehr dicht und intensiv waren. Doch gerade deswegen konnte nicht alles angenommen werden – ist manches an euch vorbeigelaufen. Besonders das, was ihr versuchen wolltet zu verstehen, konnte nicht in euch eindringen. Daraus er-

wuchsen Unsicherheiten und Missverständnisse. Dies war sicherlich nicht die Essenz dessen, was ich euch geben wollte, doch ihr habt entschieden, gerade dieses aufnehmen zu wollen. Oftmals hat euch der Verstand einen Strich durch die Rechnung gemacht, doch auf welche Weise auch immer, werden hier und dort ein paar kleine Dornen in euren Seelchen verbleiben. Für alle Missverständnisse und allen Schmerz, den ich euch bereitet habe, möchte ich um Verzeihung bitten. Jeder sollte innerlich frei und reinen Herzens diesen Ort hier verlassen können.

Auch in meinem Leben gab es Dornen. Vielen, vielen Prüfungen wurde ich unterzogen, zahlreiche habe ich mir selbst auferlegt. Einige davon waren sehr schmerzhaft. Auch ich kenne die Tränen des Leids. Doch eine der tiefsten verborgenen Erkenntnisse wurde mir zuteil, als ich die Tränen der Liebe entdeckte. Sie sind ein großes, sehr tiefes Geschenk für die menschliche Seele. Die Tränen, die ich jetzt in euren Augen entdecken kann, sind dicker als Wasser. Es sind die Tränen der Liebe – dafür möchte ich mich bei euch bedanken. Sie sind echt – das größte Geschenk, das ihr mir habt geben können. Ich werde es weiter in meinem Herzen tragen.

Vieles kann der Mensch im Leben allein verwirklichen, doch es gibt auch Situationen, die nur über oder durch andere geschehen können. Jeder von uns hat ein Stück vom Herzen des anderen bekommen und jeder kann das Mitgefühl in den Tränen der Liebe erleben. Dies ist ein Austauschprozess. Geben und Nehmen werden eins. Das Herz kennt keine Würdigen oder Unwürdigen, ein jeder von euch ist der Liebe würdig und würdig für die Liebe. Unser Leben liegt in den Händen Gottes, wir ruhen in seinem Schoß, getragen von seiner Liebe knien wir zu seinen Füßen.

Um unseren Abschluss hier gebührend feiern zu können, um unserer Seelen würdig zu sein, sollten wir uns in Dankbarkeit trennen. In

Dankbarkeit und Liebe verbeugen wir uns vor der Existenz und der grenzenlosen Liebe Gottes, die uns allen geschenkt wurde, die uns in jedem Atemzug präsent ist, die uns jeden Augenblick in uns und um uns herum begleitet.

Ich bedanke mich bei euch aus meinem tiefsten Herzen.

Etwas über Zanko

Zanko wurde 1954 in Sofia (Bulgarien) geboren. Seit 2002 lebt er in Deutschland. Mehr als drei Jahrzehnte hat Zanko die spirituellen Techniken und Essenzen auf der ganzen Welt untersucht und praktiziert. Auf seinem Weg wurde er durch viele wahrhafte Meister inspiriert. Seit seiner Erleuchtung ist er nunmehr über zwanzig Jahre selbst als spiritueller Meister tätig und in mehreren Traditionen geachtet, anerkannt und ERKANNT.
Menschen aller Nationalitäten und Altersgruppen sind seine Schüler und Freunde. Zanko ist Begründer der „Universum-Foundation", die der Förderung geistiger und spiritueller Entwicklung sowie deren Kommunikation und Akzeptanz in der heutigen modernen Welt gewidmet ist. In den letzten zehn Jahren hat er als spiritueller Meister mit Schülern aus der ganzen Welt gearbeitet und mit ihnen Ashrams in Bulgarien und Deutschland geführt. In seine Praxis fließt das kulturelle Erbe aus Jahrtausende alten Traditionen ein.
Jeder Mensch hat das Potenzial zum ERWACHEN und Zanko versteht sich als Begleiter auf diesem Weg. Erkenntnis, Wahrheit, Bewusstsein und Erleuchtung sind keine Privilegien Einzelner. Sie sind Grundrechte für jeden und jedes Individuum kann sich bewusst dazu entscheiden, diese Rechte für sich in Anspruch zu nehmen. Genau deshalb sind wir hier auf dieser Erde.

„Das menschliche Wesen ist unsterblich. Jeder kann die Liebe und die Wahrheit in jedem Augenblick erfahren. Er trägt sie in sich selbst..."

Zanko

Kontakte

„Es ist wunderschön, die Berührung mit dem Licht fühlen zu können. Mein Herz ist erfüllt von Freude und Dankbarkeit. Für mich bewegende Tage mit der Erfahrung der Präsenz Gottes. Danke."

Latinka, Varna (Bulgarien)

Zanko bietet für alle Suchenden die Möglichkeit eines regelmäßigen und individuellen Austausches. In Kursen, Seminaren und Workshops sowie auf offenen Satsangs, Reisen und Ashrams kann sich jeder selbst ein Programm gestalten. Die individuelle Führung und persönliche Zusammenarbeit in der Auseinandersetzung mit sich selbst stehen dabei im Vordergrund.

Informationen über Zanko und seine Arbeit sind auf der Webseite **www.zanko.de** zu finden oder können unter der e-mail-Adresse **info@zanko.de** angefordert werden.

Inhaltsverzeichnis